普通高等教育体育学一流本科专业系列教材

办公室人群科学健身实践指导

高炳宏 主编

科学出版社
北京

内 容 简 介

本书从健康、办公室人群容易出现的健康问题（办公室综合征）、运动与健康、办公室人群科学健身方案、运动与体态管理、心肺有氧功能训练、肌肉力量抗阻训练、平衡能力与柔韧性训练、办公室环境下常见的肌肉骨骼系统疾病及其防治方法等方面科学、系统地介绍了办公室人群科学健身方法，理论与实践相结合，针对办公室人群在日常生活和工作中容易遇到的问题和健康需求设计个性化锻炼方案。本书以办公室人群久坐等生活方式可能带来的问题为出发点，介绍了不同健身方法及健身过程中可能出现的损伤，一站式解决了办公室人群为什么需要健身、怎么健身以及健身中可能出现的情况等问题，实用性强。

本书适用于办公室人群、运动健身爱好者、运动与健康专业的学生及从业人员。

图书在版编目（CIP）数据

办公室人群科学健身实践指导／高炳宏主编．—北京：科学出版社，2023.10
普通高等教育体育学一流本科专业系列教材
ISBN 978-7-03-074075-5

Ⅰ．①办…　Ⅱ．①高…　Ⅲ．①健身运动–高等学校–教材　Ⅳ．①G883

中国版本图书馆CIP数据核字（2022）第230780号

责任编辑：张佳仪　马晓琳／责任校对：谭宏宇
责任印制：黄晓鸣／封面设计：殷　靓

科学出版社 出版
北京东黄城根北街16号
邮政编码：100717
http：//www.sciencep.com
南京文脉图文设计制作有限公司排版
上海锦佳印刷有限公司印刷
科学出版社发行　各地新华书店经销

*

2023年10月第　一　版　　开本：787×1092　1/16
2023年10月第一次印刷　　印张：13
字数：288 000

定价：70.00元

（如有印装质量问题，我社负责调换）

《办公室人群科学健身实践指导》编委会

主　编

高炳宏

副主编

熊亚亚

编　委

（按姓氏笔画排序）

马一奇　严敬好　杨嘉浩　李冠华　姚学武　曹银行

前　言

习近平总书记在中国共产党第二十次全国代表大会报告“推进文化自信自强，铸就社会主义文化新辉煌”部分提出：“要广泛开展全民健身活动，加强青少年体育工作，促进群众体育和竞技体育全面发展，加快建设体育强国。”

随着社会经济的快速发展，人们对生活质量有了更高的追求，同时也更重视自身的健康。全球约 50%的人口为 20～60 岁在业人口，劳动者的身心健康不仅关系到个人及家庭的幸福，也关系到企业的生存和国家的稳定发展。

世界卫生组织提出，健康不仅是没有疾病和虚弱，还是身体、心理和社会适应均处于完好状态。目前，我国真正健康的人仅占 15%，而 70%的人处于亚健康状态，办公室人群是主要的亚健康人群，企业管理者中有 85%以上的人处于亚健康状态。随着人们对健康概念认识的不断深化和拓展，办公室人群的健康状况有什么特点，运动锻炼为什么可以帮助办公室人群改善健康问题，以及如何通过锻炼来改善办公室人群的健康问题成为该人群密切关注的问题。

本书介绍了办公室人群科学健身的理论与方法，着重介绍它们的目的、标准与注意事项，帮助读者形成较为全面的、适合办公室人群科学健身指导的知识体系，准确把握科学健身知识、掌握运动技能、提升实践能力，鼓励读者在运动实践中加入专业知识和自己的经验，保障健身人群的运动安全与身体健康。针对需要掌握的知识和实践中容易遇到问题设计案例，体现本书的科学性、实用性与针对性。

本书由上海体育大学竞技运动学院的高炳宏教授、曹银行副教授、熊亚亚、姚学武、严敬好、马一奇、杨嘉浩、李冠华编写。姚学武、严敬好、晁宁雪为本书进行动作示范。本书可以帮助学习者全面了解办公室人群的健康特点，掌握解决这些问题的理论与方法。结合办公室人群的科学健身指导方法，剖析科学运动的理论与方法，激发读者对体育的探索与思考。

希望本书的出版能为普及运动健康知识、弘扬健身文化提供理论支持，让更多人爱上运动、参与运动、主动运动。

编　者

2023 年 6 月

目录

第一章

健　康

第一节　健康状况

一、评价标准

随着社会经济的快速发展，人们对生活质量有了更高的追求，同时也更重视自身健康的问题。由于生物医学模式的转变，人们对健康概念的认识也在不断深化和拓展。1947年，世界卫生组织（World Health Organization，WHO）提出，健康不仅是没有疾病和虚弱，还是身体、心理和社会适应均处于完好状态。从此，大众视野从传统健康标准，即患病率、死亡率转向自身的健康（身体健康和心理健康）。在20世纪80年代，苏联学者首次提出，健康和疾病状态中间还存在着中间状态——亚健康状态，在后续的调查中发现，我国真正健康的人仅占15%，70%的人处于亚健康状态，办公室人群是主要的亚健康人群，而企业管理者中有85%以上的人处于亚健康状态。所以，目前就健康的评价标准从一维到多维，不仅仅局限于健康和患病状态，还包含了亚健康、心理健康和社会健康。

二、健康状况问卷

健康调查量表36（short form 36，SF-36）是在1988年由Stewartse研制的医疗结局研究量表（medical outcomes study-short form，MOS-SF）的基础上，由美国波士顿健康研究所发展而来，并在1991年被浙江大学医学院翻译为中文版的SF-36。SF-36因覆盖率高、调查维度广、过程简单而被广泛应用于普通人群的生存质量测定、临床试验效果评价及卫生政策评估等领域。问卷包含以下八大内容。

1. 生理功能（physiological function，PF）

测量健康状况是否妨碍了正常的生理活动，通常用SF-36里的第3个问题来询问生理功能。

2. 生理职能（role-physical，RP）

测量由生理健康问题所造成的职能限制。

3. 躯体疼痛(bodily pain, BP)

测量疼痛程度及疼痛对日常活动的影响。

4. 一般健康状况(general health, GH)

测量个体对自身健康状况及其发展趋势的评价。

5. 活力(vitality, VT)

测量个体对自身精力和疲劳程度的主观感受。

6. 社会功能(social function, SF)

测量生理和心理问题对社会活动的数量和质量所造成的影响,用于评价健康对社会活动的效应。

7. 情感职能(role-emotional, RE)

测量由情感问题所造成的职能限制。

8. 精神健康(mental health, MH)

测量四类精神健康项目,包括激励、压抑、行为或情感失控、心理主观感受。

SF-36 平均填写时间为 10～12 分钟,为了更加节约时间,将 SF-36 缩减为健康调查量表 12(short form 12, SF-12)。SF-12 的内容是 SF-36 的 1/3,两个量表在生理健康领域和心理健康领域具有高度相关性,SF-12 可以解释 SF-36 相同领域 90%的变量。有具体研究表明,与 SF-36 相比,SF-12 未显示敏感度方面的损失,甚至还略有提升。

SF-12 的具体内容如下:

下面的问题是要了解您对自己生活状况的看法,您没有把握回答的问题,请选择最符合的选项,尽量做出一个最好的答案。我们承诺绝不会泄露您的隐私,我们的调查仅用于医学研究,这将有助于医学的发展和进步,为更多患者带来福利。谢谢您的合作!

1. 总体来讲,您的健康状况是

①非常好;②很好;③好;④一般;⑤差

2. 与 1 年前比,您觉得自己的健康状况是

①比 1 年前好多了;②比 1 年前好一些;③跟 1 年前差不多;④比 1 年前差一些;⑤比 1 年前差多了

3. 健康和日常活动,以下这些问题都和日常活动有关。请您想一想,您的健康状况是否限制了这些活动?如果有限制,程度如何?

(1) 重体力活动,如跑步、举重、参加剧烈运动等

①限制很大;②有些限制;③毫无限制

(2) 适度的活动,如移动一张桌子、扫地、打太极拳、做简单体操等

①限制很大;②有些限制;③毫无限制

(3) 手提日用品,如买菜、购物等

①限制很大;②有些限制;③毫无限制

(4) 上几层楼梯

①限制很大;②有些限制;③毫无限制

(5) 上一层楼梯

①限制很大;②有些限制;③毫无限制

(6) 弯腰、屈膝、下蹲

①限制很大;②有些限制;③毫无限制

(7) 步行 1 500 米以上的路程

①限制很大;②有些限制;③毫无限制

(8) 步行 1 000 米的路程

①限制很大;②有些限制;③毫无限制

(9) 步行 100 米的路程

①限制很大;②有些限制;③毫无限制

(10) 自己洗澡、穿衣

①限制很大;②有些限制;③毫无限制

4. 在过去 4 个星期里,您的工作和日常活动有无因为身体健康而出现以下这些问题?

(1) 减少了工作或其他活动时间

①是;②不是

(2) 本来想要做的事情只能完成一部分

①是;②不是

(3) 想要做的工作或活动种类受到限制

①是;②不是

(4) 完成工作或其他活动困难增多(如需要额外的努力)

①是;②不是

5. 在过去 4 个星期里,您的工作和日常活动有无因为情绪的原因(如压抑或忧虑)而出现以下这些问题?

(1) 减少了工作或活动时间

①是;②不是

(2) 本来想要做的事情只能完成一部分

①是;②不是

(3) 做事情不如平时仔细或注意力不如平时集中

①是;②不是

6. 在过去 4 个星期里,您的健康或情绪不好在多大程度上影响了您与家人、朋友、邻居或集体的正常社会交往?

①完全没有影响;②有一点影响;③影响中等;④影响很大;⑤影响非常大

7. 在过去 4 个星期里,您有身体疼痛吗?

①完全没有疼痛;②有很轻微的疼痛;③有轻微的疼痛;④有中等程度的疼痛;⑤有严重的疼痛;⑥有很严重的疼痛

8. 在过去 4 个星期里,您的身体疼痛影响了您的工作和家务吗?

①完全没有影响；②有一点影响；③影响中等；④影响很大；⑤影响非常大

9. 您的感觉：以下这些问题是关于过去1个月里您自己的感觉，对每一条问题所说的事情，您的情况是什么？

(1) 您觉得生活充实

①所有的时间；②大部分时间；③比较多的时间；④一部分时间；⑤小部分时间；⑥没有这种感觉

(2) 您是一个敏感的人

①所有的时间；②大部分时间；③比较多的时间；④一部分时间；⑤小部分时间；⑥没有这种感觉

(3) 您的情绪非常不好，做什么事情都不能使您高兴起来

①所有的时间；②大部分时间；③比较多的时间；④一部分时间；⑤小部分时间；⑥没有这种感觉

(4) 您的心里很平静

①所有的时间；②大部分时间；③比较多的时间；④一部分时间；⑤小部分时间；⑥没有这种感觉

(5) 您做事情精力充沛

①所有的时间；②大部分时间；③比较多的时间；④一部分时间；⑤小部分时间；⑥没有这种感觉

(6) 您的情绪低落

①所有的时间；②大部分时间；③比较多的时间；④一部分时间；⑤小部分时间；⑥没有这种感觉

(7) 您觉得筋疲力尽

①所有的时间；②大部分时间；③比较多的时间；④一部分时间；⑤小部分时间；⑥没有这种感觉

(8) 您是个快乐的人

①所有的时间；②大部分时间；③比较多的时间；④一部分时间；⑤小部分时间；⑥没有这种感觉

(9) 您感觉厌烦

①所有的时间；②大部分时间；③比较多的时间；④一部分时间；⑤小部分时间；⑥没有这种感觉

10. 不健康是否影响了您的社会活动（如走亲访友）？

①所有的时间；②大部分时间；③比较多的时间；④一部分时间；⑤小部分时间；⑥没有这种感觉

11. 总体健康情况：请看下列每一条问题，哪一种答案最符合您的情况？

(1) 您认为自己好像比别人容易生病

①绝对正确；②大部分正确；③不能肯定；④大部分错误；⑤绝对错误

(2) 您认为自己跟周围人一样健康

①绝对正确;②大部分正确;③不能肯定;④大部分错误;⑤绝对错误

(3) 您认为自己的健康状况在变坏

①绝对正确;②大部分正确;③不能肯定;④大部分错误;⑤绝对错误

(4) 您认为自己的健康状况非常好

①绝对正确;②大部分正确;③不能肯定;④大部分错误;⑤绝对错误

第二节 身体形态

一、体格测评

常规的体格测评包括身高、体重、身体质量指数、腰臀比、腰围、臀围、颈围、臂围等。其中,身体质量指数(body mass index, BMI)的计算公式为体重除以身高的平方,单位是 kg/m^2,是国际上常用的衡量人体胖瘦程度及是否健康的一个标准,也是目前评价肥胖程度应用最广的指标。针对中国居民,BMI 正常范围为 18.5～23.9 kg/m^2,24.0～27.9 kg/m^2 为超重,≥28.0 kg/m^2 为肥胖,<18.5 kg/m^2 为低体重。有不少研究发现,不论男性还是女性,高 BMI 与高血压、高血脂、糖尿病等有着显著性关联。另外,腰臀比也可作为评价健康的另一个标准,腰臀比是最早应用于社区临床工作中判定向心性肥胖的人体测量学指标。研究还发现,腰臀比与全因死亡率相关。后续的研究发现,以腰围来评价腹型肥胖更为可靠。颈围是反映皮下脂肪分布的指标,并且与肥胖患者心血管疾病危险因素相关。有不少报道称,颈围与其他评价肥胖和脂肪分布的人体测量学指标相关,并且与胰岛素抵抗的相关代谢指标有关,可作为临床筛查胰岛素抵抗风险的指标。

二、身体成分测评

尽管体格测评已经可以很大程度上预测一系列慢性疾病和肥胖并发症,但越来越多的研究指出了 BMI、腰臀比等作为疾病风险指标的不足之处。原因是给定身高体重比的情况下,BMI 未能充分体现肌肉、骨骼和体脂方面的差异以及未能反映内脏脂肪和皮下脂肪的分布,甚至没有考虑到过往的运动经历。因此,身体成分测评显得非常有必要,而身体成分测评的方式也是多种多样的,从最简单的皮脂钳测量到成本最高的水下测量法都可以反映出当下的身体成分。但日常生活中,考虑到成本和准确程度,生物电阻抗测量法使用最频繁,其原理是利用人体组织与器官的电特性及其变化规律来测量人体生理与病理状况相关的生物医学信息的检测技术。虽然生物电阻抗测量技术影响因素众多,但是与其他非侵入性监测方式相比,生物电阻抗测量具有无创、无害、快速、廉价、操作简单和功能丰富等特点。

三、身体成分与健康

身体由不同成分构成,不同成分的密度不等。例如,肌肉的密度比脂肪高,所以 1 磅(1 磅≈0.45 kg)肌肉比 1 磅脂肪的体积小。事实上,当运动员被要求减轻体重时,他们应该在保持肌肉量的同时减少脂肪量。所以，体重是一个错误的度量标准。假设一名运动员被要求减重 4 磅(约 2 kg)，经过努力后，对运动员的评估显示，其体脂减少 4 磅，肌肉增加 4 磅。虽然体重没有变化，但是力量-体重比更好，运动员看上去也更瘦，因而其运动表现可能会有所提升。然而，如果只是测量体重，这名运动员则会被视为未完成减重任务。

从功能角度看，人的体重可分为两大类，一类是瘦体重，另一类为脂体重，本段主要针对瘦体重与健康的关系进行细述。瘦体重又称去脂体重，主要包括人体中的器官、肌肉、骨骼、血液等非脂肪体重。研究发现，长期缺乏体力活动会导致瘦体重流失，其中最为典型的就是骨质疏松症和肌少症。骨质疏松症(osteoporosis, OP)是最常见的骨骼疾病，骨质疏松症是以骨密度低下及骨微观结构损坏，导致骨脆性增加，从而易发生骨折为特征的一种全身性骨骼疾病。其中，骨密度是反映骨骼健康、评定骨质疏松程度、预测骨折风险的最可靠的指标。因此，对体力活动与骨密度的关系研究同样是体力活动与骨骼健康研究领域的一大热点。有研究发现，成年男性和女性皆可通过体育锻炼增加骨密度，尤其是建议以负荷直接在脊柱正上方的抗阻训练为最佳，而对比有氧运动来说，骨密度的改变并不显著。另外，欧洲一组专家定义肌少症是与年龄密切相关的骨骼肌质量的减少及其功能的减退。肌少症(sarcopenia)是一个复杂的综合征，可以单独存在，也可以伴有脂肪的增多。骨骼肌的流失往往伴随着肌肉力量的下降，而肌肉力量对骨密度的影响，比肌肉含量对骨密度的影响更显著，所以骨骼肌的流失也会导致骨密度的下降。因此，为了避免瘦体重的流失和并发症的出现，建议成年人要进行运动锻炼，特别是抗阻训练。

四、脂肪含量与健康

人体中的脂肪又可分为两类，第一类为皮下脂肪，第二类为内脏脂肪。通常，皮下脂肪约占人体总脂肪量的 85%，内脏脂肪占 15%。人体脂肪蓄积有一定的规律，当能量摄入过剩而使皮下脂肪储存到一定程度时，人体就开始大量储存内脏脂肪。但脂肪的分布和性别有直接关系，男性脂肪多堆积于上腹部，呈苹果形身材；而女性脂肪多堆积于腹部和臀部，呈梨形身材。通常腹型肥胖预示着大量内脏脂肪的堆积，相较于皮下脂肪，内脏脂肪是影响健康的重要因素。因为过多的内脏脂肪才是形成胰岛素抵抗、心血管疾病及血脂异常的原因。但同时又不能忽略对皮下脂肪的管理，有研究发现，尤其是腹部皮下脂肪功能异常同样会导致糖代谢异常。综上，脂肪的含量会影响身体健康，但比起总含量我们更应该关注脂肪的分布。

五、体态测评

体态测评动作从静态姿势的位置开始，能够发现与不良姿势相关的肌肉不平衡和潜在运动代偿。

体态测评方案：

(1) 选择一个具有单色背景或网格图案的地点，被测人员尽可能露出关节，并脱去鞋袜。

(2) 从冠状面观察(正面观)：良好的姿势表现为一条重力作用线将身体左右两边等

分，落在左右脚踝中间。左右肩膀高度保持一致，骨盆无左右倾斜，双脚应平行朝向前方或稍微外旋。

(3) 从矢状面观察(侧面观)：良好的姿势表现为一条重力作用线穿过踝、膝、股骨大转子、肩锁关节和耳垂，或位于耳垂稍后方。

(4) 横断面观察：都是从正面观和侧面观位置进行的，主要观察旋前、旋后。对于正面观，良好的姿势表现为手掌面向大腿外侧，可见拇指，膝盖骨指向正前方。对于侧面观，良好姿势表现为脚向前，膝盖既不向外也不向内，手背清晰可见。

常见的不良体态有以下几种。

(1) 骨盆倾斜：髋关节屈肌紧张的个体经常出现骨盆前倾，这通常与不健康的生活习惯、久坐不动的生活方式有关。骨盆倾斜的出现可能会导致脊柱问题，如骨盆前倾会导致脊柱前凸、脊柱后凸，骨盆后倾会导致平背和摇摆背。

(2) 头部前倾或驼背：主要是由于斜方肌、肩胛提肌、胸锁乳突肌过度紧张。这与生活中长期低头玩手机、久坐不动的生活方式有关。

(3) 两肩高度不同：偏高的一侧肩膀斜方肌、肩胛提肌、菱形肌过度紧张。偏高常常出现在操纵鼠标的一侧。

第三节 体质状况

一、身体机能与健康

身体机能指人体及其内部各器官系统所表现的生命特征。其测量指标有三大类：生命体征、器官的功能性、器官的结构性。

1. 生命体征的指标

生命体征的指标包括身高、体重、心率、血压、呼吸频率等。身高和体重的关系可直接反映BMI的高低，不同BMI对应着不同的身材和患慢性疾病风险的概率，上一节内容已经详述BMI与健康的关系。另外，心率和血压也可间接反映健康程度。从专业运动员的安静心率来看，他们较普通人有着更低的安静心率，这是由于长期训练使其每搏输出量较高，心肌摄氧量较低，心脏处于良好的能量节省化状态，保持着良好的心力储备，有利于运动状态下的充分动员。反之，缺乏锻炼的人群会有较高的安静心率和血压。

2. 器官的功能性指标

器官的功能性指标包括血检、尿检、心电图、肺功能指标等。其中，血检和尿检作为医学上常用的检查方法，可以通过血液和尿液中的各项指标来判断患者的健康状况。例如，血液中的血清甘油三酯、血清总胆固醇、低密度脂蛋白胆固醇、高密度脂蛋白胆固醇含量可以筛查是否有高脂血症；尿液中的糖浓度可以检查是否有糖尿病的可能；心电图可以记录人体正常的心脏活动，还可以帮助诊断心律失常，运动时的心电图是常用于诊断是否有冠心病的有效方式。

3. 器官的结构性指标

器官的结构性指标可通过专业的医学手段如B超、彩超、造影、胸腹X线等对人体健康做出直接评价。

综上，身体机能可以从多方面反映健康问题。对于办公室人群，久坐不动和不良的生活方式直接带来的是日益增长的体重、一系列慢性损伤（腰肌劳损、肩周炎、鼠标手等）和慢性疾病（高血压、高血脂、脂肪肝等）。

二、身体素质与健康

身体素质是素质的一种，通常指人体的基本活动能力，是人体各器官系统的功能在肌肉工作中的反映。身体素质包括与提高健康水平和增强体质有关的因素，如心血管耐力、肌肉力量和耐力、柔韧性等，这是一般人都需要的，为衡量健康水平和体质好坏的标准之一。良好的身体素质，不仅可以提高训练中的运动表现，保持生活中乐观向上心态，还有利于预防伤病、延长工作寿命。

据报道，身体素质与 BMI 存在高度相关性。有研究指出，男性 BMI 保持在 22～28 kg/m^2、女性 BMI 保持在 20～25 kg/m^2 时，其综合身体素质最高。高 BMI 对身体素质的影响十分明显，尤其是对速度、爆发力、神经反应敏感性的影响。因此，建议常年久坐人群改善生活方式，平衡膳食结构，在保证营养的前提下，对食物的热量有所限制，同时，加强体育锻炼，通过科学健身来改善身体机能与身体素质。

第四节 体适能测试与评估

测试与评估是了解身体素质的重要手段，测试结果可以让我们认识到自己的优势与劣势。当我们开始有计划地改善身体状态时，测试与评估还能够帮助我们评价训练的有效性和自己的提升程度。

一、心肺功能测试

心肺功能指心肺系统对氧气的摄入与运输能力，这两者的能力直接影响着全身器官和肌肉的活动，因而对于我们来说非常重要。

1.6 千米步行测试

测试目的：评估心肺功能。

测试器材：秒表、手机健康健身类 APP。

测试步骤：

（1）在跑道或者平坦地面尽可能快地走完 1.6 千米，一定不能跑。

（2）在运动测试的最后 1 分钟或者测试结束后立即测试心率，记录 15 秒心率（转换成 1 分钟：15 秒×4）。步行测试未结束，不要放慢速度。若在步行测试结束后记录心率，则需要立即进行记录不能耽误。

上述测试只需要我们上下班或者逛街途中找一段适合的距离来快走就能够轻易地完成，如果不确定步行的距离的话，简单的做法就是用手机健康健身类 APP 来记录自己的距离，完成 1.6 千米的快走之后立即对自己的心率进行测量，最后采用如下公式来计算代表心肺功能的指标——最大摄氧量（VO_{2max}）：

男性：VO_{2max}[mL/(kg·min)] = 132.853 −（0.1692×体重）−（0.3877×年龄）−（3.2649×时间）−（0.1565×心率）+ 6.315

女性：VO_{2max}[mL/(kg·min)] = 132.853 −（0.1692×体重）−（0.3877×年龄）−（3.2649×时间）−（0.1565×心率）

式中，时间代表走完 1.6 千米所用的时间，最后精确到分钟，假如完成的时间为 15 分 42 秒，则最后表示为 15.7 分钟（42 秒 = 0.7 分钟）；心率代表完成 1.6 千米步行后的心率。表 1-1 和表 1-2 为男性和女性不同年龄阶段最大摄氧量分级标准。

表 1-1 不同年龄段最大摄氧量分级标准——男性

等级	不同年龄段最大摄氧量[mL/(kg·min)]				
	20～29 岁	30～39 岁	40～49 岁	50～59 岁	60～69 岁
极好	>61.8	>56.5	>52.1	>45.6	>40.3
非常好	(55.2, 61.8]	(49.2, 56.5]	(45.0, 52.1]	(39.7, 45.6]	(34.5, 40.3]
好	(49.0, 55.2]	(43.8, 49.2]	(38.9, 45.0]	(33.8, 39.7]	(29.1, 34.5]
一般	(43.5, 49.0]	(38.5, 43.8]	(34.6, 38.9]	(29.5, 33.8]	(25.7, 29.1]
差	(35.4, 43.5]	(32.7, 38.5]	(29.0, 34.6]	(24.4, 29.5]	(21.2, 25.7]
非常差	[29.0, 35.4]	[27.2, 32.7]	[24.2, 29.0]	[20.9, 24.4]	[17.4, 21.2]

表 1-2 不同年龄段最大摄氧量分级标准——女性

等级	不同年龄段最大摄氧量[mL/(kg·min)]				
	20～29 岁	30～39 岁	40～49 岁	50～59 岁	60～69 岁
极好	>51.3	>41.4	>38.4	>32.2	>27.0
非常好	(44.7, 51.3]	(36.1, 41.4]	(32.4, 38.4]	(27.6, 32.2]	(23.8, 27.0]
好	(38.9, 44.7]	(31.2, 36.1]	(27.7, 32.4]	(24.4, 27.6]	(20.5, 23.8]
一般	(33.6, 38.9]	(27.4, 31.2]	(24.1, 27.7]	(21.2, 24.4]	(18.4, 20.5]
差	(26.2, 33.6]	(22.5, 27.4]	(20.0, 24.1]	(18.3, 21.2]	(15.6, 18.4]
非常差	[21.7, 26.2]	[19.0, 22.5]	[17.0, 20.0]	[16.0, 18.3]	[13.4, 15.6]

二、肌肉力量测试

肌肉力量指肌肉收缩时产生的力量大小，办公室人群最适合的就是进行肌肉耐力（肌耐力）测试，肌耐力反映的是肌肉持续发力抵抗疲劳的能力，其是评价肌肉适能的一个很重要的指标。

（一）俯卧撑

测试目的：上肢肌耐力。

测试器材：软垫。

测试步骤：

（1）男性受试者在进行测试时，以标准的向下的姿势进行（手指向前，手掌置于肩下，背部挺直，抬头，用脚趾支撑）。女性受试者采用修正的跪姿俯卧撑姿势（双腿靠拢，膝部着地跪在垫子上，脚尖伸直，背挺直，两臂与肩同宽，抬头，用膝部支撑）。

（2）受试者必须伸直肘部，撑起身体，然后返回到向下的姿势，直到下颏贴在垫子上。腹部不能触及垫子。

（3）受试者感到肌肉紧张僵硬或出现两次以内不能按技术要求完成动作时应该停止测试（图 1-1）。

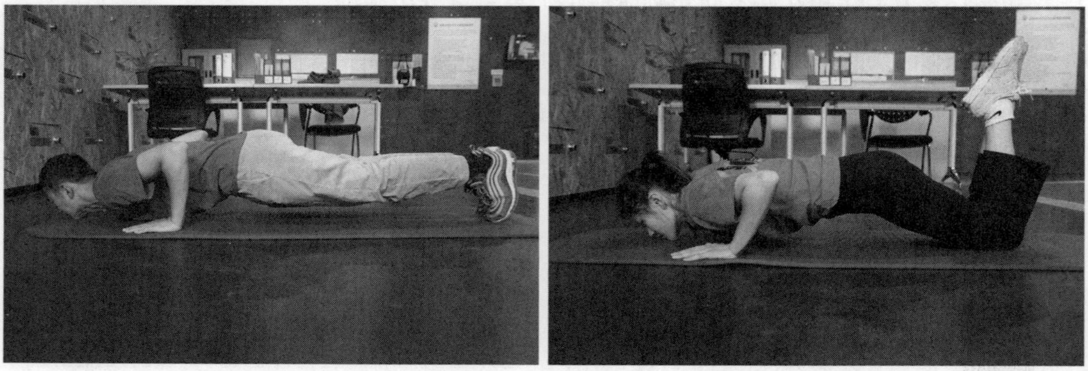

图 1-1　俯卧撑

无论是男性还是女性，在测试过程中背部要始终挺直。撑起身体时手臂要伸直。无间歇连续完成俯卧撑次数记为得分。

表 1-3 为不同年龄段、不同性别人群俯卧撑分级表。

表 1-3　不同年龄段、不同性别人群俯卧撑分级表

分级	不同年龄段人群完成俯卧撑的次数									
	20～29 岁		30～39 岁		40～49 岁		50～59 岁		60～69 岁	
	男性	女性	男性	女性	男性	女性	男性	女性	男性	女性
出色	≥36	≥30	≥30	≥27	≥25	≥24	≥21	≥21	≥18	≥17
优秀	29～35	21～29	22～29	20～26	17～24	15～23	13～20	11～20	11～17	12～16
良好	22～28	15～20	17～21	13～19	13～16	11～14	10～12	7～10	8～10	5～11
一般	17～21	10～14	12～16	8～12	10～12	5～10	7～9	2～6	5～7	2～4
有待提升	≤16	≤9	≤11	≤7	≤9	≤4	≤6	≤1	≤4	≤1

（二）仰卧起坐

测试目的：核心肌耐力。

测试器材：软垫。

测试步骤：

（1）屈膝平躺于软垫上，双脚距离与肩同宽，脚尖朝前，膝关节屈曲角度大约为 90°，全脚掌固定于地面(可同伴辅助)。

(2) 双手胸前交叉。

(3) 卷腹向上,手肘碰到大腿再还原算完成一次,共进行 2 分钟测试,最后记录 2 分钟内完成仰卧起坐的总次数(图 1-2,表 1-4,表 1-5)。

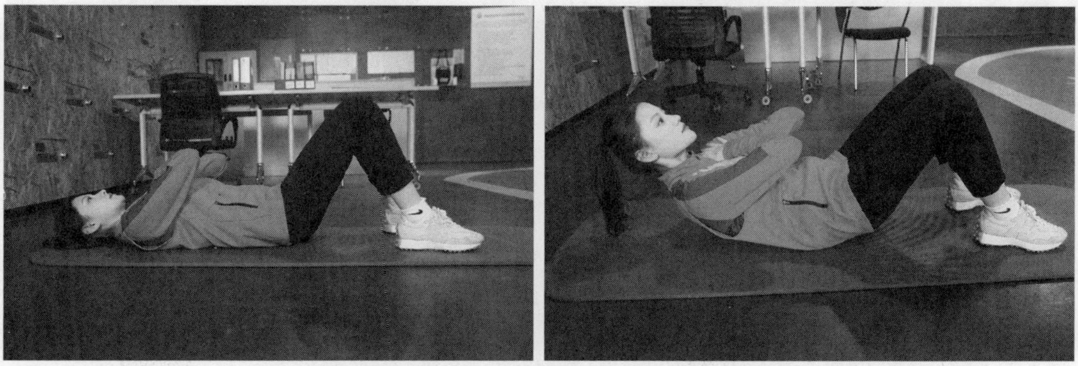

图 1-2 仰卧起坐

表 1-4 和表 1-5 为不同年龄段男性和女性仰卧起坐分级标准。

表 1-4 不同年龄段男性仰卧起坐分级标准

年龄	差	一般	好
≥50 岁	≤27 次	28～44 次	≥45 次
40～49 岁	≤29 次	30～46 次	≥47 次
30～39 岁	≤33 次	34～53 次	≥54 次
20～29 岁	≤40 次	41～66 次	≥67 次
17～19 岁	≤45 次	46～71 次	≥72 次

表 1-5 不同年龄段女性仰卧起坐分级标准

年龄	差	一般	好
≥50 岁	≤22 次	23～44 次	≥45 次
40～49 岁	≤24 次	25～46 次	≥47 次
30～39 岁	≤27 次	28～53 次	≥54 次
20～29 岁	≤33 次	34～59 次	≥60 次
17～19 岁	≤40 次	41～66 次	≥67 次

(三) 徒手深蹲

测试目的:下肢肌耐力。

测试器材:办公椅或空地。

测试步骤:

（1）自然站立或背对办公椅，双脚打开与肩同宽，脚尖微微外撇，双手叉腰或前平举。

（2）抬头挺胸下蹲直到大腿平行于地面或臀部轻轻碰到椅子，然后再站起来。

（3）记录一次性能够完成多少个徒手深蹲（图 1-3）。

图 1-3　徒手深蹲

表 1-6 和表 1-7 为不同年龄段男性和女性徒手深蹲分级标准。

表 1-6　不同年龄段男性徒手深蹲分级标准

分级	不同年龄段徒手深蹲次数				
	20～29 岁	30～39 岁	40～49 岁	50～59 岁	≥60 岁
极好	＞34	＞32	＞29	＞26	＞23
非常好	33～34	30～32	27～29	24～26	21～23
好	30～32	27～29	24～26	21～23	18～20
一般	27～29	24～26	21～23	18～20	15～17
较差	24～26	21～23	18～20	15～17	12～14
差	21～23	18～20	15～17	12～14	9～11
非常差	＜21	＜18	＜15	＜12	＜9

表 1-7　不同年龄段女性徒手深蹲分级标准

分级	不同年龄段徒手深蹲次数				
	20～29 岁	30～39 岁	40～49 岁	50～59 岁	≥60 岁
极好	＞29	＞26	＞23	＞20	＞17
非常好	27～29	24～26	21～23	18～20	15～17
好	24～26	21～23	18～20	15～17	12～14
一般	21～23	18～20	15～17	12～14	9～11
较差	18～20	15～17	12～14	9～11	6～8
差	15～17	12～14	9～11	6～8	3～5
非常差	＜15	＜12	＜9	＜6	＜3

三、柔韧性测试

柔韧性体现的是人体关节的活动幅度以及肌肉、韧带和结缔组织的延展性。

坐位体前屈测试

测试目的：身体躯干、髋部、腿部的柔韧性。

测试器材：垫子、卷尺、胶带。

测试步骤：

(1) 将尺子铺于垫子上，在尺子的38厘米处贴一条胶带于垫子上，胶带与尺子以直角相交。

(2) 脱掉鞋子坐在尺子0刻度线一侧的垫子上，两腿贴于地面，两脚分开，间距为30厘米，脚尖向上，脚后跟几乎触及38厘米处与尺子直角相交的胶带上。

(3) 两手沿着尺子尽可能地向前，且暂时维持这个姿势。测试时要保持双手彼此靠近，不要一前一后。指尖要始终保持与尺子接触，膝关节不能弯曲。将手指与尺子相交的刻度记为伸长成绩，成绩小于38厘米表示不能触及脚底。

(4) 取3次测试中的最好成绩，精确到1厘米(图1-4)。

图 1-4 坐位体前屈

四、平衡性测试

平衡性指使身体保持稳定状态的能力。

单腿平衡站立

测试目的：身体整体的平衡性。

测试器材：平坦的地面、垫子、秒表。

测试步骤：

(1) 脱鞋站立于垫子上，双手叉腰，抬起一侧腿置于支撑腿膝盖内侧。

(2) 支撑腿脚后跟抬离地面，用前脚掌支撑，同时用秒表开始计时。

(3) 出现以下几种情况则计时停止。

1) 手离开腰部。

2) 支撑脚往任何方向发生旋转或者小跳。

3) 抬起腿与膝盖内侧失去接触。

4) 支撑腿脚后跟接触地面。

(4) 记录单腿平衡站立的时间(图 1-5)。

图 1-5　单腿平衡站立测试

表 1-8 为单腿平衡站立分级标准。

表 1-8　单腿平衡站立分级标准

等级	站立时间(秒)
非常好	＞50
好	40～50
较好	25～39
一般	10～24
差	＜10

第二章

办公室综合征

世界卫生组织的资料显示，全球约50%的人口为20～60岁在业人口，作为经济和社会发展的主力人群，办公室人群的文化技术素养、身心健康不仅关系到其个人及家庭的幸福，也关系到企业的生存和国家的稳定发展。第六十届世界卫生大会审议通过的《工人健康：全球行动计划》中提到："强调工人健康是生产力和经济发展的基本前提。"随着我国社会转型、生活节奏加快及竞争加剧，办公室人群的职业压力增大、工作负担加重，其健康状况令人担忧。

办公室人群是当今社会建设和发展的主力军。其身体健康状况受到全社会的广泛关注。调查显示，目前，我国以坐着上班为主要工作形式，且工作时间超过8小时的人群数量庞大。经深入调查得知，这部分人常常由于工作压力大、节奏快，很少主动休息或调整体位，只有28%的人会在办公间隙起身走动；30%的人感到疲劳后会伸个懒腰；有约40%的人，在短暂的休息时间中，仍保持坐姿，如玩电脑游戏、上网等。作为现代文明发展的一种必然结果，"久坐族"在国外同样也人群数量庞大：大多数美国人每天因工作也要坐8～9小时，午休时间为1小时；由于德国人大多数住在郊外，坐着工作8小时以后，还要坐1～2小时的火车或汽车回家；日本人的工作时间更久，一般要坐8～12小时。但相对而言，日本人的健康意识也是最强的，他们会在工作中主动起身活动，如站着商讨一些问题等。有研究表明，21世纪亚健康是影响人类生命质量的重要因素，而庞大的办公室人群队伍成为亚健康的高危人群。现代办公室人群常年在快节奏生活与高压力工作环境中频繁切换，很多人感到身心疲惫，主要表现为心理健康水平低下，如焦虑感上升、情绪不稳定或处事容易极端等；体质健康水平下降，如心肺功能下降、心悸气短、肌肉缺乏力量等。健康检查虽然没有具体指向的器质性疾病，但常常出现一些功能性的不良反应。对于这些不良反应，如果不加以重视，就会使办公室人群的身体健康水平下降，甚至出现机体上的病变，形成疾病。

随着现代社会的发展，"静坐少动"在人们工作、娱乐、出行等方面的时间占比越来越大，具体表现为伏案工作、上课、开车、看视频、玩电子游戏等。有研究于2014年指出，办公室人群在其65%的工作时间内都处于静坐状态，并且在工作中坐得越久的人，通常下班后与周末的静坐时间也越长。

办公室人群为长时间在办公室进行脑力劳动的伏案工作者，其工作时间一般在6～8小时或8小时以上。职业包括办公室文案人员、会计师等，其主要处于低头弯腰、含胸弓背、坐姿不正等姿态。

办公室人群主要的特点：①久坐办公；②长期面对电脑；③长期伏案工作；④长期缺乏锻炼。以上特点都可总结为久坐行为，久坐行为（sedentary behavior）指在清醒状态时，坐姿、躺姿或倚靠姿势时，耗能≤1.5代谢当量（metabolic equivalent，MET）且超过2小时的行为。正常步行耗能为2 METs。国内对“sedentary behavior”的翻译有不同版本，本书使用“久坐行为”，但根据其定义来看并不局限于坐姿，久站也属于久坐行为范畴。有具体研究表明，无论BMI处于何种状况，久坐行为与全因死亡率呈正相关。除了会提高死亡率之外，久坐不动还会导致肥胖和一系列慢性疾病，如心血管疾病、癌症，甚至有导致患抑郁症的倾向。

一、心理压力大

压力是人们面对威胁时消极的情绪体验，常常伴随着生理生化及认知行为的变化。在工作日趋繁忙、生活节奏加快的今天，压力已成为一种普遍的社会心理现象。其中，职业压力是大多数上班族都无法避免的一种压力。

上班族每天都承受着来自方方面面的压力。首先是组织架构方面，待遇不公、矛盾冲突、付出与回报失衡等都可能是压力源；其次是工作条件和人际关系方面，拥挤的空间、噪声、照明、气味、缺乏信任等也可能是压力源；而在工作要求和职业特点方面，重复性工作、工作时间长、责任重大、技术要求高、技术更新也可能是压力源。因此，这些叠加的心理压力，往往会对办公室人群身心健康和生活工作产生严重的消极影响。

首先在生理层面。长期暴露在压力源下会造成免疫力下降、失眠、头痛、神经紧张、肌肉僵硬、食欲下降、心慌、胸痛等症状。这些变化会降低机体的抵抗力，使人罹患疾病。

其次在心理层面。在压力状态下，人会产生各种不愉快的情绪，如心烦、生气、暴怒、忧虑、害怕、惊恐、苦恼、伤心、悲痛等。同时，压力还会造成个人的认知障碍。压力会损害人的逻辑思维能力、影响人的注意力，使人不能集中注意力工作而担忧行动的后果及不利影响。

最后在行为层面。在感知到威胁、感受到压力时，谨慎的人可能变得更加谨小慎微和退缩不前，而有进攻倾向的人可能失去控制力，毫无必要地四面出击。有的人可能在压力下完全丧失自觉控制力而不做任何反应，形成习得性无助，对于某些个体，甚至会产生物质依赖和药物成瘾。

所以，采取必要的措施放松身心、缓解压力，是十分必要且有效果的。

二、体态发生变化

久坐不动的生活方式被世界卫生组织定义为静坐生活方式。

这种生活方式会导致全身各关节僵化。久坐不动经常会引发：①颈椎僵直，从而引发头痛、头晕、眼花、恶心、腰椎间盘突出、坐卧难耐、举步维艰。②脊柱生理曲度改变，难以承受重力。③髋关节坏死，造成身体直立困难。④膝关节、踝关节无力，全身运动受到限制；肩关节、肘关节僵硬，使上半身供血不足，产生胸闷、胸痛等。⑤手指关节局部劳损等。由于这些关节的相对僵化，关节周边的肌肉得不到充足的血液供应，久坐不动的人经常感到手足麻痹、坐骨神经痛，且失去了很多的锻炼机会，肌肉萎缩。

严重者可能出现颈肩部肌肉酸痛、手臂麻木、呼吸不畅等症状。若不能及时矫正，还可能导致体态变形，影响自信心和生活质量。面对这样一种既影响美观，又会带来诸多疼痛的体态变化，我们要如何解决呢？简单来说，上交叉综合征就是胸肌等肌群过度紧张及缩短，同时背部肌群过度被动拉长造成的，所以处理的原则为牵拉过于紧张的前侧肌群，同时加强背部肌群的力量。

另外，久坐不动的生活方式引发的脊椎侧弯问题也应引起重视。这种体态在外观上表现为两肩不平、肋骨突出、肩胛后凸、骨盆倾斜、下肢不等长等。经常从事单侧动作的群体，容易发生这种情况，如单手大量书写、频繁点击鼠标、经常背单肩包或单手提包等容易引发脊柱侧弯。脊柱侧弯具体指脊柱偏离身体正中呈“S”或“C”形弯曲，严重的脊柱侧弯可能会导致人出现心肺功能障碍，在体育运动中容易出现胸闷气短等现象；严重者可出现背部疼痛、下肢麻木，甚至可能导致骨盆倾斜变形，影响生育。因此，我们在日常生活中要注意保持良好的站姿和坐姿。

最后，久坐不动的生活方式引发的肥胖问题也很严重。“过劳肥”是指很多人上班之后就开始变胖，首要原因就是工作压力大。心理压力首先会导致肾上腺皮质激素升高，激发办公室人群的饮食欲望，以此来缓解压力；同时，压力还会导致新陈代谢减慢。摄入食物增多，新陈代谢减慢，加上久坐不动，自然容易发胖，而肥胖则会导致一系列心脑血管疾病。

三、影响循环系统与内分泌系统

久坐使人的全身血管血容量（外周血容量）减少，心脏功能减退，患心脏病的风险升高，可提前发生动脉硬化、冠心病和高血压等。有研究表明，久坐人群血脂异常率超过50%，年轻化趋势非常明显。35岁以下的男性，血脂异常者比例较大。此外，更年期女性卵巢功能衰退，雌激素分泌不足，致使女性体内胆固醇升高，高密度脂蛋白反而会降低。所以，更年期女性很容易发生动脉粥样硬化，停经后的女性患心脏病的概率会明显上升。

社会发展过快、工作压力过大，造成内分泌失调，是当代久坐人群面临的巨大问题。据研究，在面对压力时，人体生长激素（growth hormone，GH）、促性腺激素释放激素（gonadotropin releasing hormone，GnRH）及促甲状腺激素（thyroid stimulating hormone，TSH）等会受到抑制，而造成这些激素分泌受抑制的主因是促肾上腺皮质激素释放激素（corticotropin releasing hormone，CRH）过度活化。促肾上腺皮质激素释放激素过度分泌可能会造成抑郁症、饮食行为异常、强迫症、恐慌症、神经性侏儒症、易被感染、易患恶性肿瘤等。另外，长期促肾上腺皮质激素释放激素过度活化，部分人机体对此激素的反应疲乏，从而表现出肾上腺皮质激素缺乏及虚弱无力，所谓慢性疲劳症候群指的就是这种情况。有研究发现，久坐还容易引起胰岛素抵抗，引发2型糖尿病。这是因为当人体处于静止状态时，肌肉细胞会从血液中吸收葡萄糖，增加胰岛素抵抗；久坐还极易导致骨质疏松症、肌少症、肥胖及代谢综合征等。

四、免疫力下降

长期不良的生活作息习惯，不仅会使心理压力与身体形态发生变化，还伴随睡眠不足、易疲劳、视力下降、肤色暗沉等一系列的问题。其中，睡眠不足是免疫力下降最主要的根源。熬夜加班的办公室人群也越来越多，因为压力大而睡不好的人也越来越多。睡眠不足首先会导致身体器官得不到很好的放松，长期超负荷的运转无疑是在挑战自己身体的极限，长时间缺乏足够的休息就会导致机体免疫力急速下降，即使是小小的感冒都难以抵抗。随着身体进一步恶化，免疫力持续低下，严重地影响了正常的工作和生活，带来极大的困扰。

前面介绍了那么多压力带来的负面影响，可怎样才能消除这些压力呢？最简单、最直接的办法就是动起来，通过运动把压力疏导出来。运动中，人体的应激状态被激发，心跳加快，血压升高，肌肉充血，大脑也更好地集中精力，排除外界的纷扰，既是对压力的释放，也是让大脑放空的好机会。对于办公室人群来说，利用上班的闲散时间进行锻炼，是一个绝佳的选择。

第三章

运动与健康

办公现代化程度越来越高，办公室人群对其依赖的程度也逐渐加深。办公室人群在长时间伏案工作的状态中被吞噬着健康。体育活动具有提高人体免疫力、促进身心健康的双重作用。因此，研究及开发适合这类人群的体育活动、促进有效锻炼、改善工作环境、制订预防措施等，不仅是办公室人群自身，也是体育教育、运动康复等专家应该关注的方面。

一、运动的益处

广义地来看，运动指人们的身体活动，也称体力活动。身体活动（physical activity，PA）指由骨骼肌产生的需要消耗能量的任何身体动作。平时生活中手提物品，搬运货物和书本或抱孩子，以及走楼梯而不使用电梯，步行、骑车上下班等都是提倡的身体活动。主动健身进行的身体活动形式也有很多，如城区有公园或其他步行区，用于步行、跑步或玩耍很理想，利用体育馆、游泳池等进行的体育运动等。具体来说，运动对身体健康的影响主要体现在以下几个方面。

（一）运动对身体形态的影响

身体形态指人体的外部特征，即体格、体型、姿势、营养状况及身体成分。主要指标：身高、体重、胸围、上臂围、坐高和身体成分（皮脂厚度、体脂比重、去脂体重等）。它从一定程度上反映了人体生长发育的状况及其身体的健康状况。其中，身高、体重、胸围是衡量身体形态最基本的三项发育指标。良好的身体素质在这一点上表现为体型匀称、姿势正确、营养状况良好等。

与身体活动较少的人群相比，积极进行身体活动的人，无论是儿童、青少年、成人还是老年人都具有较高的肌肉健康水平和更合理的体重和身体成分，这也更有利于增进骨骼健康。以有氧运动为主的体育活动可增加脂肪消耗，降低身体脂肪含量，改善身体成分。

（二）运动对人体功能的影响

身体机能健康特征主要表现在人体各器官系统等方面，如神经系统、运动系统、呼吸系统和循环系统。运动能增强心肺功能，改善神经系统、循环系统、呼吸系统、运动系统等的功能状况，有利于人体的生长发育，提高抗病能力，增强机体的适应能力。具体体现在以下几个方面。

1. 运动促进神经系统功能的提升

神经系统是机体内对生理功能活动调节起主导作用的系统，主要由神经组织组成，分为中枢神经系统和周围神经系统两大部分。中枢神经系统又包括脑和脊髓，周围神经系统包括脑神经和脊神经。

大脑是神经系统的总指挥，大脑健康直接决定了神经系统的功能。经常参加运动能够改善脑部供血状况，提高大脑皮质神经细胞的耐受力。脑部供血的状态决定了脑功能的营养状态，改善脑部供血，直接从物质层面保证了大脑的营养，提升大脑健康水平。神经系统是人体所有动作的指挥，经常参加体育运动，从事各种复杂的动作，有利于提高神经系统的反应能力和灵活性，神经系统的功能在从事各种动作的过程中得到增强。运动能改善神经系统的调节功能，提高神经系统对人体活动时错综复杂变化的判断能力，并及时做出协调、准确、迅速的反应，使人体适应内外环境的变化，保持机体生命活动的正常进行。

2. 运动促进循环系统功能的提升

经常参加体育运动，能够促进心脏结构与功能的良性变化，促进血液数量与质量的提高，促进血管结构和功能的良性变化，血管壁的弹性增加，血流的外周阻力减小。安静时，收缩压可降低到 85～105 mmHg，舒张压可降低到 40～60 mmHg，经常从事体育运动的人肌肉活动状态良好，收缩有力，收缩与放松呈有节奏、有规律的转换，使人体静脉血液回流入心脏的速度加快，回流量增多，供心脏冠状动脉自身营养程度增大，有利于预防冠状动脉粥样硬化。经常参加体育运动，还会使人体内的高密度脂蛋白粒子的浓度增加，高密度脂蛋白粒子具有清理和打扫沉积在血管壁上的脂肪和胆固醇的作用，可以降低堵塞血管的危险，保障体内的正常血液循环，防止各种循环系统疾病的发生。

3. 运动促进呼吸系统功能的提升

呼吸系统由鼻、喉、气管、肺等组成。人体一切活动所需要的能量和维持体温的热量，都来自体内营养物质的氧化。氧化过程需要不断消耗氧，并产生二氧化碳。人体内这种气体代谢过程的持续进行，有赖于人体不断从外界环境中摄取氧，并不断向外界环境排出二氧化碳。人体与外界环境之间的气体循环以及人体内部所进行的气体交换的全过程，称为呼吸。

(1) 体育运动促进呼吸器官结构的变化：比较剧烈的体育运动需要消耗大量的氧气，同时组织内也产生大量的二氧化碳，这就促使呼吸系统必须加倍工作，以适应活动的需要。呼吸肌在较剧烈的体育运动中经受锻炼，力量增强，胸廓运动的幅度也随之增大，肺泡参与气体交换的数量也明显增多。经常参加体育运动的人，胸围要比同龄人大 3～5 cm，呼吸差也增加到 9～16 cm。

(2) 体育运动提高呼吸系统的功能水平：长期进行体育运动，呼吸深度加大，呼吸频率相对降低。由于呼吸肌的力量增强，肺泡弹性增大，肺活量、肺通气量指标数明显增大，肺活量可达 4 500～5 500mL，比一般人大 1 000～1 500 mL。肺通气量可由平常呼吸时的 9 000 mL 达到 70 000～120 000 mL。同时，肺泡通气量也明显增加，呼吸效率得到明显改善。提高呼吸系统功能水平，对改善人体的活动能力有较大的促进作用，增加了人体对坚持较长时间活动和工作的耐受力，同时对预防呼吸系统的疾病也有显著作用。

4. 运动促进运动系统功能的提升

运动本身就来自运动系统功能的发挥，运动系统由肌肉、骨骼、关节组成。骨骼是人体的支架，关节是连接骨与骨之间的枢纽，肌肉附着在骨骼上，在神经的支配下，通过交替收缩和放松使关节屈伸、展收、旋转，完成各种动作。运动系统功能的高低，决定着人体活动的质量。体育运动在运动系统中有以下主要表现：

(1) 改善肌肉中的血液供应情况，促进结构功能的良性变化：长期参加体育运动，肌肉中毛细血管增粗并大量开放，血流量增大，血液供应良好，新陈代谢旺盛，酶活性提高。同时，由于肌肉中营养物质、能源物质的含量增加，肌肉纤维变粗，肌肉的生理横断面积增大，肌肉重量占全身体重的比重也相应增大。肌肉收缩时的力量加强，速度加快，弹性、柔韧性都有所增强，灵活性、耐久性得到提高。

(2) 强化骨的结构，提高骨的性能：长期参加体育运动，使新陈代谢过程得以改善，骨的结构和性能都得以加强。表现为骨密质增厚，骨变粗，骨小梁的排列根据拉力和压力的不同更加整齐和有规律，骨表面肌肉附着的突起增大。这些结构上的变化都使骨更加粗壮、坚固，提高了骨的抗断、抗弯、抗压性能。经常参加体育运动还能刺激骺软骨的增生，促进骨的生长，对人体身高的增长有一定的促进作用。有科学研究证明，经常参加体育运动的青少年比不经常运动的同龄人身高增长要快，身高的相对终极值也比不经常运动的同龄人高 4～8 cm。

(3) 增强关节的牢固性，提高关节的柔韧性和灵活性：经常参加体育运动，关节周围的肌肉和韧带得到了增强，从而加强了关节囊的力量，加固了关节，同时，运动过程中关节得到锻炼，因此，关节周围的肌肉、韧带的伸展性得到改善，扩大了关节运动的幅度，提高了关节的灵活性，增强了关节的牢固性。

5. 运动对身体健康的其他效益

(1) 运动可以减少身体很多部位癌症的风险。《美国人体力活动指南(第二版)》[*Physical Activity Guidelines for Americans* (*2nd edition*)]提出，运动可以降低膀胱癌、乳腺癌、结肠癌、子宫内膜癌、食管癌、肾癌、胃癌和肺癌的发病率。

(2) 对于孕妇，运动可以减少体重过度增加，降低妊娠糖尿病和产后抑郁风险。

(3) 对于老年人，运动可以降低跌倒风险。

(4) 运动可以改善睡眠质量，特别是对患有失眠症的人有不错的效果。

(三) 运动对心理健康的影响

过多运动可能会放大心理健康问题，但是运动对心理健康状态的改善确实非常有帮助。因此运动对心理健康问题的预防可能比治疗更为重要。

1. 情绪(抑郁与焦虑)

抑郁(depression)和焦虑(anxiety)是普通人或精神障碍者最为常见的两种情绪问题。抑郁的症状多种多样，一般可包括难以集中注意力和无法决策、失去对爱好和活动的兴趣、感到无助、失眠甚至想自杀。伴随抑郁还可能会出现疲劳、头痛、肌肉紧张和疼痛、难以吞咽、发抖、抽搐、易怒、出汗、体热潮红等体征。焦虑可泛指关于未来事件的紧张不安，担忧或恐惧。长期焦虑可导致特定恐怖症、社交恐惧症、恐怖障碍及创伤后应激障碍等。不管是对于有临床症状的心理障碍者还是没有心理问题的普通人群，运动锻炼对焦虑和抑郁都有积极作用。这些运动锻炼主要指耐力性运动方面，如快走和慢跑等，而其他类型的运动如力量练习等的效果还并不确定。有研究显示，力量练习或抗阻训练仅对抑郁有效而对焦虑没有影响，而且这一结果已经被实验室和社区在短期和长期研究设计的干预研究中所验证。然而，一项针对北京城区中老年人群的研究认为，身体锻炼促进心理健康可能存在人群差异，如中老年人的情绪比年轻人更为稳定，不易受运动锻炼等外部环境的影响，因而对于情绪健康水平较高的人群，运动锻炼可能作用有限，尽管这一问题仍有争议，但运动的抗抑郁和抗焦虑作用特别是在具有相应轻微至中等心理障碍问题人群中的有效性已得到广泛证实。

除了运动的短、长期心理健康效应外，运动过程中还会产生良好的即时情绪体验，如流畅体验和跑步者高潮等。在流畅体验状态下，人忘却自我地全身心投入于活动之中，对过程的体验本身就是乐趣和享受，并产生对运动过程的控制感。跑步者高潮指在跑步中或运动过程中瞬间体验到的欣快感，自身与情境融为一体，身心轻松、忘却自我、充满活力超越时空障碍的一种良好身心状态。

2. 自我概念、身体自我

运动对自我概念具有重要的积极作用。自我概念(self-concept)也称自我观念，在哲学上类似于“我是谁”，包括自尊、身体自我、自我效能感等。自尊(self-esteem)是关于自我价值的感受，它可正向影响心理健康。相对于不锻炼者，运动锻炼能有效提升锻炼者的自尊水平。并且，较之中途停止锻炼的人，持续锻炼者能体验到更高的自尊水平。但是，若出现负面事件如受伤或运动上瘾等，则自尊水平可能会相应下降。运动锻炼可通过增进肌肉力量和改善人体成分(降低肥胖度)来提升自尊水平。一项综述性研究结果显示，运动对学生身体自我具有中等效应的影响；同时，运动对身体自我不同方面影响的效应量有所不同，其中运动技能成分影响最大，身体吸引力影响最小，并存在一定的剂量效应关系，此外其还受性别、锻炼项目及锻炼习惯等因素的影响。

3. 脑功能、认知功能

运动对各年龄段的人群脑功能、认知功能(cognitive function)都具有积极作用。例如，老年人的认知功能往往有不同程度下降，这种随着年龄增长而出现的认知功能(加工、选择、操作或存储信息的能力)下降，称为退行性认知功能障碍。这种认知功能障碍包括痴呆、帕金森病、阿尔茨海默病等，有研究显示，运动能改善老年人的退行性认知功能障碍。不仅如此，运动对其他人群的脑功能(含认知功能)也有促进或改善作用。

4. 负面作用与合理运动

虽然运动对心理健康有积极作用，但不合理的运动锻炼也会产生负面作用，如心理耗竭、运动上瘾等。时间过长的高负荷运动训练(训练过度)，特别是耐力性运动，对于某些运动员而言可能会导致其情绪紊乱。同时，对于某些人来说，运动锻炼也可能会变为强迫性行为。过于强调运动在个人生活中的意义，若超过了家庭、工作、社会交往甚至医学的建议或允许范围，将导致一些心理问题，如低自我概念、体像障碍等。体像障碍(body image disturbance)或肌肉上瘾症(muscle dysmorphia)被认为是一种病态的对肌肉的过度关注，试图练出比体能、健康所需要的更多的肥大肌肉。所以,在运动锻炼中需要合理安排运动负荷(强度等),避免心理的负面作用,以达到最佳的心理健康状态。

一项对 80 位重度抑郁症患者进行的为期 2 周的随机对照试验(干预措施为耐力性运动)显示,中等运动强度组(每周 17.5 kcal/kg)较低运动强度组(每周 7.0 kcal/kg)或安慰剂组对改善抑郁症状效果更好,而不同运动频次(每周 3 天或 5 天)之间没有差别。美国体力活动指南咨询委员会(Physical Activity Guidelines Advisory Committee, PAGAC)2008 年整合多个队列研究的结果后也指出,中等水平的运动或体力活动能有效减少心理问题并增进幸福感,但更高的运动负荷或强度并没有带来额外的收益。《体力活动流行病学》(第二版)[*Physical Activity Epidemiology* (*Second Edition*)]提出,抑郁症患者的运动锻炼指南为:①每周锻炼 3~5 次;②每次 20~60 分钟;③55%~90%最大心率。

(四)运动对促进社会适应能力的作用

1. 运动可提升个人自理能力

个体能否独立自主而不依赖他人地开展日常生活活动是判断一个人社会适应能力和健康状况的重要标准。在体育运动中,人们所掌握的多种活动技能,将有利于他们准确、协调、独立地完成各种生活所需的基本动作。运动对促进幼儿生活自理能力具有显著的积极影响。同时,运动作为一种主要的物理性康复手段,对提升各类功能障碍者(特别是因年龄增长而退化的老年性功能障碍者)的自理能力具有重要作用。早期运动训练可有效改善慢性心力衰竭患者的心肺功能,提高其自理能力。

2. 运动能提高沟通能力

体育运动特别是集体项目具有交往性的特点,体育运动和竞赛能增加人与人接触、交往的机会,缩短相互之间的距离,增进相互的沟通与理解。丰富多彩的体育运动提供了很多与他人接触、交往的机会,通过运动中的交往,人可以忘却烦恼和苦闷,消除不良情绪和孤独感。有研究表明,外向性格的人比内向性格的人具有更强烈的交往欲望,而这种欲望可以通过参加集体项目的运动得到满足。内向性格的人,则可以通过参加集体项目的运动,使自己变得开朗、豁达,性格得到改善,从而提高社会适应性。

集体项目运动有助于个体培养良好的合作精神。从事体育活动,最难以避免的就是与队友合作、与对手竞争。运动群体内的每个角色都是互相关联的,都是为了达到某个目标而结成相互促进、协作的关系,经常性地参加体育运动,有助于个体加强合作的意识,有利于其培养团队精神。

3. 运动可促进人的社会化

参加体育运动时常常要扮演不同的角色,而这些角色与现实生活中的一些角色比较相似;同时,运动中还必须遵守一定的规则和规范,而这些规则或规范与现实生活中的法律、道德规范也相似。体育运动创设的环境能给参与者提供尝试不同角色的机会。在一场比赛中,不同的位置代表着不同的角色,承担着不同的责任。这样的体育运动角色扮演,可以使练习者懂得社会角色是与人们的某种社会地位、身份相一致的权利、义务的规范与行为模式,也可使练习者较快地适应社会角色的扮演,并能体会到通过个人的努力胜任各种角色的成就和喜悦。因此,参加多种体育运动,能够使人有机会体验和学习扮演不同的社会角色，使自己的品德符合一定的社会规范，成为一个遵纪守法、有公德的好公民，这对提高个体的社会适应性极为有利。

4. 运动能增进竞争意识和耐挫力

竞争是体育运动的主要特征之一，也是社会、职场环境下无法回避的内容。体育运动中处处充满着竞争，既有对自己运动能力的挑战，也有人与人之间的竞争、团体与团体之间的竞争。竞争的过程也是人们身心素质，各方面知识、能力的自我展示及优胜劣汰的筛选过程。体育活动的竞争可以使人培养积极进取的竞争意识，为参与者走向社会，投身于激烈竞争的社会，做好思想上、能力上的准备。在社会上，有竞争就有获胜和失败，就如同运动赛场上，总会需要参与者承受挫折和失败，这些挫折往往又会或多或少地影响情绪和正常的生活节奏。承受挫折的过程是心理调适的过程，这种调适的过程是一个提高社会适应能力的过程。通过运动锻炼，可以培养个体在逆境中克服困难的能力，提高心理承受能力，为他们未来更好地适应复杂的社会环境打下良好的基础。

因此，运动对于促进个体的自理能力、交流能力、社会化及职业竞争意识等都有积极意义。运动特别是集体项目体育运动对提高人的社会健康水平，具有重要的促进作用。人们在体育运动或竞赛中，既有互相协作配合，又存在竞争，同时还必须遵守一定的规则。这种在体育运动中形成的交往合作、竞争、遵守规则的意识和行为会迁移到日常社会生活、学习、工作中去，有利于个体社会适应能力的培养。有研究显示，群体运动比单独运动对大学新生社会适应能力的影响更为显著；体育运动的持续时间、频次也与社会适应能力呈正相关；同时有研究显示，中等强度的运动可能更有利于大学新生社会适应能力的提高。

（五）运动对道德健康的潜在促进作用

运动是增进个体道德健康水平的一种重要实践形式。在运动中，要尊重同伴对体育活动的兴趣和需要，不独占场地和器材。在体育比赛中，要有意识地培养和实践良好的行为，不故意伤害对方，服从裁判判罚。在观看体育比赛时，做文明观众，要遵守场馆规定，注意环境卫生，不乱扔果皮、纸屑。人们通过对个体在体育运动中出现的反社会行为予以负面评价，而对亲社会行为予以正面评价，从而促进体育运动中良好道德行为的形成。在体育运动实践中养成的良好道德行为将迁移到日常生活、工作中，增进个体的整体道德健康水平。通过将道德契约、运动小组、改变练习与游戏的条件和奖励等教学法贯穿于运动教育中亦可达到个体道德健康发展的目的。因此，运动教育是道德养成的重要途径。

此外，在保持内心平和与增进身心完满状态方面，要注重与意念相配合的运动如瑜伽、八段锦等项目，其可能具有良好的效果。然而，国内外关于运动对道德健康作用的实证性研究还非常缺乏，难以形成促进道德健康的运动锻炼科学建议。

二、不同运动类型对健康的影响

（一）有氧运动与健康

1. 有氧运动

有氧运动指人体在氧气充分供应的情况下进行的体育锻炼，即在运动过程中，人体吸入的氧气与需要的氧气相等，达到生理上的平衡状态。

以有氧运动为主要形式的运动是增强体质、提高人体健康水平的最常用、最有效的方法。

2. 有氧运动对健康的影响

(1) 有氧运动对能量代谢的影响：有氧运动对蛋白质代谢的影响研究较少。氨基酸和蛋白质在运动时供能所占比重与运动时间有关。在糖底物过量消耗的长时间运动中，有5%～10%的能源来自氨基酸和蛋白质，所以运动时要注意蛋白质的补充。

有氧运动可增加肝脏释放葡萄糖的速率及肌肉对葡萄糖的摄取能力和代谢作用，提高外周组织对胰岛素的敏感性，促进肌细胞膜上胰岛素受体的表达，改善胰岛素抵抗，使骨骼肌细胞内葡萄糖转运蛋白 4 基因转录增加，从而增加骨骼肌细胞内葡萄糖转运蛋白 4 的含量，提高其活性，进而使机体维持血糖浓度的能力增强。

有氧运动能改善血脂状况。表现为总胆固醇、三酰甘油、低密度脂蛋白、总胆固醇/高密度脂蛋白、极低密度脂蛋白、低密度脂蛋白/高密度脂蛋白、载脂蛋白 B、载脂蛋白 B/载脂蛋白 A1 水平下降，高密度脂蛋白和载脂蛋白 A1 水平升高。有氧运动可提高机体脂肪动员和分解的速度，以及对脂肪酸利用的速度。促进脂肪分解的机制在于有氧运动提高了肌肉、肝脏等组织的脂蛋白脂酶、肝脂酶等分解代谢关键酶的活性。儿茶酚胺通过 cAMP－蛋白激酶系统的作用激活交感肾上腺系统对 β 受体的调节作用，使脂肪分解加强。

(2) 有氧运动对循环系统的影响：耐力性有氧运动对心脏的作用有两方面，一是可以改善心脏的结构，二是可以改善心脏的功能。长期的有氧耐力运动后，心脏容积增加；另外，心肌收缩成分的增加，心脏顺应性增加，心肌内线粒体的容积密度和体积密度增加，心肌毛细血管增生，氧化代谢酶活性增强，内源性保护因子的浓度增加，这些结构上的变化促进了心脏功能的提高。长时间有氧运动训练能使心率保持在较低水平，心脏的储备力增加，有效地防止心脏过度疲劳。

(3) 有氧运动对自由基及其防御系统的影响：4%～5%的氧耗不是生成水而是生成自由基，因此运动时氧耗增加，氧自由基也会增加。一次有氧运动中，氧自由基生成的主要途径有：①运动引起的儿茶酚胺激素分泌释放增加，这类激素自氧化时会产生自由基。②呼吸链氧化磷酸化作用加强，使自由基生成增加。但大量研究表明，长期有氧运动后，血清丙二醛及呼出气中戊烷含量降低，这表明有氧运动能增强机体的自由基防御能力。有研究表明，长期有氧运动后，血浆脂质过氧化水平下降，提示出现了运动性适应现象。

有规律的有氧运动会增加机体内非酶抗氧化剂含量及抗氧化酶的活性，提高机体防御自由基损害的能力，所以有练习者在完成相同负荷运动后，血浆和组织中自由基的含量及脂质过氧化水平较没有练习者低。

(4) 有氧运动对免疫系统的影响：中低强度的有氧运动能提高人体的免疫功能，而高强度运动或超长时间中低强度运动会降低人体的免疫功能。有研究表明，有氧运动能改善 T 淋巴细胞和 B 淋巴细胞的功能，增加自然杀伤细胞的数目和能力，增加巨噬细胞数量。但这与运动习惯有关，规律的有氧运动者的淋巴细胞反应性明显高于锻炼无规律者，单核细胞对酵母多糖的吞噬功能也大大高于锻炼无规律者，而对于免疫球蛋白和补体两者则无明显差异。因此，运动习惯对细胞免疫有较大影响，而对体液免疫的影响则较小。

有氧运动对红细胞免疫功能也有促进作用。规律的有氧运动可以促进红细胞免疫的黏附功能，可使红细胞 C3b 受体花环率增加，血清受体免疫复合物的数目明显下降，但红细胞循环免疫复合物增加。有氧运动引起的 β-内啡肽的轻度增加对红细胞的黏附有促进作用。

规律的有氧运动可促进骨骼肌产生谷氨酰胺，谷氨酰胺是免疫细胞的重要能源物质；有氧运动可促使骨骼肌产生细胞因子白细胞介素 6，白细胞介素 6 在抗炎症反应中起重要的作用；有氧运动还引起糖皮质激素轻度升高，介导抗炎症反应。这些证据都说明规律的有氧运动对免疫系统具有良好的作用。

(5) 有氧运动对其他健康方面的影响

1) 提高呼吸功能：有氧运动可以提高呼吸系统的功能，表现为肺活量明显增加、肺交换率提高。

2) 提高神经系统功能：有氧运动如中长距离跑、爬山、攀岩等可使大脑皮层和神经系统更稳定并可提高各肌群及内脏器官协调能力。

3) 减肥：运动减肥的效果主要与体育锻炼的时间和体育锻炼的总量有关。有氧运动消耗的脂类物质较多，所以减肥的效果就明显。以减肥为主要目的的体育锻炼以有氧运动为主要形式。

4) 促进儿童青少年生长发育：有氧运动由于改善身体的血液循环，加强体内的新陈代谢，从而可以促进儿童青少年的生长发育。经常锻炼能使关节变得更灵活、更稳固，使肌肉变得更发达，体型更健美。坚持体育锻炼的青少年，其身高、体重、胸围都较同年龄的人有不同程度的增长。

5) 延缓衰老：老年人进行有氧运动，可以调节神经系统的功能，加强体内的代谢功能，使老年人保持旺盛的精力和充沛的体力，从而达到延年益寿的效果。

(二) 抗阻运动与健康

1. 抗阻运动

抗阻运动是提升肌力、提高力量素质的主要方法。

力量素质是各项身体素质的基础，肌肉工作能力降低是衰老的重要标志，人的肌肉力量从 30 岁开始减弱，且从事非体力劳动者比体力劳动者明显。尤其人到老年后，肌肉可发生显著变化，其特点是肌纤维的体积缩小、肌纤维的数量减少、肌肉的代谢能力下降，结缔组织和脂肪增多并伴随着骨密度的下降。这些变化会导致肌肉工作能力下降，表现为肌肉收缩速度变慢、肌肉收缩力量下降，这些变化对人的正常行动能力起到了极大的制约作用。行动能力受到制约，必将导致机体功能水平下降，最终使健康受到极大影响。

2. 抗阻运动对健康的影响

(1) 健康相关的抗阻运动目标：对于所有成年人来说，健康相关的抗阻运动目标主要有如下两点。

1) 降低日常生活中体力活动(如爬楼梯和提杂货袋)的生理应激。

2）有效管理、缓解，甚至是预防慢性疾病，如骨质疏松症、2 型糖尿病和肥胖。

正因如此，虽然抗阻运动对所有年龄段的人都很重要，但是年龄越大做抗阻运动的意义就越大。

（2）抗阻运动对运动系统的影响：机体通过抗阻运动可以增加肌肉的力量和体积，从而能有效延缓肌肉和力量的退化，抑制和减缓体内脂肪的堆积。抗阻运动对肌肉、骨骼系统有重要功效。抗阻运动不仅可以有效地增加承重骨的骨量（即骨密度和骨矿含量）和骨力，还可预防、减缓甚至逆转骨质疏松症患者的骨质流失。肌肉力量薄弱是引发骨质减少的一个危险因素，因此，进行抗阻运动可以降低这种肌肉骨骼疾病的发生率，减轻骨质疏松患者的疼痛和活动不便。有效保持肌肉功能，防止骨质疏松，对由于摔倒、骨折、功能衰退所造成的不良结果起到预防作用。

（3）抗阻运动对慢性疾病的预防作用：抗阻运动对心血管疾病、骨质疏松症、糖尿病、癌症等严重危害人体健康的疾病起着积极的预防和协助治疗作用。通过抗阻运动，机体中与健康相关的标志物会发生一系列明显变化，包括改善身体成分、血糖水平、胰岛素敏感性和高血压前期到一期患者的血压。因此，抗阻运动可以预防和协助治疗代谢综合征。研究还显示，抗阻运动不仅可以预防和减轻抑郁、焦虑，还可以增强活力和缓解疲劳。

（4）抗阻运动对老年健康的影响：对于老年人而言，抗阻运动有很大的潜在增强功能的作用。老年人灵活性的减弱与肌肉力量的减退有很大关系。即使是年龄非常大的老人，对抗阻运动的刺激反应同样有很好的适应性，身体机能的灵活性和全身功能都会得到改善。伴随着动力性力量的增加，老年人的平衡能力也得到显著提高。抗阻运动可以降低老年人摔倒的概率，从而增加他们独立生活的能力，提高生活的质量。因此，抗阻运动被认为是老年人改善体质、提高生活质量最有效的手段之一。

（三）柔韧性运动与健康

1. 柔韧性

柔韧性指人体关节活动幅度，以及关节韧带、肌腱、肌肉、皮肤和其他组织的弹性和伸展能力，即关节的活动范围。影响柔韧性即关节活动范围的因素有构成关节的骨结构，关节周围组织的体积，韧带、肌腱、肌肉和皮肤的伸展性。其中，韧带、肌腱、肌肉和皮肤的伸展性对提高柔韧性作用最大。

柔韧性是身体健康的重要组成部分，经常做伸展练习可以保持肌腱、肌肉及韧带等软组织的弹性。柔韧性得到充分发展后，人体关节的活动范围将明显加大，关节灵活性也将增强，动作更加协调、准确、优美，同时在体育活动和日常生活中可以减少由于动作幅度加大、扭转过猛而产生的关节、肌肉等软组织的损伤。

2. 柔韧性运动对健康的影响

做柔韧性运动的目的是根据个性化运动目标来发展大肌群/韧带群的关节活动度。柔韧性运动应针对机体主要的肌肉肌腱单元，包括颈部、肩部、胸部、躯干、腰部、臀部、大腿前后和脚踝等进行。

（1）柔韧性运动对运动系统的影响：所有年龄段的人都可以通过柔韧性运动提高关节活动度或柔韧性。关节活动度在柔韧性练习后会立即增加，并且每周进行至少 3～4 次，坚持4～6周的规律拉伸之后，关节活动度会长期增长。柔韧性运动可提高韧带的稳定性和平衡性，特别是与抗阻运动结合进行时效果更佳。规律的柔韧性运动可以减少运动者的肌肉韧带损伤、预防腰痛，或者缓解肌肉酸痛。经常性地拉伸全身关节、各个肌群，不仅能让肌肉、骨骼避免长期处于紧张状态，还能使人保持非常良好的身体姿态，看起来更精神挺拔、更有气质。

（2）柔韧性运动对中老年健康的影响：人到中年以后，关节周围的关节韧带、肌腱等会逐渐发生老化，关节韧带的柔韧性减退常引起一些诸如颈椎间盘突出症、腰椎间盘突出症、肩周炎、腰腿痛等退行性疾病。柔韧性减退的过程个体差异很大，自然老化只占其成因的1/3，其余的2/3都与运动锻炼有关，而柔韧性运动在中老年人健身中常常被忽视。作为人体基本运动能力之一，柔韧性运动的重要价值在于，良好的柔韧性不仅是学习、掌握运动技能的重要基础，还可以提高运动素质，减少运动器官在锻炼中的负担，减少运动损伤的发生。

经常进行柔韧性运动对中老年人更有益处。柔韧性运动能扩大中老年人关节韧带的活动范围，有利于提高身体的灵活性和协调性，在意外事故发生时有可能避免和减轻损伤。柔韧性运动可使僵硬的肌肉得到松弛，防止肌肉痉挛，减轻肌肉疲劳，柔韧性运动通过加强肌肉韧带的营养供应，延缓肌肉韧带的衰老，同时还能延缓血管壁的弹性下降和皮肤的松弛。

三、运动不足对身体健康的影响

尽管运动对健康的益处众所周知，但是运动不足已在全球流行，运动不足成为导致人类早死亡的四大主要原因之一。全世界有31.1%的成年人运动不足；美国仅有51.6%的成年人能够达到有氧运动指南的标准，仅有29.3%的人达到肌肉力量运动的标准，而同时满足有氧运动和肌肉力量运动指南标准的人仅有20.6%。

运动不足引起疾病的状态称为“坐以待毙综合征”（sedentary death syndrome）。世界卫生组织在《关于身体活动有益健康的全球建议》中提出，全世界人口至少有60%不能达到产生健康效益建议所需的身体活动量，并将缺乏身体活动确定为全球范围内导致人类死亡的主要危险因素之一。运动不足的主要原因是在休闲时间参加的身体活动不够、工作和家庭活动中久坐不动的行为有所增加、较多地使用“被动”的交通方式等。运动不足的直接危害及其原因具体见表3-1。

表3-1　运动不足的直接危害及其原因

直接危害	原　因
导致骨质疏松	运动量太少，骨通常承受的机械应力不足，容易导致骨膜下骨吸收的钙、磷等物质过度丢失，引起骨质疏松
形成关节粘连	运动不足会使关节囊和韧带组织缺乏被动牵拉，弹性较差，因此容易导致关节活动幅度受限，内部纤维排列紊乱，韧带止点骨质薄弱，进而造成韧带强度不足；还容易引起关节内滑膜纤维、脂肪组织增生，形成关节粘连，同时还会妨碍关节滑液的分泌和流转，使得关节面软骨缺乏挤压，从而引起软骨营养障碍及萎缩

（续表）

直接危害	原 因
发生肌肉萎缩	运动不足会导致肌肉力量、耐力下降，严重者会发生失用性肌萎缩。通常，健康成人安静卧床 1 周可使肌肉力量下降 20%，如果再卧床 1 周，会在此基础上再下降 20%，同时肌纤维会变细。另外，缺乏运动还会使得肌肉组织内的无氧和有氧代谢酶活性下降
增加患心肌梗死的危险	长期缺乏运动可使人体在安静时的心率加快，心脏每搏输出量减少。有研究证明，安静卧床休息 3～4 周，人体的血容量可以下降 17%。运动不足者血液中脂蛋白成分可发生改变，具有防止动脉粥样硬化作用的高密度脂蛋白水平下降，增加发生动脉粥样硬化的危险
肺功能减退	机体若长期不运动，可导致呼吸肌无力，肺泡弹性降低，从而影响肺的通气功能，使肺最大通气量降低，肺内气体交换能力降低，血红蛋白携氧能力也会下降，较小负荷运动便会出现胸闷、气急的症状
易疲劳乏力	长期缺乏运动，大脑血流缓慢，神经细胞营养供应不足，工作能力降低，容易导致疲劳，常出现头晕眼花、神思疲倦的症状
形成肥胖	运动不足可以使体内能量消耗降低，过剩的能量以脂肪的形式存储在皮下、器官，易引起肥胖，而肥胖又容易引起高血脂、高血压和高血糖

久坐或长时间静坐少动行为与不利健康结局有关，并且其相关性独立于体力活动水平。从公众健康的角度考虑，令人担忧的是，基于人群研究表明，超过 50%的普通人在从睡眠中醒来的一天中会长时间地保持静坐少动状态，如看电视、用电脑。近期的一项 Meta 分析表明，调整体力活动水平后，成年人的静坐时间与更大的全因死亡风险、心血管疾病发生率或死亡率、癌症（乳腺癌、结肠癌、结直肠癌、子宫内膜癌、卵巢上皮癌）发生率或死亡率、2 型糖尿病独立性相关。但是与低体力活动水平者相比，高水平的体力活动能够抵消与静坐时间相关的 30%的全因死亡风险，静坐时间带来的不利影响在体力活动活跃的人群中下降。

对于大多数成年人来说，有规律的锻炼计划应该包含除日常体力活动以外的多种运动。最好的运动方案，应该能够全面促进健康相关体适能，即提高心肺耐力（有氧能力）、肌肉力量和耐力、柔韧性、身体成分和神经肌肉控制能力。除了规律的锻炼，减少静坐少动（如看电视、玩电脑、坐车或者坐在椅子上）对体力活动活跃和体力活动不足的人都很重要。具体来说，长期的静坐少动行为与心血管疾病死亡率升高、心血管代谢指标恶化和抑郁症的发生均有关。静坐少动的不良健康影响不仅在体力活动不足的成年人中更加明显，同时也影响着那些已经达到体力活动推荐量的人们。利用短时间的站立或者体力活动（如在办公室或住处附近进行短时间散步）来打断静坐少动，可以减少静坐少动对健康的不利影响。因此，除了增加体力活动之外，运动处方还应该包含减少静坐少动的计划。

静坐少动行为会对健康带来不利影响，即使是经常锻炼的人，如果长时间静坐也会有害健康。越来越多的证据表明，减少静坐少动有益健康，并且可以作为日常锻炼的一个补充。静坐少动会对心血管代谢标志物、身体成分、体适能造成不良影响，但是我们可以通过短时间身体活动（如站立或散步 1～5 分钟）来打断这种静坐少动状态，从而减少静坐少动的不利影响。虽然目前有关静坐少动行为和打断静坐少动状态的研究结果仍存在争议，但是有足够的证据已证明，我们应该限制静坐行为，并增加打断静坐少动状态的身体活动。因此，增加打断静坐少动状态的身体活动应该成为运动处方的一部分。虽然打断静坐少动状态的身体活动的频率、强度、时间（持续时间）和方式尚不明确，但我们仍鼓励人们每静坐1小时就要通过站立、低到中等强度的散步或其他身体活动来打断静坐少动状态。

知识拓展

世界卫生组织关于身体活动和久坐行为的指南（2020）

对于成年人（18～64岁）来说，身体活动的收益体现在以下健康结果：降低全因死亡率、心血管疾病死亡率以及新发高血压、新发位点特异性肿瘤（膀胱癌、乳腺癌、结肠癌、子宫内膜癌、食管腺癌、胃癌和肾癌等特定部位癌症）、新发2型糖尿病发病率，改善心理健康（减少焦虑和抑郁症状）、认知健康和睡眠；肥胖也能得到改善。

身体活动建议：

（1）所有成年人应定期进行身体活动。

（2）成年人每周应该进行150～300分钟的中等强度有氧活动或75～150分钟的剧烈强度有氧活动；或者等量的中等强度和剧烈强度组合活动，可以获得巨大健康收益。

（3）成年人还应进行中等强度或更高强度的肌肉强化活动，锻炼所有主要肌群，每周2天或2天以上，能带来额外健康收益。

（4）成年人可以将每周中等强度有氧活动增加到300分钟以上；或进行150分钟以上的剧烈强度有氧活动；或等量的中等强度和剧烈强度组合活动，可获得额外健康收益。

良好做法：

（1）少量身体活动优于不活动。

（2）如果成年人未达到建议活动水平，少量身体活动有益于健康。

（3）成年人应从少量身体活动开始，逐渐增加频率、强度和持续时间。

成年人较多久坐行为与下列不良健康结果有关：较高全因死亡率、心血管疾病死亡率和癌症死亡率，以及心血管疾病、癌症和2型糖尿病发病率。

久坐行为建议：

（1）成年人应该限制久坐时间。久坐时间改为用来进行各种强度的身体活动（包括轻微强度）能带来健康收益。

（2）为了帮助减少过多久坐行为对健康的不利影响，成年人进行中等到剧烈强度身体活动应力求超过建议水平。

四、体力活动和运动的相关风险

进行规律体力活动的益处已众所周知，但不可忽视参加运动也会带来肌肉骨骼损伤

(musculoskeletal injury，MSI)和心血管并发症。肌肉骨骼损伤是最常见的与运动有关的并发症，通常与运动强度、活动的性质、运动前身体状况以及肌肉骨骼异常联系在一起。与运动有关的心血管不良事件包括心源性猝死(sudden cardiac death，SCD)和急性心肌梗死(acute myocardial infarction，AMI)。心源性猝死和急性心肌梗死比肌肉骨骼损伤要少得多，但可导致远期的发病和死亡。

(一) 运动相关肌肉骨骼损伤

参加运动和体力活动能够增加肌肉骨骼损伤的风险，其原因与准备活动不充分、疲劳、运动过度等有关，器材、着装、道路和场地等因素也与运动外伤的发生有关。运动强度、时间和频度的增加都伴随运动外伤发生率的增加，因此适度的运动量是需要控制的重要因素。步行和中等强度体力活动发生肌肉骨骼损伤的风险很小，然而慢跑、跑步和竞技运动与损伤风险增加有关。与较少直接接触的活动(如棒球、跑步、行走)相比，参与者之间或参与者与地面之间直接接触的活动(如摔跤、足球)中，肌肉骨骼损伤的风险较高。2012 年，超过 600 万美国人因运动相关损伤就医，在 12～17 岁的儿童中发生率最高(每 1 000 人次中有 91.34 人次受伤)，高于年龄小于 12 岁的儿童(每 1 000 人次中有 20.03 人次受伤)。发生肌肉骨骼损伤最常见的解剖部位是下肢，膝关节最易损伤，其次是足踝。

与运动损伤有关的研究对象通常是并不具有代表性的男性(如运动员)。一项针对社区女性的前瞻性研究发现，达到每周 150 分钟中等到较大强度体力活动的人出现肌肉骨骼损伤的概率比没有达到推荐量的人略有增加。然而，发生肌肉骨骼损伤的风险与体适能水平呈负相关。对于任何给定剂量的身体活动，体力活动水平较低者出现肌肉骨骼损伤的概率高于体力活动水平高者。

常用的减少肌肉骨骼损伤的方法(如拉伸、热身、放松、逐步提高运动强度和量)在某种情况下可能会有用，但是目前缺乏实验研究来印证上述方法的有效性。综合的锻炼方法或许可以预防肌肉骨骼损伤。

(二) 与运动有关的心血管不良事件

运动可降低发生心血管疾病的危险及其死亡率，但是剧烈运动可诱发心血管意外。这种情况在健康的循环系统不会发生，而受到影响的人都有心脏病理改变的基础，有些人发生意外时已经明确了心血管疾病的诊断，有些人则是表观健康的隐匿性心脏病患者。小于 35 岁者发生运动猝死的可能性较小，美国报道按年计算发病率，女性为 1/770 000，男性为 1/130 000，病因以肥厚型心肌病为主。中老年人发生运动猝死和非致命性心肌梗死的危险增加，原因主要与血管动脉粥样硬化斑块的破裂有关。临床运动试验的统计显示，经过健康筛查，健康者发生意外的可能性很小，而高危患者各种心血管意外的发生率为 6/10 000。

美国高中和大学运动员中运动相关的绝对年死亡率分别为男性 1/133 000 及女性 1/769 000。需要说明的是，这个比例尽管很低，但包括了所有运动相关的非创伤性死亡。在可确定死亡原因的 136 例死亡者中有 100 例是死于心血管疾病。一项更新的评估发现美国年轻竞赛型运动员的心血管疾病的年死亡率为男性 1/185 000 和女性 1/150 000。有专家认为，年轻体育活动参与者运动相关猝死的风险已达到每年 1/80 000～1/40 000。然而，非裔美国男性运动员和篮球运动员的死亡率可能更高。专家们争论不同研究中运动相关猝死的发生率不同的原因。这些区别可能存在于：①基于人群的研究；②估测的体育活动参与者的数目；③评估个体和（或）事件。为了降低心源性猝死在年轻人中发生的风险，公认的国际组织如国际奥林匹克委员会和美国心脏协会（American Heart Association，AHA）公布了运动前心血管筛查的实践。最近的美国医学会运动医学分会的立场声明中提供了基于运动员运动前心血管筛查的最新证据。

第四章

办公室人群科学健身方案

办公室人群应如何通过体育活动来促进健康呢？一般来讲，人们习惯在健身房或在家里健身，可是如果下班没时间去健身房，或者回家后事务也比较繁忙，那么怎么办呢？在上班的长长的8个小时里，利用零散时间来健身，是一个非常不错的选择，既可以锻炼身体，又能提高办公效率，可以说是一举两得。在持续工作了一段时间后，可以根据自己所处的工作环境条件，做一些调整和改善性练习。例如，可以利用办公桌和椅子做深蹲练习，锻炼腿部和臀部肌肉；也可以借助椅子左右扭转身体，锻炼腰部。稍微大一些的办公室，若完全可以放得下一张瑜伽垫，在瑜伽垫上可以做与拉伸绳、弹力带相关的动作，也可以仰卧做一些哑铃动作，如仰卧飞鸟之类的动作。办公室人群的锻炼可以因地制宜，巧用办公室空间。

第一节　办公室人群科学健身方案的制订

参加健身锻炼既要确保健身方案有效，又要确保健身过程安全。这就需要健身者掌握一定的制订健身计划的相关知识。

一、办公室健身的原则

1. 工作先行原则

一般来说，办公室是各企事业单位的综合性办事机构，担负着参谋、办事协调、服务等职能，是一个单位正常运行的命脉。这个工作特性，决定了办公室工作人员除了具备专业技能以外，身体健康也是保证工作正常进行的重要一环，作为一个办公室工作人员，工作当然是第一位的。健康的身体是保证高质量、有效工作的前提，能使工作处理得更精彩、更出色。因此，处理好工作与健康的关系非常重要。

2. 针对性原则

每个人的身体条件和锻炼需求不同，制订健身方案时，应根据个人的具体情况来确定，以体力作为制订健身方案的依据，有针对性地确定方案的内容，合理安排运动强度和运动量。由于每个健身群众的基本情况和身体条件不尽相同，在实际操作过程中应根据每个人的具体情况对既定的健身方案做出适当调整。办公室中每个工作岗位的设置都有其必要性。人与人之间、岗位与岗位之间的连接，就像链条上的每一环，缺一不可。因此，办公室工作人员开展体育活动必须从各个岗位的实际出发，根据每个人工作的节奏快慢、压力的强弱，制订锻炼计划。以个体锻炼为主，不建议形成集体性的同时间、同地点的体育活动，以免导致工作缺位，影响办公室工作的有序开展。

3. 安全有效性原则

制订健身方案时，必须保证健身的安全和有效。首先要了解健身者的病史、运动经历、运动能力，同时还应让健身者做相应的医学检查，以保证他们可以在一个安全的运动范围内进行健身活动。另外，通过制订和实施健身方案，还应该使健身者的各项身体机能得到一定程度的改善，以体现方案的有效性。办公室人群的工作形式基本一致，长时间面对电脑是这一人群的工作特点。因此出现的职业病也基本相同。体育活动除了全身活动以外，应针对性地解决局部劳损和缓解局部疲劳，并以舒缓音乐作为背景音乐，以有氧、低强度锻炼为主，避免高强度、快节奏的无氧运动，且避免旋律复杂的背景音乐。

4. 简单易学原则

办公室是一个公共场所。周围人员、环境布置、设施条件等都是从工作需要出发的。因此，体育活动会受到限制。鉴于办公室锻炼条件的局限性，体育活动要符合见缝插针、因地制宜、简单易学的原则，运动项目的选择要根据健身者的环境条件、兴趣爱好等因素而定，如果所选的项目是健身者不感兴趣或办公室环境不可以实施的，就达不到预期的效果。可以利用办公设备及用品（桌、椅、柜、门框、书本、文件）、利用工作间隙的短暂时间，做一些简单易学的局部锻炼。动作幅度不宜过大，频率宜少量多次，方式不宜张扬。

5. 循序渐进原则

客观条件及个人的身体状况都处于动态变化中。严格来讲，本周的健身方案不一定适合下周。因此，制订健身方案要根据内、外条件的变化，不断做出相应调整，使之符合实际情况。制订健身方案时，应根据不同人的情况，采用长期目标和短期目标相结合的方式，使机体逐步得到适应，以保证在安全有效的范围内进行体育健身。养成积少成多、终身体育活动的好习惯，使自己在收获业绩的同时收获健康。

二、设计健身方案的步骤

保证体育健身更具科学性，避免由运动不当带来的一些不良后果，最终达到强身健体、调节心理和预防疾病的目的。

（一）了解自身健康状况与运动能力

1. 基本情况

（1）近期健康检查结果、目前的伤病及其治疗情况、既往病史、家族病史、身体素质测定结果等。病史主要包括是否有心血管、肺部和代谢性疾病的主要症状和体征或医学诊断；是否有新的医学诊断或外科手术的现病史；是否有关节炎、关节肿胀或其他影响行走或测试中移动困难的问题等，以便排除运动禁忌。家族史指家族中是否有糖尿病等代谢性疾病以及心脏病、肺部疾病或脑卒中等疾病的患病史。家族史和病史一并作为准备工作中选择运动负荷试验方式和制订运动强度、注意事项的依据。

（2）生活方式、运动史、运动爱好、现在的运动情况等。生活方式指年龄、性别、职业、工作劳动条件、生活习惯、营养条件、生活环境、经济情况，以及有无饮酒、吸烟或其他特殊嗜好等。它是选择运动负荷试验方式和进一步确定运动强度的依据。运动情况指询问健身者参加锻炼时的运动方式、运动频率、每次锻炼的持续时间，运动中的主观感觉，有无强度的控制和监测，是否发生过运动伤病及其治疗与恢复情况等；是否进行过健身测试，测试的结果与评价是什么；周围能够利用的运动设施及有无指导等。

2. 健康检查

健康检查是对准备健身者的健康状态做出初步评价，判断其能否运动，排除运动禁忌证。它也是选择运动负荷试验方式和确定运动强度的依据。健康检查主要包括人体测量和体成分测试、反映心血管功能的静态指标的测量以及运动负荷试验测试和身体素质测试。

（1）人体测量和体成分测试：测试指标包括体重、身高、BMI、腰围、臀围、腰臀比、胸围、呼吸差、皮褶厚度、体脂百分比、肥胖程度等。

（2）静态指标的测量主要包括测量准备健身者安静状态下的心功能状态，如心率、血压、心电图、X 线和超声心动图，以及进行血常规、血糖、血脂等化验检查。

健康检查的主要目的有以下几个。

1）对健康状况进行评价。

2）判断能否运动。

3）是否有潜在疾病或危险因素，以预防锻炼意外的发生。

（3）运动负荷试验测试和身体素质测试：这项工作的目的是测量健身者在安全界限内所能承受的最大运动强度，可以为制订运动处方提供更为精确的依据，并防止意外的发生。通过健康检查排除运动禁忌后，才能在专业人员的监督下进行运动负荷试验，一般选择次大强度负荷试验（如二次负荷试验）或递增负荷试验，以确定最大摄氧量（或心脏功能）或运动时的最大心率。它是确定运动强度（如靶心率）的基本依据。

运动负荷试验测试普遍采用递增负荷试验的方法，利用跑台、台阶或功率自行车进行。身体素质测试主要包括肌肉力量、爆发力、柔韧性、心肺耐力测试等内容。进行身体素质测试有助于全面了解健身者的身体素质情况，确定运动处方中各种身体素质的发展目标（运动目的）。

（二）明确健身的目标

在健身方案的构建过程中，只有目标明确了，才能围绕目标去选择符合自己的健身内容与方法，健身方案的构建才更具针对性。通常，构建健身方案的主要目的是促进身心健康。中青年女性多以减肥、塑造体型、保持身材为主要目标，而男性多以强壮体魄、健美体型为主要目标，老年群体则更注重延年益寿。此外，还有相当一部分人以愉悦身心、陶冶情操为主要目标。

（三）选择合适的健身类型

健身类型主要体现的是健身的项目、内容与方式，在制订运动方案的过程中要根据健身目的、性别、年龄和客观条件等来选择合适的健身类型，只有这样才能达到预想的健身效果。一般而言，要以自己的兴趣和爱好为根本出发点，根据自己的健身条件选择适合自己的并且易于开展的健身项目，健身项目的技能应是已经掌握的。在选择健身内容时，要综合考虑自己的健身目标、健身条件及健身兴趣等。在办公室，可用来健身的时间较短，由于工作性质，身体某些部位容易出现疲劳、僵硬的症状，如肩颈、背部、腰部等，因此要把有限的时间用到最需要的地方，要注重肩颈、背部、腰部等部位的锻炼和拉伸。

（四）选择合适的器械

在过去 20 年中，市场上各种功能性训练器械迅猛发展，搞清楚自己需要买什么以及如何使用这些器械已经是一个很大的难题。虽然使用各种器械可以增加训练的多样性和趣味性，但大部分基础训练都可以通过简单器械来完成。如果具备正确的知识，就没有必要购买太多花哨的器械，毕竟最好的功能性训练器械是人体本身。器械的结构特点及功能各不相同，其练习的方法和效果也就不同，因此，不同年龄、不同性别的健身者一定要根据自己的身体状况、爱好及健身目的，有针对性地选择适合自己的器械进行锻炼。

1. 拉伸绳

拉伸绳又称瑜伽伸展带或瑜伽绳，它的材质为纯棉，不具有弹性(图 4-1)。

图 4-1　拉伸绳

纯棉的拉伸绳，经过深处理，绳身坚挺、柔软、耐磨，不易褶皱，容易清洗，具有良好的吸汗性，在使用过程中，使用者的手心可以长久保持干燥。

(1) 拉伸绳的清洗和收存：如果拉伸绳用的时间长了或变脏了，需要及时清洗，可直接水洗，也可根据实际情况用湿布擦干净。

拉伸绳收纳起来也十分方便，可以卷起来，体积小，方便携带。无论去什么地方，都可带上拉伸绳，方便健身。

(2) 如何挑选拉抻绳

1) 规格：好的拉伸绳，宽度在 3.8 厘米左右，厚度为 2.2～3.5 毫米。

2) 质地：柔软，厚实。

3) 材料：纯棉。有些拉伸绳用别的材料来冒充纯棉材料，可用以下两种方法来辨别。

方法一：用火烧一点点纤维，棉质纤维会变成灰色粉末，有木炭的香味，而其他材料则会变成黑色，有烧焦的味道。

方法二：用潮湿的手紧握拉伸绳，棉质的拉伸绳吸汗，而其他假冒材料的拉伸绳容易滑手。

2. 弹力带

弹力带是一种易于携带的小型体能训练工具，使用简单，而且锻炼效果十分明显。弹力带由天然乳胶制成，通常约 120 厘米长(加长版的会更长)，15 厘米宽。借助弹力带可以有效改善身体的灵活性，增加肌肉力量。

弹力带出现于 19 世纪 60～70 年代，最初应用于医疗领域。在当时，医师们发现一些慢性疾病患者身体的肌肉力量很弱，而借助弹力带，这些患者可以进行比较安全的锻炼。因此，后来弹力带被用来帮助患者进行康复训练。近些年，弹力带开始被广泛应用于健身领域，主要用于女性的减脂塑形训练和男性的肌肉力量训练。弹力带非常重要，因为它们是在水平或对角线方向提供阻力的唯一方式。由于其非垂直负重功能，弹力带非常适合为站立训练提供阻力，如下劈、推举、俯身划船、硬拉练习以及爆发力的练习，这一要求其他器材无法满足。鉴于材料、尺寸的缘故，弹力带非常便于携带。

(1) 弹力带的阻力：主要来源于其伸长所带来的变化，其阻力的大小是由相对静止状态下伸长的百分比来决定的，通常以千克为单位来计算。弹力带的阻力是一种特殊的阻力，在运用弹力带进行训练时，这种阻力使锻炼者基本上在任何位置、用任何姿态都能锻炼到全身大部分肌肉，方便且有效。锻炼者要根据自身的情况来选择相应阻力的弹力带。

(2) 弹力带的挑选：常用弹力带大约 120 厘米长，15 厘米宽，没有把手，两端也不形成闭环。各种规格的弹力带，主要区别在于阻力的大小，使用者要根据自己的身体特点选择合适的弹力带。弹力带的常见规格如表 4-1 所示。

表 4-1　弹力带的常见规格

阻力水平	颜色	阻力大小(千克)	适用人群
极小	黄色	1.4	需要进行康复训练的人
小	绿色	2.8	训练基础及力量水平一般的人
中等	红色	5.9	有一定训练及力量基础的人
大	蓝色	8.6	运动能力及身体形态较好的人
极大	黑色	10.5	力量较大、训练经验丰富的人

(3) 注意事项

1) 使用前检查弹力带，看是否有小裂痕或小洞。

2) 使用前，可先咨询专业人士或观看专业弹力带训练视频。

3) 定期更换弹力带，若经常使用，1～2 个月需要更换一次。

4) 使用弹力带时不要佩戴首饰，要剪掉长指甲，避免划破弹力带。

5) 若对橡胶过敏，则使用不含橡胶的弹力带。

6) 训练时，弹力带要远离眼睛，避免眼睛受到伤害。

7) 切忌过度拉长，一般拉长不超过原长的 3 倍。

3. 哑铃

图 4-2　哑铃

哑铃是广大健身爱好者十分喜欢的一种健身器材，可以添加到几乎所有可以想到的功能性训练中(图 4-2)。大部分哑铃由铸铁制成，主要用于肌肉力量训练。因为用起来是无声的，哑铃因此而得名。哑铃可分为固定重量哑铃及可调节重量哑铃。固定重量哑铃用生铁铸成，中间是铁棒，两端为圆形实心铁球，外面包裹一层橡胶。可调节重量哑铃可通过增加或减少两端铁片来改变重量。哑铃可以自由移动，因此要求肢体具有稳定性，可以解决上半身的力量失衡问题。在功能性训练中，速度可以从慢到快，负重可以从轻到重，涵盖强度和力量的各个发展阶段。

哑铃的挑选：

(1) 重量选择：哑铃从轻到重可分为多个等级，如 5 千克、10 千克、20 千克、30 千克等。健身者可以根据自身实际情况来选择合适的哑铃。

(2) 材料选择：哑铃材料有铸铁、生铁、水泥、石粉等，价格低廉的哑铃，包胶里面填充的一般是水泥、石粉，长期使用很容易将里面的填充物摔碎，用起来也不舒服。生铁成分和铸铁成分稍有不同，铸铁比生铁耐摔，还不容易生锈，因此推荐铸铁的哑铃。

(3) 包胶质地：包胶是为了防止哑铃对人体和地面造成伤害，因此推荐包胶厚一些、软一些的哑铃。

(4) 握把的粗细：握把的粗细也是健身者需要考虑的因素，握把太细或太粗都会影响锻炼，握把太细，容易伤手；握把太粗，虽然很锻炼握力，但容易使手部疲劳，影响持续性动作。因此，健身者应选择粗细合适的握把，或者选择较细的握把再搭配不同规格的加粗把套使用。

4. 药球(实心球)

药球有多种型号，包括带手柄的球，可像哑铃一样被举起来，也包括带绳索的球，可以做摆动练习(图 4-3)。为了简单起见，我们只介绍基本的药球，药球可能带有也可能不带弹性。药球是许多训练的上佳选择，但最佳应用是投掷练习爆发力。

5. 瑞士球

瑞士球(稳定球)已经面市很长时间。新型瑞士球更结实、更防爆、安全性更高。瑞士球在功能性训练中非常重要。例如，瑞士球可以支撑身体保持某个特殊的姿势，而这个姿势的保持没有瑞士球的支撑是无法做到的。瑞士球可以提供不同程度的不稳定性，可以提升身体不同关节更高程度的稳定能力(图 4-4)。

图 4-3　药球

图 4-4　瑞士球

6. 壶铃

壶铃在功能性训练界已经非常流行。它可以当作哑铃使用，也可以创造出更多的应用，如上下摆臂。壶铃的超厚手柄和独特的质量中心，对抓握提出了挑战，运动员非常喜欢用壶铃改善手腕的稳定性和握力(图 4-5)。

图 4-5　壶铃

7. 跳绳

一点都不占空间的跳绳是很好的家用健身小器械，跳绳 10 分钟消耗的热量大约和慢跑 8 分钟相当，有些可以变速的跳绳更能增加挑战性。

8. 扳机点球

扳机点球是一种针对肌肉进行按摩放松的健身器材。扳机点球呈圆形(图 4-6),有表面光滑的,也有表面带触点的,一般由高档 PVC 材料或硅胶材料制成,直径 6～9 厘米。PVC 材质的扳机点球能够充气,软硬程度可以通过充气量来调节。硅胶材质的扳机点球无法充气,但弹性和耐用度较好。

图 4-6　扳机点球

扳机点球的作用:

(1) 可以用来进行自我筋膜放松,缓解肌肉的紧张和肿胀,阻止块状肌肉的形成,对于爱美的女性来说,是塑形的上佳选择。

(2) 经常用扳机点球进行按摩,可以帮助缓解紧张的神经,减轻身体的紧绷感,改善睡眠质量,提高身体平衡能力。

(3) 作为搭档与其他按摩器械共同使用。泡沫轴是进行身体按摩的“神器”,但是很多地方使用泡沫轴是按摩不到的,而扳机点球的体积小,搭配泡沫轴使用时,可以按摩到泡沫轴无法顾及的区域,是非常有效的补充。

9. 花生球

顾名思义,花生球就是一种外形很像花生的按摩球(图 4-7)。花生球材质多样,有实心橡胶、实心硅胶、EPP 材质等,其多为表面光滑的,而 PVC 材质的花生球一般表面有按摩触点。

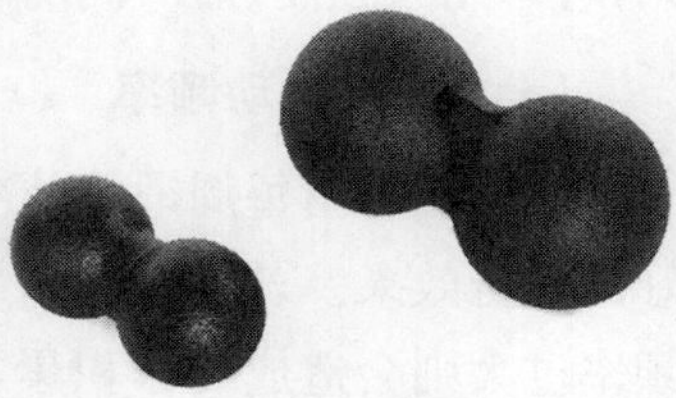

图 4-7　花生球

花生球的应用群体非常广泛,尤其是对于久坐、低头的办公室人群来说,是很棒的工具,它有益于颈部及脊椎两侧的肌肉放松,也可以用来按压足底筋膜、小腿、大腿等。经常使用花生球按摩可以缓解疼痛,促进血液循环,增强力量与柔韧性。

(五) 设定健身的运动强度

在办公室健身,既要兼顾健身效果,又要保证工作效率,因此,时间安排要科学,要根据自身身体状况安排训练强度,根据工作时间安排健身时长,千万不要因为贪图一时健身的成就感,过度锻炼。这种锻炼对健康没有好处,也耽误工作。在设定健身的量和强度时,要考虑自身的健康状况和遵循科学健身的原则,合理地处理好量和强度的关系。运动负荷是否合适,关系到锻炼效果和安全性。运动负荷的安排要从小到大、循序渐进,以便让自己的身体逐步恢复和适应。

运动强度在健身方案中是决定运动负荷大小的主要因素。健身时,应设定负荷强度的安全界限和有效界限等。目前研究认为,确定合理运动强度的最好方法是将心率和主观运动强度相结合,即先按照适宜的心率范围运动,然后在运动过程中再结合主观运动强度评价表来掌握负荷强度。

计算运动强度的方法主要有以下几种:

(1) 年龄减算法:运动适宜心率(次/分)= 180 或 170 − 年龄。

(2) 采用心率百分比：指以使心率达到本人最大心率70%～85%的强度作为标准进行健身的方法。计算公式为(220－年龄)×(70%～85%)。例如，一位20岁男性，其健身时的心率应控制在140～170次/分[即(220－20)×(70%～85%)]，这是有氧健身的适宜负荷量。

(3) 库珀提出的适用于不同年龄结构健身时的最佳心率：健身时的最佳心率(次/分)＝(最大心率－安静时的心率)×70%＋安静时的心率。

(六) 确定单次运动持续时间

运动时间指每次运动持续的时间，是组成运动负荷的重要因素。如果运动时间过短，对机体刺激强度不够，也就达不到应有的效果；如果运动时间过长，可能会对机体造成过度负荷，造成疲劳的积累而导致身体受损。所以，应根据运动目的和负荷强度来设定能够使机体产生最佳效果的运动时间。

一般来说，每次运动的时间应包括准备活动、整理活动各5～8分钟，达到靶心率运动强度的时间至少10分钟，即每次20分钟以上才适宜。

运动时间应与运动强度密切配合。一般而言，健康成年人宜采用中等强度、长时间的锻炼方案；体弱且时间充裕的人，可采用小强度、长时间的锻炼方案；体质强、时间不多的人，可采用大强度、短时间的锻炼方案。

(七) 确定运动频率

运动频率指每周锻炼的次数。适宜的运动频率应是没有疲劳的积累而且能够收到良好的健身效果。若运动频率过小则运动的效果不能积累，也就达不到健身的目的；若运动频率过大则会造成疲劳积累，长期坚持下去就会使机体疲劳过度。要达到较好的锻炼效果，一般每周至少锻炼3～4次，即隔日锻炼一次。如果运动处方要求某人每天锻炼60分钟，每周锻炼3次，但此人每天抽不出持续的60分钟进行锻炼，此时，也可以将60分钟化整为零，分多次进行，不过每次锻炼时，达到靶心率的时间至少要保证10分钟。

(八) 明确运动中的注意事项

注意事项是健身方案的安全提示，也是健身方案的最后防线。一般根据健身者的具体情况提出具体注意事项。例如，高血压患者应注意避免做静力性练习和憋气，一般不参加竞赛；糖尿病患者锻炼时，应注意血糖的变化。

(1) 对于40岁以上或身体检查有异常的人，以及存在某些心脏病危险因素的人，开始健身前，特别是剧烈运动(比慢跑强度更大的运动)前，应进行必要体检，了解自己的健康状况，以便合理选择运动项目和确定运动处方，尤其要进行循环系统的功能检查，要有近期体检证明，特别是安静时和负荷后的心电图应无异常。经医生允许后，才能参加健身运动。

(2) 加强锻炼的医务监督，防止过劳或意外损伤。

(3) 运动时必须注意贯彻循序渐进的原则。

(4) 遵循经常性原则，坚持锻炼，持之以恒。

(5) 根据以往运动史，确定最适宜的健身项目，并制订合理的健身计划。

(6) 观察健身中、健身后的反应,避免过量运动。

(7) 健身期间要遵循正常的生活制度。

(8) 注意健身期间的膳食营养。

(9) 老年人健身期间应少吸烟或不吸烟。

(九) 监督执行

在执行健身方案前,应仔细了解锻炼方案中各项内容的意义,熟悉标准动作和注意事项,对执行提出要求。第一次锻炼应在健身指导者的指导和监督下进行。如果发现先前制订的方案不合适,应根据情况进行调整。慢性疾病患者或肢体功能康复者锻炼时,最好有专业人员现场指导。健身者也应进行一定的自我激励,记录自己的锻炼日志、饮食日志,并积极寻求同伴或健身指导者的反馈、检查、督促,以及发现问题并及时调整,保证健身活动安全有效。

(十) 定期调整与完善健身方案

任何方案都有不尽完善之处,需要在实施过程中不断加以改进和完善。健身方案实施一段时间后,健身者的身体状况可能会发生变化,此时,方案就需要做出调整。在实践过程中,有可能会发现健身在方案路线、内容、地点、时间的选择上有一定的问题,在运动强度和量方面也有可能使健身者出现不适应的状况,这些都需要对健身方案进行修改和完善,力求达到最好的健身效果。

三、一周训练计划设计方案

对于专业的竞技体育运动员来说,训练计划从大周期训练计划逐渐到小周期训练计划,从年训练计划、季训练计划逐渐细化到月训练计划、周训练计划,最终落到日训练计划。但对于普通大众来说,我们训练计划的制订可能没有这么科学化、系统化,对于训练计划的实施也没有这么严格的要求。故而再次简单介绍周训练计划的设计思路。

通常来说,一周 2～5 个训练日是大家普遍可以接受的训练频次。训练的频次由于每个人工作性质、生活方式等方面的迥异而有较大不同。所以,众口难调,某一种周训练计划满足不了所有人的需求。那么,在安排周训练计划时最重要的是安排好训练间隔与训练内容。

例如,对于一个每周训练 2 次、希望保持健康同时又想在周末放纵自己的健身小将来说,训练日可以安排在周一、周三,或是周二、周四;第一个训练日可以安排上半身力量训练 + 有氧训练,第二个训练日安排下半身力量训练 + 有氧训练,也可以两个训练都安排全身训练 + 有氧训练,这样既能达到健身的效果,又可以保证在周末放纵自己的时候不用因为练腿没缓过来而需要紧握扶手倒着下楼梯。又如,对于一周 5 练、渴望肌肉的健身爱好者来说,训练可以安排在周一、周二、周四、周五、周六,第一个训练日安排手臂和肩部训练,第二个训练日安排有氧训练,第三个训练日安排腿部和臀部训练,第四个训练日安排躯干和腰腹肌训练,第五个训练日安排全身综合训练。当然,每个人的健身目标和体质也有很大差异,因而周训练计划的制订还是要因人而异。

四、办公室环境健身方案示例

在办公室环境下进行健身，训练计划的制订主要考虑场地、器械的限制，表 4-2 以一周训练 3 次、每次 90 分钟为例。

表 4-2 一周训练计划(办公室环境下)

	周一	周三	周五
一、热身准备(15 分钟)	1. 关节激活(踝、膝、髋、腕、肘、肩关节及胸椎) 2. 动态拉伸 3. 动作整合 4. 神经激活		
二、训练内容(60 分钟)	一、力量训练 1. 弹力带站、坐姿推举 2. 哑铃臂弯举 3. 俯身哑铃臂屈伸 4. 弹力带站姿前平举 5. 弹力带站姿侧平举 6. 哑铃肩上推举 7. 哑铃飞鸟 8. 哑铃仰卧起坐 二、有氧训练 踏板操	一、力量训练 1. 哑铃深蹲 2. 弹力带硬拉 3. 哑铃提踵 4. 弹力带俯身划船 5. 弹力带下拉 6. 哑铃俯卧挺身 二、有氧训练 韵律操	一、全身综合训练 1. 弹力带跪姿下劈 2. 弹力带跪姿上砍 3. 哑铃蹲跳 4. 哑铃弓箭步 5. 弹力带侧拉 6. 弹力带上拉 二、有氧训练 短时间高强度间歇训练
三、拉伸放松(15 分钟)	1. 扳机点松解 2. 泡沫轴滚压 3. 主动与被动拉伸	1. 扳机点松解 2. 泡沫轴滚压 3. 主动与被动拉伸	1. 扳机点松解 2. 泡沫轴滚压 3. 主动与被动拉伸

五、非办公室环境健身方案示例

在非办公室环境下进行健身，训练计划的制订不用特意考虑场地、器械的限制，可以因地制宜，表 4-3 以一周训练 3 次、每次锻炼 90 分钟为例。

表 4-3 一周训练计划(非办公室环境下)

	周一(郊野公园)	周三(小区健身场)	周五(健身房)
一、热身准备(15 分钟)	1. 关节激活(踝、膝、髋、腕、肘、肩关节及胸椎) 2. 动态拉伸 3. 动作整合 4. 神经激活		
二、训练内容(60 分钟)	一、速度训练 1. 上坡跑 2. 下坡跑 3. 冲刺跑 4. 折返跑	一、力量训练 1. 俯卧撑 2. 单杠静力支撑 3. 单杠引体向上 4. 单杠腹部绕环	一、全身综合训练 1. 杠铃高翻 2. 杠铃高抓 3. 杠铃深蹲 4. 杠铃肩上推举

（续表）

	周一(郊野公园)	周三(小区健身场)	周五(健身房)
		5. 双杠卧拉 6. 双杠臂屈伸	5. 杠铃直立划船
	二、有氧训练 越野跑	二、有氧运动 自行车骑行	二、有氧训练 攀爬机爬行
三、拉伸放松 (15 分钟)	1. 扳机点松解 2. 泡沫轴滚压 3. 主动与被动拉伸	1. 扳机点松解 2. 泡沫轴滚压 3. 主动与被动拉伸	1. 扳机点松解 2. 泡沫轴滚压 3. 主动与被动拉伸

第二节　办公室人群科学健身方案的实施

健身方案的实施是按照健身方案的内容和方法进行健身的过程。健身贵在坚持，但在实施过程中应注意进行阶段性的身体机能测试，这样才能根据健身的实际情况对健身方案做出及时的调整，以确保健身的安全与效果。

一、一次健身方案的实施

健身方案具有一定的稳定性，需要健身爱好者经过一段时间的实践才能达成满意的效果。但目标的达成是由每一次的健身活动组成的，因此，要从细节入手，把握每一次健身活动的质量，进而有效地完成整体健身方案的实施。

一次健身方案的实施是和健身方案的结构相互关联的。也就是说，一次健身方案的实施过程包括三个阶段：准备阶段、实施阶段、恢复阶段。

（一）准备阶段

准备阶段的任务是做好热身活动，使机体由相对安静的状态过渡到适宜的运动状态。准备阶段的时间为 5～10 分钟，对健身目标肌群进行预拉伸和收缩，也可根据年龄、季节、运动水平等情况适当调整准备活动的内容，冬季时，应适当延长热身活动的时间、活动强度以微出汗为宜。一般是运动量较小的项目，如慢跑、快走或伸展性练习等，也可根据健身的要求专门安排。准备活动后即可进行健身，也可休息 1～2 分钟，但千万不可在准备活动后休息过长时间，以免失去准备活动的作用。

1. 什么是热身

运动前的热身是动员内脏器官进入工作状态、加强新陈代谢、使体温升高的一种准备活动，包括快走、慢跑和拉伸等。办公室人群由于久坐，心肺功能下降，关节变冷、变僵，肌肉的黏滞性增加，血流减缓。猛地站起来直接参加运动，对身心都会造成一定的负担和伤害，有时由于供血不足，还会造成晕厥。因此，对办公室人群来说，运动前的准备活动非常重要。

现代环境下的办公室设施相对科学，办公所需的椅、桌、柜的高度与使用者的身高比较匹配，而且办公室的温度一年四季也比较适宜。因此，从准备活动的角度看，身边的椅、桌、柜非常适合作为辅助器械。练习者可以借助这些设施做一些上肢的压、伸、拉等动作。且办公室的温度比较适宜，可以在自己工作的区域中，做一些原地踏步、蹲、立等动作，以活动下肢关节。在上肢与下肢的简单练习中，心肺功能循序渐进地提升、血流加快、关节的灵活度增加、肌腱和韧带柔韧度也随着体温上升而提高，身体进入运动状态。动作幅度由小到大、动作频率由慢到快、动作力度由弱到强、动作结构由简到繁、动作难度由易到难、活动部位由远端到近端逐渐推进，强度控制在微微出汗的程度，同时感觉不到疲劳。热身活动的时间长短取决于练习者将要进行的运动强度及自身的健康状况。同时，办公室人群可以根据自己工作压力的大小、急缓程度，在长期的锻炼实践中，摸索出符合自己工作特性、身心条件的个性化健身方案。

目前，大家几乎已普遍接受热身准备活动的防伤理念，并将其作为运动健身前不可分割的一部分。本质上，其目标是让运动参与者的身体机能及在心理上为健身锻炼做好充分的准备。同时，也是检查身体机能状态和筛查运动技能损伤风险的关键环节。

一份精心设计的准备活动计划能使运动者产生多种生理反应，进而缩短进入运动状态的时间。这些生理反应可分为：①与体温有关的效应包括身体温度的上升使肌肉结缔组织的暂时粘连减少；②而与体温无关的效应包括肌肉血流量增加、心肺循环系统氧运输能力提高。

2. 热身的生理作用

积极主动地参与完成准备活动相较于被动参与完成的效果更好，其对运动表现产生的积极效果如下：

（1）加快血液循环速度。

（2）增加神经系统兴奋性。

（3）加快氧合肌红蛋白、血红蛋白的氧解离速度。

（4）增加神经冲动的传导速度。

（5）升高代谢酶的活性，提高能量生成效率。

有效的准备活动能够降低运动受伤的概率。热身后，体温升高，肌肉、韧带和肌腱的黏滞性降低，关节活动范围增加，关节、韧带的损伤概率降低。

3. 热身活动的注意事项

热身是为了更好地开展接下来的主体健身活动，因此在热身时首先要注意的就是安全性。此外，热身还需要兼顾安全性、适度性、丰富性和渐进性 4 个方面。

（1）安全性：热身活动之前要注意检查周围环境是否有妨碍运动的物品，以及自身穿戴是否适合运动。要掌握正确的热身方法，避免不当的热身导致运动损伤，同时要充分激活身体机能，为运动做好准备。

（2）适度性：热身活动的强度不宜过高，中低强度进行热身即可，以感到心率和呼吸明显加快、身体微微出汗为宜。热身时间也不宜过长，如果是进行以中低强度为主的健身，热身 3～5 分钟即可。

（3）丰富性：热身活动不是简单地跑、跳，而是需要通过多样的热身动作激活全身主要的肌群。热身活动应该以动态动作为主，单纯的静态拉伸动作不能满足热身需求。

（4）渐进性：虽然热身活动的整体强度较低，但也不能一开始就进行大幅度的身体运动，要按照循序渐进的原则，逐渐提高热身活动的强度和运动幅度。

4. 热身练习动作

依据自身训练环境及训练器械设备情况合理选择练习项目与动作。

（1）有氧运动热身：通常选择的有氧运动方式有以下两种。

1）行进间慢跑、原地小步跑或原地连续体操动作。

2）功率自行车、室内划船器、跑步机等。

（2）动态拉伸

1）足尖走（图 4-8）

目的：提高踝关节肌肉力量、功能性活动度和稳定性以及小腿肌群的力量。

起始姿势：正直站立，肩部后收。

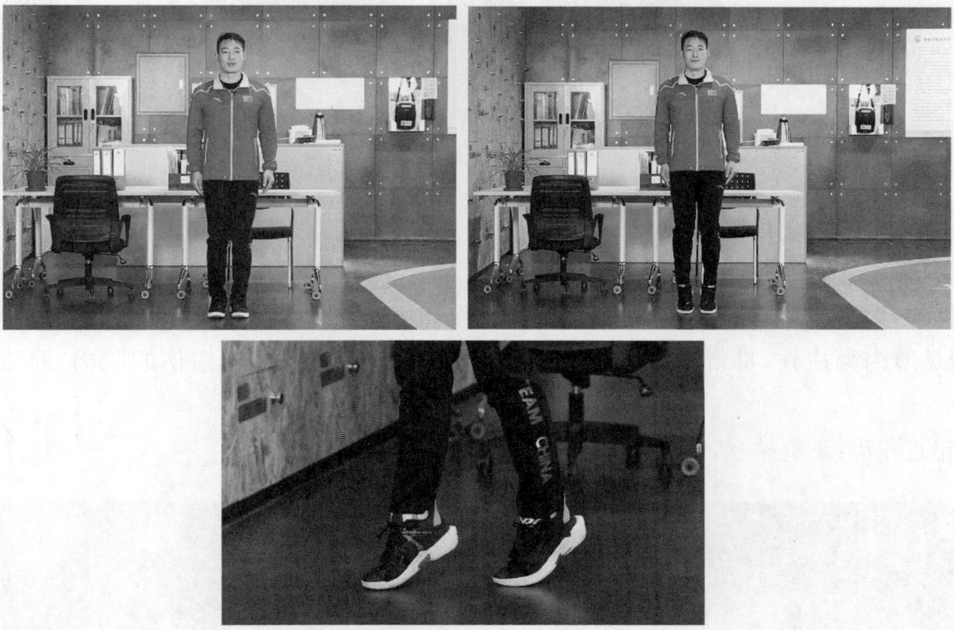

图 4-8　足尖走

A. 双脚足跟上提，以前脚掌站立保持平衡。

B. 右腿向前迈出，并将左前脚掌向地面推挤（重心前移），脚尖发力蹬地向上抬升身体。该动作可以帮助激活小腿肌群。迈出左腿并重复上述过程，双脚不断交替练习。

2）足跟走（图 4-9）

目的：提高踝关节肌肉力量、功能性活动度和稳定性，同时加强胫骨周围肌群以减少胫腓骨疲劳性骨膜炎的发生。

起始姿势：正直站立，肩部后收。

A. 抬起足尖。

B. 左腿向前迈出，并将身体重量压在足跟部位，保持足尖朝上。

该活动可以激活胫骨前肌等小腿前部从膝盖延伸至踝部的肌肉。迈出右腿并重复上

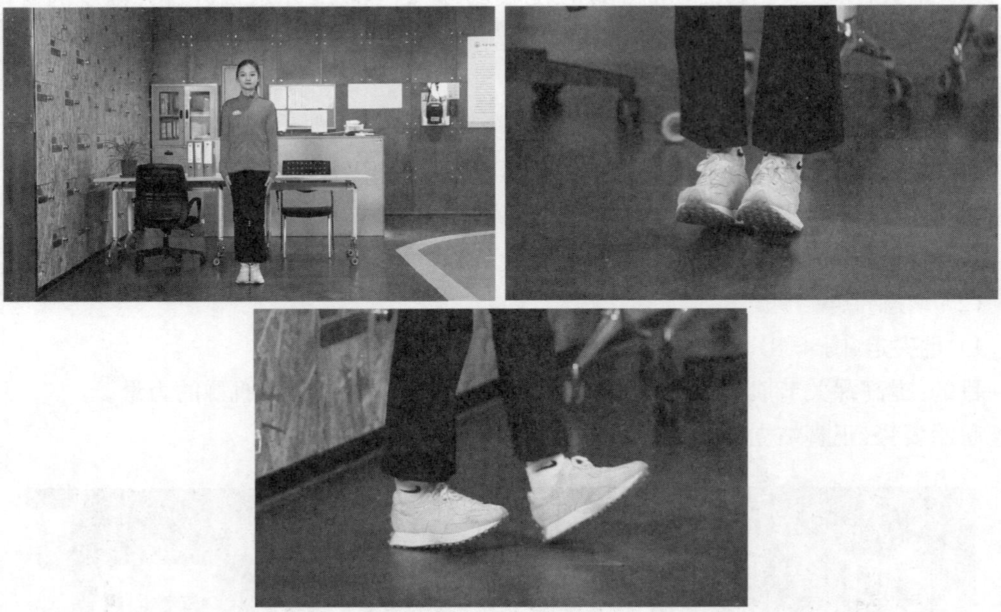

图 4-9 足跟走

述过程，双脚不断交替练习。

3）踝侧走（图 4-10）

目的：提高踝关节肌肉力量、功能性活动度和稳定性，同时能够预防常见的踝部扭伤（如踝关节内翻扭伤，即踝关节向足外侧翻转），该动作针对踝部扭伤的肌肉、肌腱和韧带等。

起始姿势：正直站立，肩部后收。

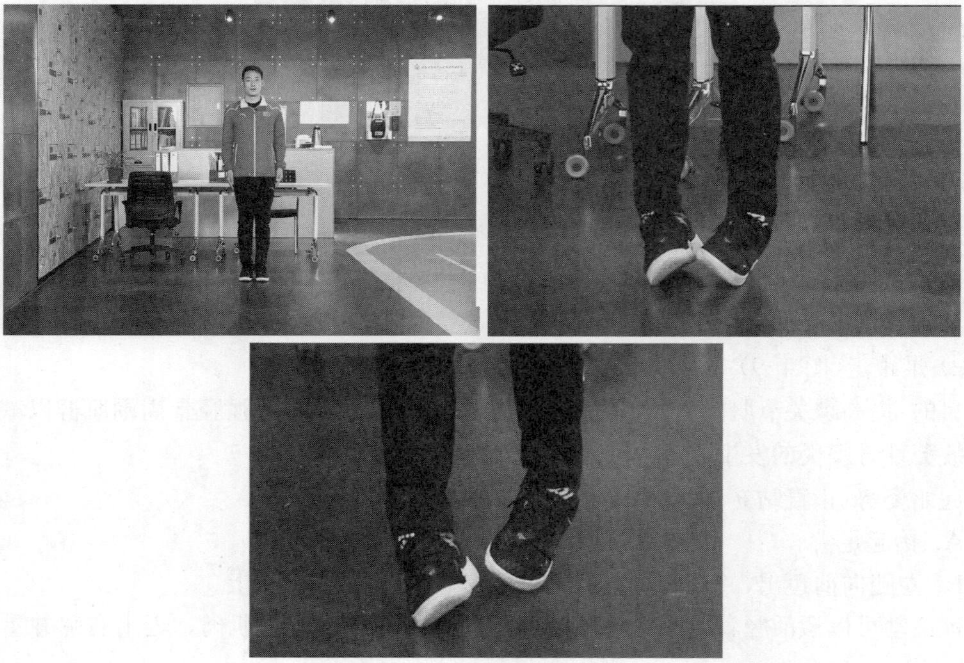

图 4-10 踝侧走

A. 将双脚内翻，依靠双脚外缘保持平衡。

B. 迈出右脚，并将身体全部重量落在迈出的右脚上，最终将右脚脚掌贴地面。迈出左脚重复上述动作，双脚不断交替练习。

4）提膝走（图 4-11）

目的：提高下背部和屈髋肌群的功能性活动度，同时提高动态平衡和姿态控制能力。

起始姿势：正直站立，肩部后收。

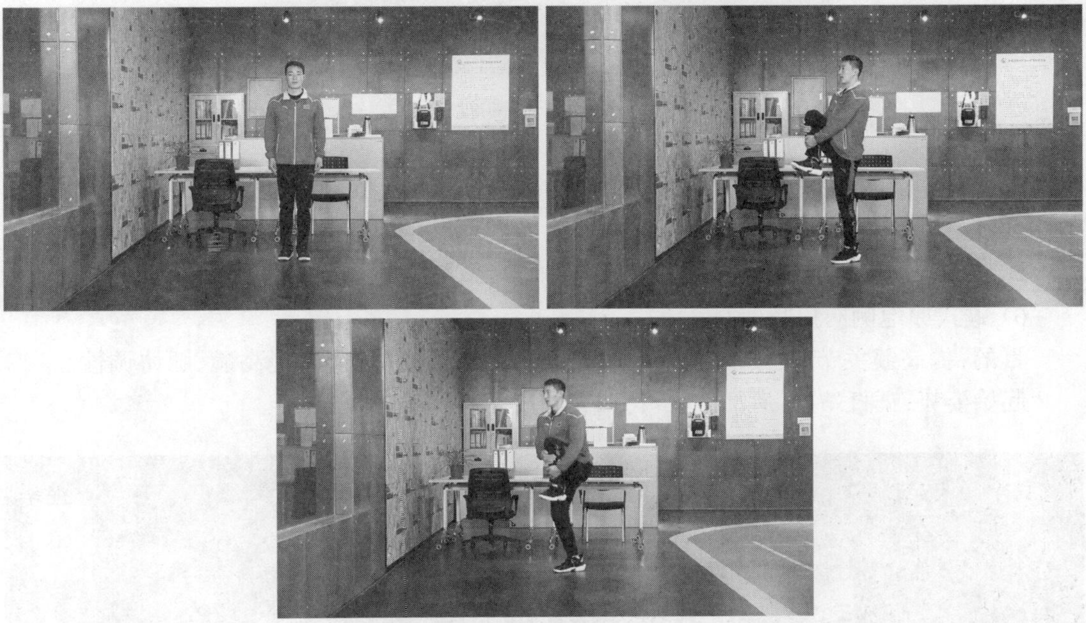

图 4-11　提膝走

A. 提起右膝并用双手抱住，将膝盖拉向前胸。同时，提起左脚足跟，向上提拉身体，并保持从足跟至头顶的身体正直姿势约 2 秒。

B. 慢慢放开膝盖，并向前迈步，换左腿重复上述过程。双腿不断交替练习。

5）股四头肌拉伸走（图 4-12）

目的：提高屈髋肌群和股四头肌的柔韧性，同时提高单腿平衡能力。

起始姿势：正直站立，肩部后收。

图 4-12　股四头肌拉伸走

A. 右膝弯曲，用右手从后侧抓住右脚背。同时提起左侧足跟，向上提拉身体，保持姿势约 2 秒。

B. 放下右脚，向前迈出，左腿重复上述动作。双腿不断交替练习。

6）蛙式原地侧向提膝（图 4-13）

目的：提高髋关节，尤其是髋外旋肌群的功能性活动度，同时提高髋、腿协调性。

起始姿势：正直站立，肩部后收，将双臂外展与肩同高，掌心向下。

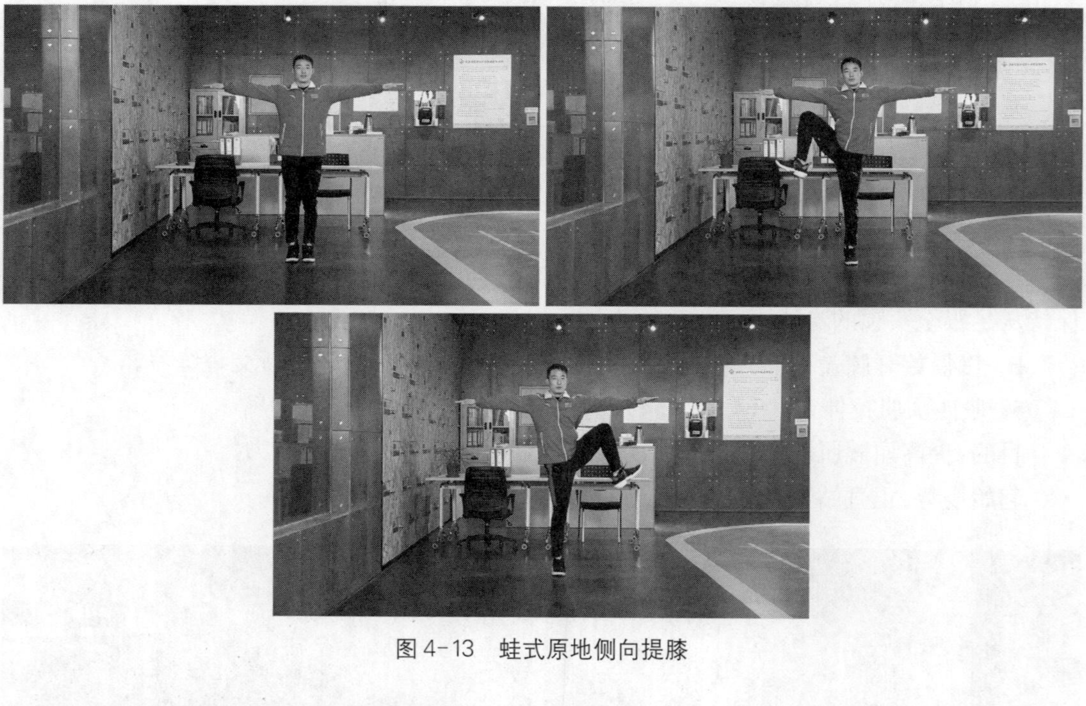

图 4-13　蛙式原地侧向提膝

A. 屈右髋（提右膝）并外旋，尽力向腋下方向提膝。

B. 右腿落下后左腿重复上述动作，双腿交替进行练习。

高级练习：为提高难度，可以加入跳跃动作，这要求运动员具备非常好的协调性，能产生很好的快速伸缩复合训练效果和反应。

7）燕式平衡（图 4-14）

目的：增加髋关节功能性活动度、躯干平衡和四肢协调能力。

起始姿势：正直站立，肩部后收。

图 4-14 燕式平衡

A. 右腿向前迈出，向上伸展右臂同时保持膝关节微屈。

B. 然后慢慢向后伸直左腿，膝盖微屈，同时两臂外展侧平举。

C. 脊柱保持中立位，目视地面控制身体燕式平衡姿势保持 2 秒。

D. 缓慢还原动作至起始姿势。双侧交替进行练习。

初级练习：燕式平衡练习对于很多人来说比较困难。

8）双手撑地走（图 4-15）

目的：提高上半身力量和耐力，尤其是针对保持肩部稳定性的肌群。

起始姿势：双手撑地，身体平直，保持在俯卧撑的升高位。动作（A～C）保持良好的俯卧撑完成后升高位，足部固定，依靠双手向左侧“行走”然后再向右走回。

图 4-15　双手撑地走

A. 左手向左侧外展，右手向左手并拢且与左手分开至与肩同宽的距离。

B. 右手向右侧外展，左手向右手并拢且与右手分开至与肩同宽的距离（即还原到起始位置）。

C. 右手再向右侧外展，左手向右手并拢且与右手分开至与肩同宽的距离，然后还原至起始位置，重复该练习动作。

9）手走拉伸——虫蠕式行走（图 4-16）

目的：提高下背部肌肉和腘绳肌的功能性活动度，同时提高手臂、肩部和核心部位肌肉的力量。

起始姿势：保证双腿伸直，全脚掌着地，俯身双手撑地（抬高臀部），双臂尽可能向前伸展。

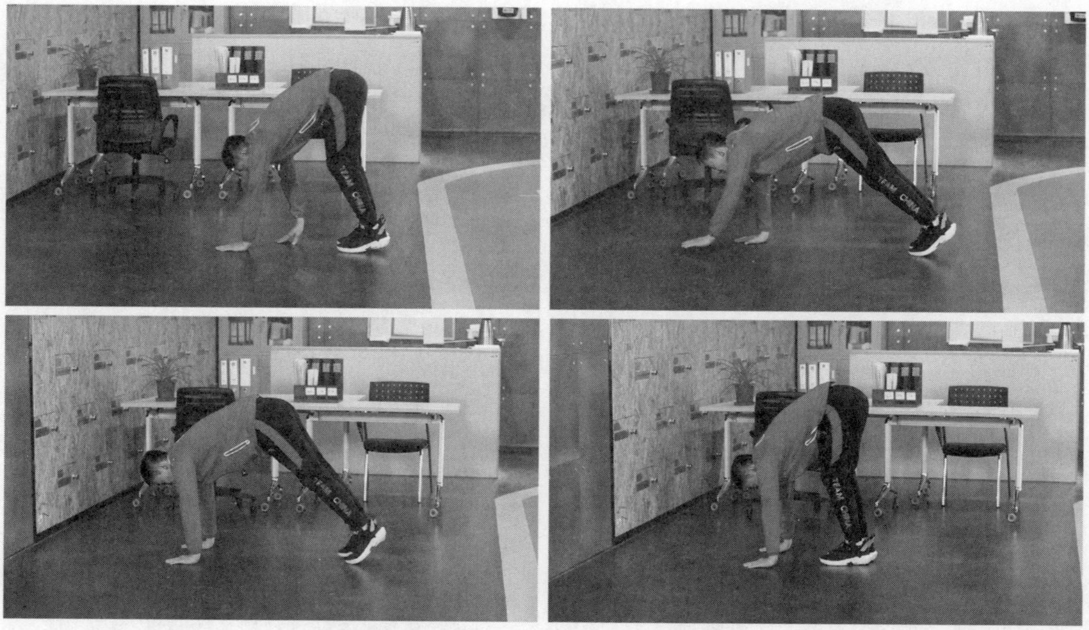

图 4-16　手走拉伸——虫蠕式行走

A. 尽量保持背部和腿部平直，双手和双脚慢速向前走。

B. 在保持双腿伸直情况下双脚尽可能向撑地的双手移动。做此动作时应感觉到腘绳肌和下背部的拉伸。

C. 当接近撑地手后，慢慢地用手向前走，腿部保持不动，直至还原到起始姿势。以此方式不断向前“行走”。

(3) 专项基础动作模式练习

1) 高抬直腿走(图 4-17)

目的：提高腘绳肌和下背部肌肉的柔韧性。

起始姿势：正直站立，双肩后收，向前抬起双臂至与肩同高。

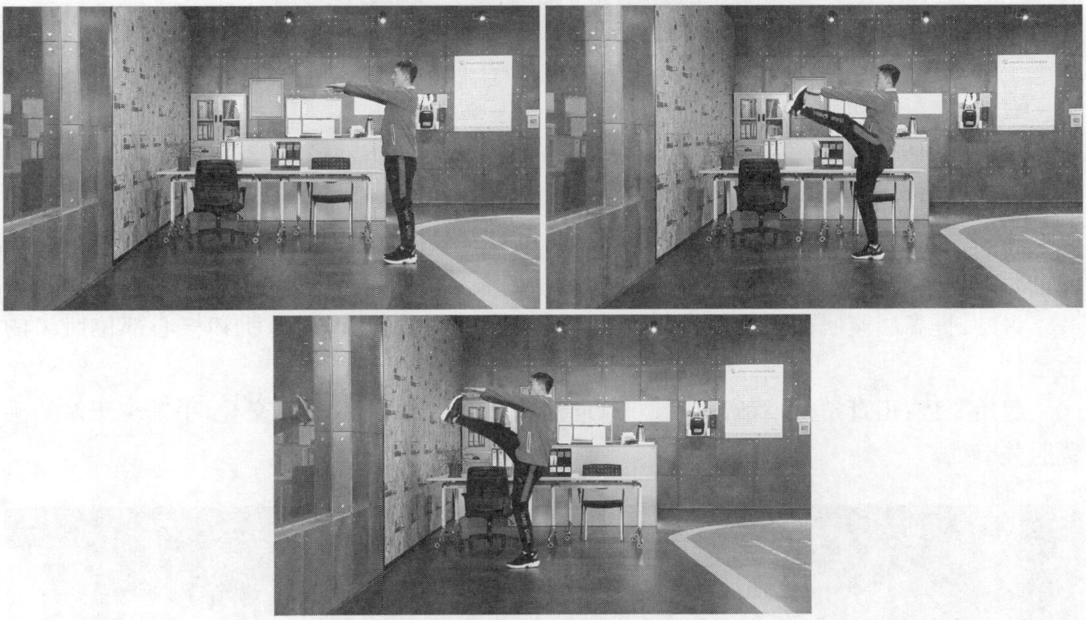

图 4-17　高抬直腿走

A. 直腿勾脚向前踢腿，尽量在保证不屈膝或略屈膝的情况下让脚趾尖触碰手掌。同时，注意保持正直站姿，收腹并保持肩部后收。

B. 另一侧重复踢腿。双腿交替进行，向前走。

2) 直线弓步走(图 4-18)

目的：提高髋部功能性活动度，同时提高股四头肌、臀部肌肉和核心部位肌肉的力量。

起始姿势：正直站立，双肩后收，双臂向前抬起至与肩同高，双前臂交叉，手掌位于对侧手臂肘关节处。

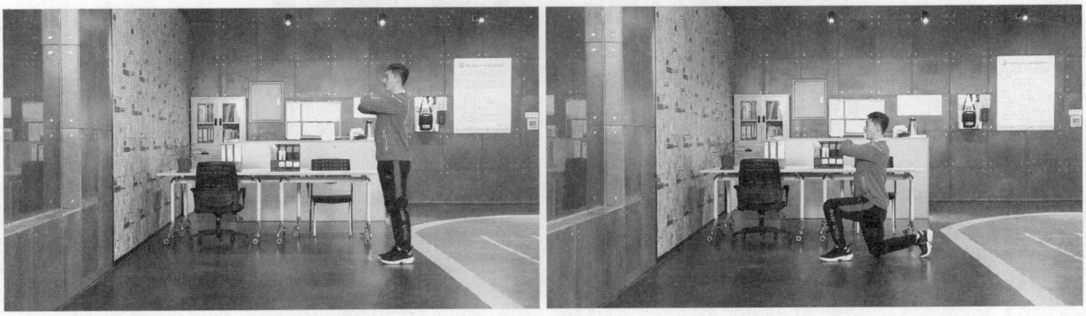

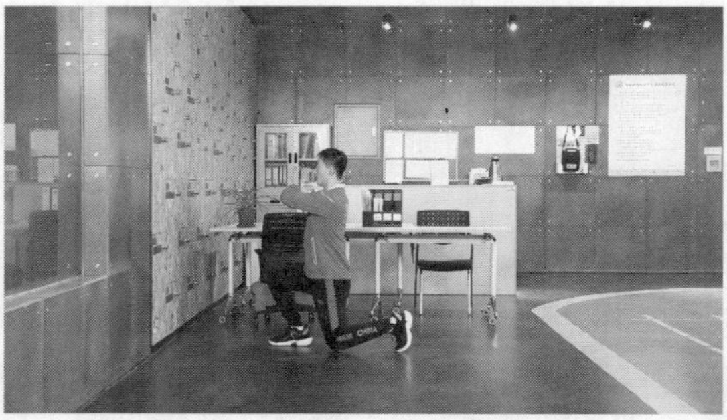

图 4-18　直线弓步走

A. 左脚向前迈出，弯右腿直至右膝离地面 1～7.5 厘米或略接触地面，注意右膝要始终保持在右臂部正下方，不要向外展。左膝弯曲约 90°，左膝要位于左踝正上方。

B. 右腿发力，抬起身体，然后迈出右腿。双腿交替向前行走。

3）直腿弓步走（图 4-19）

目的：提高屈髋肌群的功能性活动度，同时提高股四头肌、腘绳肌和核心部位肌肉的力量。

起始姿势：正直站立，双肩后收，双臂向前抬起至与肩平，双前臂交叠，手掌位于对侧手臂肘关节处。

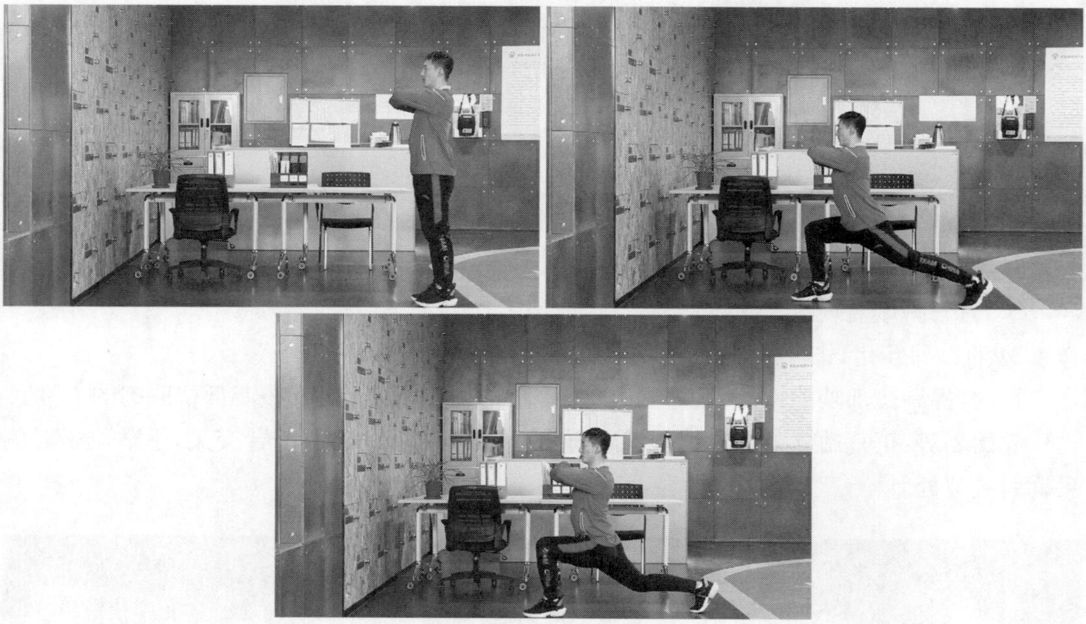

图 4-19　直腿弓步走

A. 向前迈出右腿，弯曲膝关节约 90°，同时保持左腿绷直，形成弓步。右腿的膝关节应位于右踝正上方。

B. 左腿发力，向前迈出，双腿交替向前行走。

4）转体弓步走（图 4-20）

目的：提高屈髋肌群和核心旋转肌群的功能性活动度，同时提高股四头肌、臀大肌和核心部位肌肉的力量。

起始姿势：正直站立，双肩后收，双手交叠放于胸前，手掌位于对侧手臂肘关节。

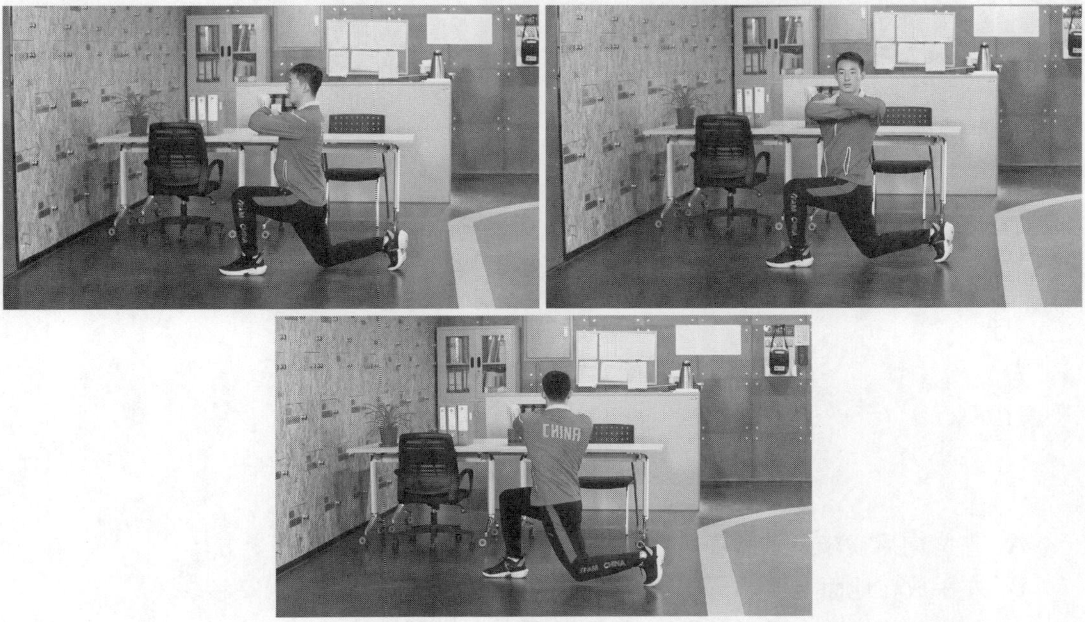

图 4-20　转体弓步走

A. 向前迈出左脚，屈右膝至离地面 1～7.5 厘米，右膝始终保持在右臀正下方，左膝弯曲约 90°，左膝要位于左踝正上方。

B. 重心降低的同时，保持上身姿势以腰部为轴向左侧扭转。

C. 扭转拉伸后，还原位置，右腿向前迈出重复上述动作向右侧扭转。

5）伟大拉伸（图 4-21）

目的：提高髋部活动度，下肢肌群柔韧性以及胸椎的功能性活动度。

起始姿势：正直站立，双肩后收，双臂置于身体两侧。

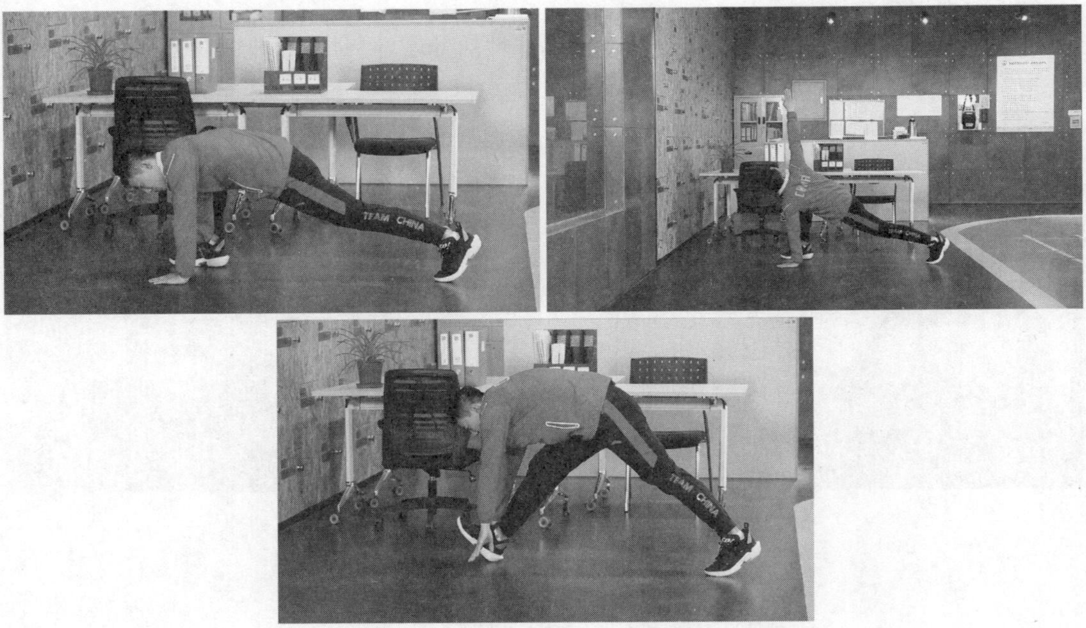

图 4-21　伟大拉伸

A. 左脚向后撤步呈弓箭步，右膝弯曲约 90°，右膝要位于右踝正上方。

B. 左手放在地面上支撑，右肘关节置于右踝内侧。保持拉伸 1～2 秒。

C. 躯干外旋转动右臂指向天花板，再次保持 1～2 秒。

D. 放下右臂，双手撑于右腿两侧，弓步腿伸直牵拉股后肌群，保持 1～2 秒。

E. 还原成站立姿势，在另一侧重复动作，完成规定的重复次数。

6）抱膝弓步（图 4-22）

目的：提高平衡性、协调性及下半身和核心部位肌肉的力量。该动作是提膝走和直线弓步走的结合动作。

起始姿势：正直站立，双肩后收。

提起左膝并用双手抱住，将膝盖拉向前胸。同时，提起右脚足跟，向上提拉身体，并保持从足跟至头顶的身体正姿。保持此姿势约 2 秒。左脚向前迈出，弯左腿直至右膝离地面 1～7.5 厘米，注意右膝要始终保持在右臀部正下方，不要向外展。左膝弯曲约 90°，注意也要保持左膝位于左踝正上方。还原成站立姿势，另一侧重复上述动作。

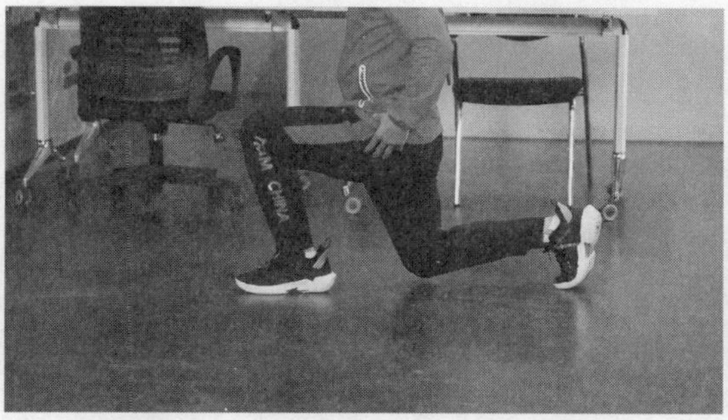

图 4-22 抱膝弓步

7）侧弓步(图 4-23)

目的：提高髋部横向灵活性。

起始姿势：保持运动式站姿，同时动态拉伸臀大肌、腘绳肌和腹股沟。

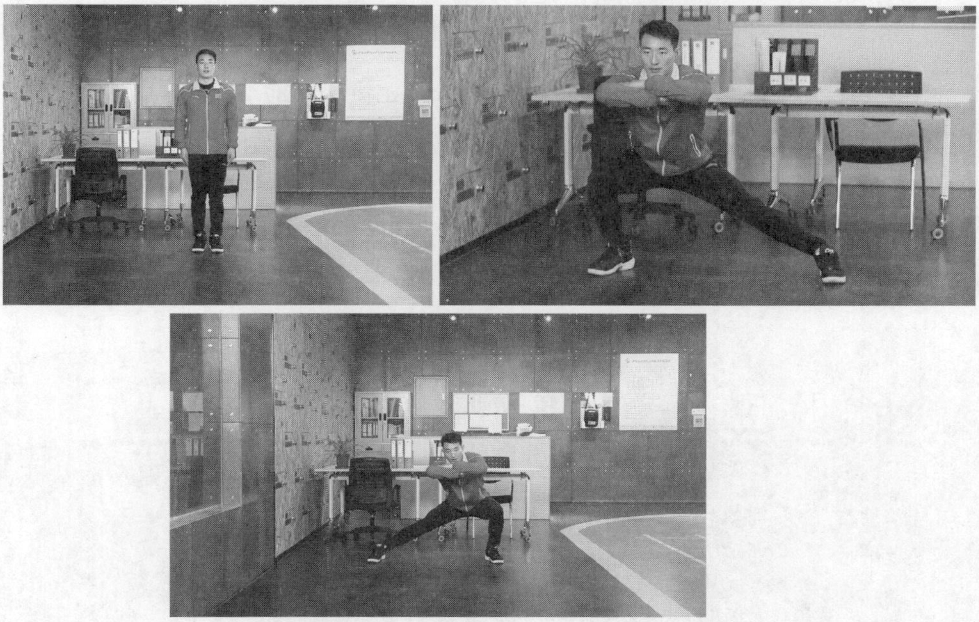

图 4-23 侧弓步

A. 向右侧迈腿，始终保持全脚掌着地。双手体前交叉，慢慢降低重心，至臀部与右膝关节在同一水平(大腿呈水平状)，右膝弯曲约 90°。保持该姿势约 2 秒。注意必须保持上身躯干正直，脊柱中立位。

B. 收回右腿，迈左腿，在左侧重复同样动作。

C. 可以在同侧进行拉伸若干次后，回到初始姿势然后进行另一侧的练习。

8）头顶上举蹲起(图 4-24)

目的：提升腘绳肌的活动度、髋部移动性和肩胛力量、柔韧性及稳定性。

起始姿势：双手握短棍，双腿分开与肩同宽，腿部伸直，弯腰将短棍伸至鞋面处。

A. 下蹲成深蹲姿势。

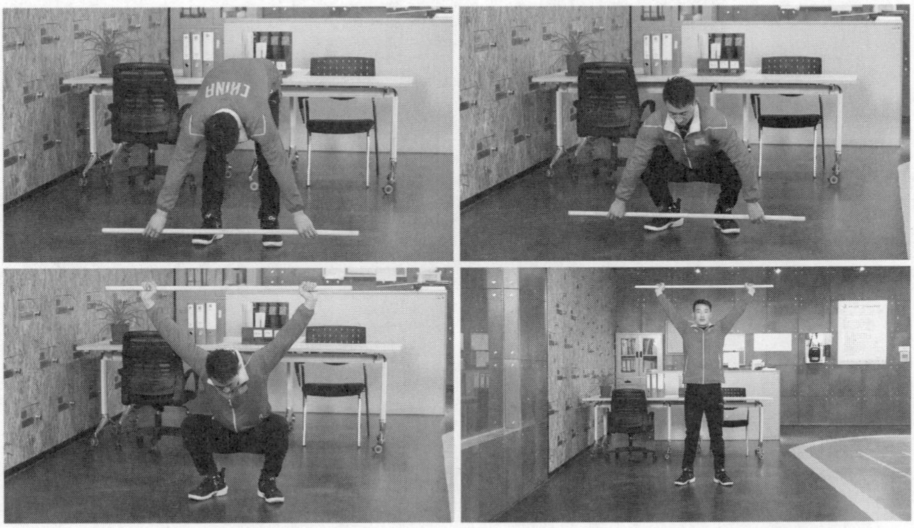

图 4-24　头顶上举蹲起

B. 将短棍举过头顶，保持背部绷直不要弯曲，抬头水平向前。

C. 慢慢站起，保持双臂直臂伸展。还原成初始姿势，重复上述动作。

9）仰卧臀桥（图 4-25）

目的：提高下背部、腘绳肌和臀大肌的功能性活动度。

起始姿势：平躺，双臂位于身体两侧。屈膝至膝关节约呈 90°。

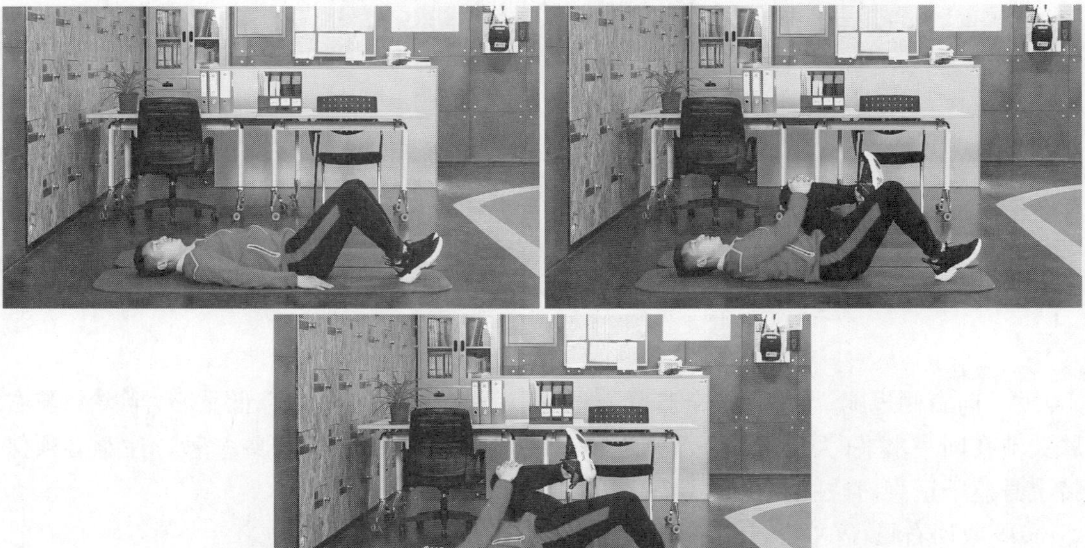

图 4-25　仰卧臀桥

A. 保持颈部、背部贴地姿势，抱左膝抵胸。

B. 右腿发力抬高髋关节，使右大腿、背部至肩峰形成一条直线。

C. 髋关节缓慢下降，下落至臀部将要碰到地面时换另一侧重复动作。双侧交替进行练习。

（二）实施阶段

实施阶段是健身方案实施的关键，其任务是通过实施健身方案的运动项目达到健身的目的。例如，耐力项目运动达到靶心率（靶心率指能获得最佳效果并能确保安全的运动心率，也称运动适宜心率，可用来调节运动负荷），并要求运动时间至少维持 10 分钟，肌肉力量训练要求达到一定的活动范围，其练习强度为最大能力的 80%左右，采用长时间、低负荷和高重复次数的练习可以使肌耐力获得良好的发展；减肥健身方案的目的是减去身体多余的脂肪，运动强度应为中、小强度，自觉疲劳程度量表（rating of perceived exertion，RPE）值为 9～11（RPE 值指自我运动强度，即把自己的感觉进行量化，来推算运动中的即时心率，从而推断运动强度。RPE 值乘以 10，即可得到当时大概的运动心率），其代谢类型是脂肪的有氧氧化，运动时间为每天 30～60 分钟；心理健康健身方案也应该注意强度和时间的关系，大多数研究认为，中、小强度的体育运动能获得较大的心理效应，适度运动能够改善焦虑、忧郁、紧张和疲劳等情绪状态。

表 4-4 是不同 RPE 值范围对应的运动心率及自我感觉程度。

表 4-4　不同 RPE 值范围对应的运动心率及自我感觉程度

RPE 值范围	运动心率（次/分）	自我感觉程度
6～7	60～70	非常快乐
8～10	71～100	很快乐
11～13	111～130	比较快乐
14～15	131～150	有些累
16～17	151～170	累
18～20	≥171	非常累

下列公式可以帮助健身者计算靶心率：

$$靶心率 = 最大心率 \times (60\% \sim 85\%)$$

其下限为体育健身的有效界限，上限为安全界限（成年人靶心率的上限为最大心率的 80%）。靶心率为人们提供了运动时安全有效的心率范围。

（三）恢复阶段

恢复阶段是在健身任务完成后，进行一些较轻松、低强度的活动，以使身体由剧烈的运动状态逐渐恢复到相对安静状态。对于练习时承担运动负荷较大的身体部位，应多做整理活动。整理活动的时间应以机体恢复平静为准，一般为 3～5 分钟。活动内容可与准备活动相似，动作应缓和，以使肌肉充分放松，同时配合深呼吸，以利于疲劳的消除。例如，运动后的梳洗，对仪表仪容的即时整理；保持身体直立，做 3～5 分钟的远眺或冥想；对拉伸部位进行揉捏、按摩与叩击；运动后进行温水浴等。可以躺在海绵垫或藤垫上休息片刻，平躺时脚的高度略高于头部，或者与头部的高度持平。休息片刻后可倒立 3～10 秒，可重复多次，有利于下肢血液回流。然后抖动四肢，先抖动大腿或上臂，后抖动小腿或前臂。以上活动对心脏和神经系统有镇定作用，能够更好地保持拉伸的效果，还可以去除灰尘、污物和汗液，使皮肤清洁，使人感到神清气爽，更好地投入下一阶段的工作。

1. 运动后拉伸的概念

拉伸可以分为静态拉伸和动态拉伸。静态拉伸是使肌肉保持拉伸状态一定的时间，这是健身界最常见的传统拉伸形式。动态拉伸是将活动开的关节逐渐由小幅度慢速运动过渡到大幅度快速运动的过程，多用于运动前的准备活动。目前多数研究认为，运动后应以静态拉伸为主。

2. 运动后拉伸的意义

(1) 缓解机体紧张状态：运动结束后的一段时间内，肌肉仍会处于紧张的收缩状态，循环系统、呼吸系统等也会维持较高的运行水平。通过做一些有效的拉伸活动，能够降低神经-肌肉耦联的兴奋性，使紧张的肌肉逐渐放松，身体的各系统也逐渐恢复至相对平静的状态。

(2) 减少乳酸堆积，消除疲劳：运动过程中，无氧供能系统代谢产生大量乳酸，使血液循环中的乳酸水平升高，这也是导致运动后肌肉酸痛的主要原因。拉伸活动可以加快体内代谢废物的排出，提高乳酸的再利用率，可以尽快减少体内乳酸的堆积，消除机体疲劳感。

(3) 恢复肌纤维弹性：肌肉在运动过程中会长时间处于收缩态，缺少舒张放松，从而使肌纤维的弹性降低。运动结束后适当的拉伸活动可以使肌肉得到充分舒张，同时加速血液循环，运走肌肉中的代谢废物，使肌纤维热弹性得以恢复。

(4) 放松身心，增加运动愉悦感：拉伸活动会通过神经系统的调节，使人的心理状态也得到放松。在拉伸时，交感神经的兴奋性会逐步降低，心跳和呼吸频率也逐步减慢，血压下降至正常水平。此时大脑分泌更多的多巴胺、5-羟色胺（血清素）等情绪调节激素，使人感到心情轻松和愉悦，在提升健身效果的同时还能增加对运动的兴趣。

3. 运动后拉伸的注意事项

专业运动员运动前的热身和运动后的拉伸多在专业体能教练的指导下进行。越是水平高的队伍，对运动前的热身和运动后的拉伸越是重视，运动内容越是符合运动专项的特点。拉伸是一项专业性强的技术活动。

普通人居家运动后的拉伸同样应引起重视，通常需要注意以下 4 个方面。

(1) 安全性：拉伸活动是放松身心的重要手段，但错误的拉伸反而会给身体带来损害。因此，一定要掌握正确的拉伸方法。利用自身力量或体重将肌肉沿肌纤维的走向拉长，当肌肉拉伸到一定的紧张度后保持一定的时间。在此过程中动作一定要慢。

(2) 适度性：拉伸动作的幅度要在自身可承受范围之内，根据自身的生理条件来设定拉伸程度。不要把疼痛当作检验拉伸效果的标准，疼痛会使肌肉紧张并阻止肌肉被进一步拉长，如果再继续拉伸的话，肌肉有可能会受到损害。

(3) 渐进性：在锻炼结束后立刻进行拉伸效果最好。运动时肌肉长时间收缩导致肌纤维长度缩短，因此，在拉伸时要循序渐进，逐步提高动作幅度和强度，不要强行拉伸。拉伸时应把注意力集中在目标肌群上，呼吸节奏要配合拉伸动作，不可屏住呼吸，因为呼吸可为肌肉放松提供充足的氧气。这有利于减缓肌肉张力，提升放松效果。

(4) 全身性和针对性：建议运动后做一些全身性的拉伸动作，这样有助于整体的放松。同时，对于锻炼的部位也可进行有针对性的拉伸，以缓解乳酸堆积带来的酸痛感，促进肌肉的恢复。每个静态拉伸动作练习保持时间建议为 20～30 秒，每个静态拉伸动作练习组数建议为 1～3 组。

4. 运动后应避免以下行为

(1) 喝冷饮料：人体运动时会消耗水分，运动后迫不及待地想喝水，尤其想喝冷的饮料，这样非常容易造成胃胀、腹痛甚至腹泻。因为人体运动时血液大量、快速地流向肌肉等运动组织，流向消化系统的血液量减少，消化功能处于抑制状态，且运动后人体处于散热兴奋状态，大量快速地饮用冷的饮料，易引起胃肠痉挛、腹痛、腹泻，长此以往易诱发胃肠道疾病。

(2) 蹲(坐)休息：运动过程中会消耗体力，有些人运动后感到疲劳，会就地蹲下或坐下休息，这样的休息方式不可取。因为蹲(坐)的状态会直接影响下肢血液循环，加重疲劳，不利于恢复体力。

(3) 冲冷水澡：运动过程中出汗，机体毛细血管扩张，体温升高，排汗增多。有些人在运动后直接用冷水洗头、洗澡，这样会使机体表皮血管即刻收缩，引起皮肤毛孔闭塞、体温调节等生理功能失调、免疫力下降，从而失去锻炼的意义。

(4) 暴饮暴食：有些人在运动后认为消耗能量后可以想吃什么吃什么。运动过程中神经中枢处于兴奋的状态，而负责管理内脏器官活动的副交感神经受到抑制，肠胃的蠕动减弱。消化液分泌减少。一般情况下，运动后 20～30 分钟，消化系统才会恢复正常的运转，这时适时、适量地补充一些能量才是必要的。

(5) 吸烟、喝酒：有些人运动后乏力，以为吸烟、喝酒可以解乏。这不仅不能缓解乏力，反而会影响机体的新陈代谢，导致机体缺氧，引起更严重的疲劳。更严重的是，运动后人体处于“高热”状态，毛细血管扩张、血液循环加快，此时喝酒，酒精进入胃、肝脏等器官，损害这些器官。

二、健身方案实施过程中的自我监督

这里的自我监督指健身者采用简易的医学检查方法，观察和记录自己的健康状况和身体对健身的反应。在健身方案的实施过程中，及时、准确地记录运动中和运动后身体的反应是十分重要的。通过多项指标的分析，客观地评价自己的身体状态、疲劳程度和恢复情况，不仅对于调整健身方案、安排运动负荷和预防运动性伤病具有重要意义，而且还能督促健身者养成注意自身健康、自律锻炼和讲究卫生的好习惯。因此，自我监督是健身方案实施过程中的一个重要环节。

(一) 自我监督的目的和意义

自我监督又称自我监控或自我检查，指体育健身者在健身过程中，对自己的健康状态和生理功能变化做连续观察并定期记录的一种医务监督方法。在健身过程中进行自我监控对于增进信心、坚持科学健身、防止运动过量或不足、预防运动损伤、提高健身效果和养成运动卫生习惯都有重要的意义。

(二) 自我监督的内容和方法

这些观察和记录是健身者在锻炼过程中反映自身反应的最直接资料，自我监督的内容包括主观感觉和客观检查两部分。

1. 主观感觉

主观感觉记录的内容主要包括健身者健身活动中的自我感觉，以及健身后的睡眠、食欲、运动情绪、出汗量等。

经常参加体育健身的人，如果运动量安排适当，一般自我感觉良好、精力充沛、心情愉快，参加运动的积极性高；如果运动量安排得过大，就会感到疲乏无力、精神萎靡，对运动不感兴趣或厌烦运动，甚至出现头晕、心慌、气短等不良的感觉。

(1) 运动心情：正常情况下主要表现为精神饱满、精力充沛和自信心强；异常情况下一般表现为情绪低落、精神不佳、厌烦运动甚至害怕运动。

(2) 身体感觉：正常时自我感觉良好，身体无不适感觉。若出现运动疲劳，会有头昏、恶心、呕吐、全身无力、肌肉酸痛等不良反应，则表明有异常。

(3) 睡眠：适度的体育健身可以使人很快入睡，且睡得熟、深而少梦，早上起床后，会感到头脑清醒、精神振奋、浑身有力。若入睡慢、容易做梦、易醒、白天无力或打瞌睡、注意力不集中、容易疲劳等，则表明睡眠失常，要适当调整运动量。

(4) 饮食：适度的体育健身能够提高机体的代谢能力，加上能量的消耗，食欲会变得好起来，想进食而且食量大。但在一次大运动量锻炼后，食欲会暂时下降，但很快就能恢复。如果锻炼后食欲减退，且一定时期内仍不能恢复，则应考虑健康状态不良或锻炼负荷过大。

2. 客观检查

以下主要介绍几种简单、易行的客观检查指标。

(1) 出汗量：出汗量的多少与气温和饮水量有关，也与锻炼程度、个人特点及神经系统的状态有关。在外界条件相同时，随着锻炼水平的提高，出汗量会减少。若轻微活动就会大量出汗，则表明疲劳或某些功能不良，特别是有虚汗和夜间盗汗现象时，表明身体极度疲劳、有其他疾病，或者当前的锻炼计划有问题，此时应检查身体和调整计划。

(2) 基础心率：清晨起床时的心率即为基础心率，基础心率可用来评定健身水平和了解身体机能状况。在健身期间，如果基础心率稳定或逐渐略微下降，说明身体机能状态良好，运动量适宜；在运动量加大时的机体适应阶段，基础心率会略有增加，但增加的一般不超过 6 次/分，若基础心率波动幅度大(超过 12 次/分)而又持续不下降，则说明身体反应不良，运动负荷过大。

(3) 运动中的心率：与负荷强度有关。通常用健身后即刻 10 秒脉搏数乘以 6 作为运动时每分钟的心率。按照健身适应理论，随着健身水平的提高，完成相同负荷时，心率应该逐步下降。如果在某一时期内，完成相同强度的负荷，运动中的心率增加，则表明身体状态不佳或身体机能下降，应查明原因。

(4) 运动后的心率：人在运动后经过一段时间的休息，心率可恢复到运动前的状态。

如果身体疲劳或负荷强度过大，运动后的心率恢复时间会延长。身体机能状况越好，运动后的心率恢复速度越快。运动量和运动强度越大，心率恢复时间越长。

(5) 血压：为功能评价的重要指标，其变化与运动强度和运动性质有关。高强度健身后，收缩压上升及舒张压下降明显，且恢复较快，表明身体机能良好；但如果收缩压明显上升，舒张压亦上升或血压反应与运动强度刺激不一致，且恢复时间延长等，则表明身体机能状况不佳；运动时，脉压增加的程度比平时有所下降、出现梯形反应，或无休止音，运动过程中收缩压突然下降达 2.67 千帕(20 毫米汞柱)时，表明身体机能不良。

在日常运动中，如果连续数周出现安静时的舒张压增加超过自己的日常水平 1.33 千帕(10 毫米汞柱)，安静时的脉压减少超过自己的日常水平 2.67 千帕(20 毫米汞柱)，安静时的心率增加超过自己的日常水平 6 次/分，则提示健身者的身体机能状况不佳，应及时调整运动强度，以免导致过度疲劳。

(6) 体重：参加体育健身后的体重一般要经历以下 3 个阶段的变化。刚参加健身的人，在最初的几周内，因身体里的水分和脂肪大量消耗，体重会下降；经过一段时间的健身后，体重才比较稳定；长期坚持体育健身，肌肉发达，体重会有所增加，并保持在一定的水平上。健身者要注意自己体重的变化，最好养成每天早晨大、小便后称体重的习惯。健身者体重发生上述变化，是锻炼效果良好的表现；如果成年人体重持续下降，再结合其他征象，要警惕有疾病或身体对健身的不适应；如果体重逐渐增加，那么表明运动负荷过小。

(7) 月经状况(女性)：女性健身者要注意观察、记录健身期间的月经状况。如果出现月经失调、痛经、经血过多等情况，应注意调整运动频率、运动强度和运动时间等。一般情况下，经期的第 1、2 天应减小运动量及降低运动强度，时间也不宜太长，特别是初潮不久、月经周期尚不稳定的女性；经期不宜剧烈运动，尤其不宜做震动强烈、增加腹压的动作；经期不宜下水游泳；有痛经、经血过多、月经失调者，经期应减少运动量、降低运动强度及缩短时间，甚至停止健身活动；经期应避免过冷、过热的刺激，尤其是下腹部不宜受凉。

总之，在健身方案实施的过程中应采用多项指标综合分析、主观指标和客观指标相结合的方式进行自我监督，以保证健身的效果和安全。

三、健身方案实施过程中的注意事项

1. 生活方式的调整

建立科学的日常生活制度，以及保护和增进个体健康所采用的卫生措施，如良好的个人卫生习惯、良好的作息制度、良好的睡眠、良好的饮食和饮水习惯、压力管理、戒烟限酒等。在实施健身方案的过程中，健身者对自己的生活方式要做相应的调整，如睡眠、饮食、衣着、用药等都是需要在制订健身方案时考虑的。尤其是办公室人群常见的久坐问题，应当在适当的时候起身稍稍锻炼一下，甚至不用起身，做一些简单的小动作，也能让身体恢复到充满活力的状态。

2. 运动着装、器械和保护性用具的安全

在着装方面，根据季节和练习环境的温度适当着装。针对办公室人群特殊的工作环境，最好选择有弹性、纯棉、柔软、舒适得体的服装。每次练习后，要及时清洗服装，保持服

装干爽、柔软。穿舒适的鞋袜可以起到保护脚部的作用，鞋子要大小合适，鞋底要具备一定的弹性和弯曲性。在使用健身器械前，应仔细检查器械是否能正常使用，以预防伤害事故的发生。一些综合性器械使用起来比较复杂，练习多为负重位移练习，练习时要注意安全，做到量力而行，不相互攀比较劲，避免器械失手伤害自己或他人。保护性用具必须合乎规范，强度和韧性符合安全标准，无破损或断裂。

3. 合理安排健身时间

办公室人群要积极创造机会开展适宜的体育活动，合理分配时间，做到忙而不乱，工作和体育活动两不误；学会管理自己工作之余的时间，绝对不能长时间地从事某项坐姿活动，如上网、打游戏、看视频等；腾出时间、精力做健身锻炼，以更好的精神状态再次投入工作。

4. 锻炼场地的选择

除以上办公室健身必须遵守的原则以外，办公室工作环境的设施条件也非常重要，如凳、椅、桌的高度，光线的强度，走廊的宽度，等等。对于有氧健身课的场地选择，应以宽敞、安全、通风的场地为宜。

5. 锻炼负荷要适宜

办公室人群健身锻炼要注意适宜的运动强度，根据锻炼时和锻炼后的自我感觉来调整，自我感觉应该是运动时不感到心慌、气短；锻炼后感觉轻度疲劳，且全身舒适、心情愉快、食欲增加、睡眠得到改善、精神饱满。反之，运动强度过大对健康不利，应降低运动强度。如果你在运动中有不适感觉，应停止锻炼。逐步提高力度、幅度、速度和重复次数，循序渐进，待身体适应后再逐步加大训练强度，持之以恒、不断积累、逐步提高，才能有效促进身心健康。

6. 注意健身期间的膳食营养

有氧健身时间较长，要注意运动前、运动中、运动后补水。一般运动前 0～120 分钟补水约 300 毫升，天热时还应额外补水 250～500 毫升；运动中宜采取少量多次的饮水方式。如果你想塑造形体，还应该配合合理的营养膳食，选择低热量、高营养的食物；限吃零食，切忌高油脂食物，这样才能达到满意的健身效果。

7. 讲究科学合理的方法，持之以恒

科学合理的健身方法是获得健身效果的保证。每次锻炼前要做好准备活动，避免受伤；锻炼后要做好整理活动，促进身体恢复。针对某一部位肌肉的练习，至少应设计一种或几种练习方法。在选择健身方法时，一方面应了解健身器械的特点和性能，另一方面应了解身体各部位肌肉的结构和功能，以使动作练习能发挥更大的效能，达到最佳的健身效果。做单个动作时，不要过度重复，避免局部肌肉劳损。力量的增长是一个长期而缓慢的过程。在力量训练的初期，肌肉力量和体积增长较明显，在以后一段时间里，再提高会相对难一些。因此，要想取得理想的力量训练效果，实现预期的目标，健身者不但要掌握科学合理的方法，而且要坚持不懈地努力，持之以恒，切忌“三天打鱼，两天晒网”。

8. 注意运动禁忌证

若有以下疾病或情况，在制订健身方案时一定要格外注意，甚至需要征求医生的意见。

(1) 急、慢性或陈旧性心血管疾病,包括心电图异常者。

(2) 血栓性疾病,如血栓闭塞性脉管炎、深静脉血栓、脑血栓等。

(3) 肺栓塞。

(4) 急性炎症或传染病。

(5) 严重贫血。

(6) 出血性疾病,如各种类型的白血病或消化道和呼吸道出血等。

(7) 运动系统疾病,如骨骼肌萎缩或类风湿病造成的运动困难等。

(8) 严重肢体残疾,以及影响正常生活和运动的病症,如视力障碍、智力障碍等。

(9) 患恶性肿瘤两年之内,原发性癌或伴随转移者未能有效控制的代谢性疾病,如甲状腺功能异常、糖尿病等;重要器官功能障碍或全身功能失调,如心肺功能障碍、肾功能障碍、慢性肾炎、严重肝病等。

第三节 运动性疲劳与疲劳消除

运动持续一段时间后,人体的工作能力及身体机能会产生暂时降低的现象,这就是运动性疲劳。运动性疲劳是健身中的正常现象,它可以防止机体走向衰竭,是一种保护性机制。只要做好运动负荷的监控,不让疲劳积累,就不会损害人体健康和运动能力。相反,通过疲劳的产生、消除、调整运动量、疲劳再产生及再消除,可以使健身者的生理功能和运动能力不断提高。

一、什么是运动性疲劳

(一) 运动性疲劳的概念

运动性疲劳是疲劳的一种形式,指运动持续一段时间后,人体的工作能力与身体机能暂时降低,不能维持特定水平或原有运动强度的现象。经休息、进食等干预后,运动性疲劳可以恢复。

过度疲劳指运动负荷与身体机能之间过度不适应,以致疲劳连续累积而引起的一系列功能紊乱或病理状态。

(二) 运动性疲劳程度的判断

运动性疲劳可分为轻度、中度、重度 3 个等级。各个等级的具体表现如下:

1. 轻度运动性疲劳

无任何不适的感觉,面色微红,出汗不多,呼吸中等加快,注意力较集中(能正确执行指令),动作协调性正常(步伐轻快、稳定)。以上表现往往是锻炼有效的反映。

2. 中度运动性疲劳

自我感觉不良(疲乏、腿酸痛、心悸),面色相当红,出汗量较多(尤其是肩带部),呼吸显著加快,注意力不集中(执行口令不准确,变向时,常出现错误),动作协调性差(步伐摇摆、不稳)。以上表现往往提示运动量略显过大。

3. 重度运动性疲劳

自我感觉很差(除了中度运动性疲劳的表现外,还有头痛、胸痛、恶心、呕吐等,有些征象存在的时间较长),面色苍白或发绀或特别红,排汗量非常多(躯干部最明显,颞部、汗衫或衬衣上会出现白色盐渍),呼吸显著加快且表浅(其中有少量深呼吸出现,有时呼吸节奏紊乱),注意力涣散(执行口令缓慢,只有声音大的口令才能引起注意),动作协调性显著降低(摇摆现象显著,在行进时掉队,动作很不协调)。以上表现往往提示运动量过大或身体有疾病或有危险,应向医生求助。

二、运动负荷的监控

运动负荷是否恰当,不但是健身方案是否恰当的关键因素,而且是防止过度疲劳和疲劳积累的关键因素。健身指导者判断健身者的运动负荷是否恰当的简易方法有以下两类。

(一) 通过主观感觉衡量运动负荷

观察和了解健身者的主观感觉可以初步衡量运动负荷是否恰当。观察了解的内容包括健身者每次健身前、中、后的各种感觉,内容与健身者自我监督中的主观感觉相同。主观感觉与运动负荷适宜程度的关系如下:

(1) 负荷适宜时,健身后有微汗,心情轻松愉快,食欲和睡眠良好,虽稍有疲乏和肌肉酸痛,但休息后可消失。次日感觉体力充沛,有健身欲望。

(2) 负荷过大时,健身后大汗淋漓,头晕眼花,胸闷、气喘,非常疲劳。睡眠不佳,食欲减退,心率在运动结束 15 分钟后尚无法恢复。次日全身乏力,缺乏健身欲望。

(3) 负荷量不足时,健身后身体无发热感,不出汗,心率几乎没变化或稍有变化,一般 5 分钟内就能恢复。

(二) 通过客观检查评价运动负荷

1. 脉搏

(1) 晨脉的检查与判断标准和健身者自我监督中的方法与标准相同。

(2) 运动后脉搏可反映运动强度。大强度运动后,即刻脉搏大于 180 次/分;中等强度运动后,即刻脉搏为 150～180 次/分;小强度运动后,即刻脉搏小于 144 次/分。

(3) 运动后 5～10 分钟的脉搏与运动前脉搏相比,可评价运动量。运动后比运动前快 6～9 次/10 秒,是大运动量;运动后比运动前快 2～5 次/10 秒,是中等运动量;运动后 5～10 秒已恢复到运动前水平,是小运动量。

(4) 一段时期内,定量负荷后的脉搏与运动成绩相结合,可反映健身者的机能状态与运动水平。若脉搏升高、成绩下降,说明身体机能不良、运动水平下降;若脉搏下降、成绩升高,说明身体机能良好、运动水平升高;若脉搏升高、成绩升高,说明尽力后可提高成绩、有潜力;若脉搏下降、成绩下降,说明没用力。

2. 血压

(1) 成年人的晨压应该是收缩压(高压)为 90～140 毫米汞柱,舒张压(低压)为 60～90 毫米汞柱,一定时期内是稳定的。晨压高于平时的 20%或经常大于 140/70 毫米汞柱,说明运动负荷过大,可能出现过度疲劳,应调整负荷。

(2) 运动后血压与运动前比较,可评价运动强度。小强度运动后,收缩压升高 20～30 毫米汞柱,舒张压下降 5～10 毫米汞柱,血压 3～5 分钟即可恢复;中等强度运动后,收缩压升高 20～40 毫米汞柱,舒张压下降 10～20 毫米汞柱,血压 20～30 分钟即可恢复;大强度运动后,收缩压升高 40～60 毫米汞柱,舒张压下降 20～40 毫米汞柱,血压 24 小时内即可恢复。如果升降超限或恢复的时间过长,则提示运动负荷不当。

3. 肌肉力量

如果经过一个阶段的运动后,肌肉力量(握力、臂力、背力)提高,提示负荷适宜,身体机能状态提高;如果肌肉力量持续下降,提示负荷量不当。

三、消除疲劳的途径和方法

采取积极主动的措施可以帮助健身者及时消除运动性疲劳,有助于提升锻炼效果并防止过度疲劳的出现。

(一) 消除疲劳的途径

消除疲劳的途径有 3 种:一是加速代谢,可促进肌肉放松、改善血液循环、加速代谢产物排出及营养物质补充;二是调节神经系统功能状态,有助于体力和精力的恢复;三是补充机体在锻炼中丢失的营养物质、水和电解质,有助于改善身体细胞和组织的工作状态。

(二) 消除疲劳的方法

1. 整理活动

运动结束后,至少要进行 5～10 分钟的整理活动,有效消除疲劳的方法一般包括慢跑、深呼吸、肌肉放松伸展练习和静力牵拉等。

2. 睡眠

质优量足的睡眠是消除疲劳的最好方法。适宜的睡眠时间有个体差异,人每天要保证 6～8 小时的睡眠,青少年应比成人长,一般要达到 9～10 小时。

3. 水疗

运动结束后 30～40 分钟,健身者可用热水疗法(即水疗)消除疲劳,水疗的方式主要有以下几种。

(1) 温水浴:用 40～44℃ 的温水淋浴或浸浴 10～15 分钟,一般不超过 20 分钟。也可采用冷热水交替浸浴(冷水温度为 15℃,热水温度为 40℃,冷水浴 1 分钟,热水浴 2 分钟,可反复交替 3 次),效果比单纯热水浴要好。

(2) 蒸汽浴:将水蒸气通入特制的小屋或密闭的房间,造成高温、高湿环境。一般在 40.5～46℃ 环境中,健身者可停留 20～30 分钟。

(3) 涡流浴:像洗衣机一样搅动,强度可调,造成明显的水温与水流冲动刺激,又称水按摩。

(4) 脉冲式水力按摩浴:可在特殊的浴盆内进行,在肢体、躯干部位相对应处设置多个喷头，喷头喷水的强度和喷射部位可以调节，喷出的水压可达 3 个大气压。

4. 桑拿浴

桑拿浴又称热空气浴或芬兰浴，指在特制的小木屋内用电炉加热空气，造成高温干燥的环境。桑拿浴除有镇静、使肌肉关节充血的作用外，还可促进人体大量排汗，有利于降体重。与蒸汽浴相比，桑拿浴效果较好且不易造成疲劳。使用方法是在 54～71℃ 环境中停留 10～20 分钟，或在 100～120℃ 环境中停留 5～7 分钟，反复 4～5 次。每次间歇时用冷水淋浴 10～15 秒，或用温水淋浴 2.5～3 分钟。结束后在更衣室内休息 5～7 分钟。

5. 吸氧

吸氧有助于清除乳酸等疲劳产物。

6. 吸负氧离子

通过负氧离子发生器，让健身者吸入负氧离子，可以消除疲劳。

7. 理疗

理疗的方式有光疗，蜡疗，热、电、磁疗等，可以消除局部或整体疲劳。

(1) 光疗：如利用红外线发射仪照射，能改善照射部位神经、肌肉的血供与营养。

(2) 蜡疗：液体石蜡不仅对局部有温热效应，还能机械性地压迫挛缩肌腱，使之软化、松解；能够减轻局部水肿。

(3) 热、电、磁疗：可促进血液循环，加速消除疲劳。

8. 音乐疗法

不同性质的音乐对人体的刺激不同。听节奏舒缓、单调重复的音乐，可使人的肌肉和神经松弛，有镇静催眠作用：听旋律优美的音乐，可使人心情舒畅、平静，有助于消除焦虑和紧张情绪。

9. 合理营养

锻炼后可及时补充糖、水、维生素 C、B 族维生素等，必要时可适当补充电解质，有利于消除疲劳。

均衡的营养摄入是维持机体正常运转的基本条件，对于参加健身者来说更是如此。健身运动需要每日补充足量的糖、蛋白质及各种微量元素（如钙、铁、锌等），注重营养搭配；保持摄入足量的水果和蔬菜，少吃脂肪含量高、热量高的食物。

10. 按摩

运动后按摩是消除疲劳的有效方法，其中人工按摩最受健身者欢迎。除此之外，各种替代方法也有良效，如器械按摩（按摩椅、按摩床等）、水力按摩、气压按摩等。

11. 针灸

针刺阿是穴可消除局部肌肉疲劳；针刺足三里有助于消除全身疲劳；电针刺激也有消除局部肌肉疲劳的作用；耳针能改善睡眠、消除疲劳。

12. 气功

气功不仅能增强抵抗力，消除紧张状态，对大脑产生保护性抑制，还能使肌肉放松、心跳减慢、耗氧量减少等，有助于消除疲劳。

第四节 办公室运动中的突发状况及处理

办公室是一个工作的环境，一切设施以保障工作需要而设置，且人员密集，空间有限。如何在保证正常工作秩序的同时，让员工在工作间隙从事体育活动，加强体育锻炼，提高工作效率，是每个企事业单位应该考虑的事情。办公室应制定相应的运动制度，并加以科学的管理，才能避免在工作中由于体育活动而造成的一些突发事件。例如，建立公司体育活动安全工作领导小组，明确职责，开展各种宣传教育活动，提高体育锻炼的安全性、技能性教育；聘请体育专业人士，帮助企事业单位规划科学的运动时间、场地，合理布置设施等；调动一切积极因素，全面保证办公室人群体育锻炼的安全与稳定。必要时启动应急措施，组织各方面力量进行救护工作，把事故的发生概率降至最低。

一、办公室运动中突发状况的可能原因

运动中发生突发状况的原因是多方面的，既包括参与运动个人的身体结构、生理及心理变化等内在因素，又包括运动训练计划的制订、运动环境的选择等外在因素。运动损伤往往是伤者自身存在内在的风险因素，暴露于外部的风险因素中，同时遇上诱发事件，才最终产生的。

(一) 自身原因

1. 动作技术掌握不当

对运动中动作技术特点的要求，或动作要领掌握不正确者，如同时缺乏保护和指导，易引起运动创伤。

2. 身体素质欠佳

自身运动基础薄弱或身体素质欠佳者，运动过程中生理解剖结构上的薄弱部位如踝、膝关节，较易发生损伤。

3. 运动状态不良

疲劳或功能状态不佳时，勉强参加运动容易因体力不足或注意力不集中而引起运动创伤。

4. 准备活动不适当

运动前准备运动不足，身体的各项功能状态尚未达到适宜水平；准备活动内容不得当，未达到激活机体在平衡性、柔韧性、稳定性和协调性方面适应功能性动作的目的；过量的准备活动也会致使身体机能有所下降。

5. 不良心理状态

锻炼者因经验欠缺、认识不足造成情绪急躁，或因恐惧、担忧而犹豫和过分紧张等。

(二) 外部原因

1. 锻炼环境的影响

办公室空间有限，如果空间布局不合理，易造成人员走动时的人与人、人与物的碰撞，

影响办公室运动的开展。空气流通性差，尤其在夏、冬两季，办公室靠空调调节室温，室内空气差。例如，过高的气温和潮湿闷热的天气，导致大量出汗失水；寒冷的冬季易诱发抽筋或其他损伤事故；运动场地湿滑、光线不足等均可能造成损伤事故。

2. 运动设备的选择和使用不当

运动前未根据自身体格和素质选择合适的器械和防护装置，如合适的运动鞋袜、护具等。

（三）诱发因素

在自身因素和外部因素的共同作用下，加上诱发因素最终可导致运动损伤的发生。各类体育运动项目都具有不同的技术要求和特点，参与运动的个体身体各部位的运动负荷也不尽相同。积累性劳损使不同的运动项目分别具有易伤部位，运动过程中组织间生物力学关系不断变化，在突然的撞击、动作失误或反复重复等事件的诱发下，使易伤部位发生损伤。例如，踝关节发力跖屈时，跟腱高度紧张，胫骨后肌和腓骨肌较松弛，此时若突然用力蹬跳，如遭遇来自地面、鞋袜或动作不当等不良因素作用，则易发生跟腱断裂。

二、办公室运动中突发状况的预防措施

无论急性损伤还是慢性损伤，都可以通过适当的训练及防护措施进行预防。

（一）制订并严格遵守全面的运动计划

制订一个完整且适当的运动计划不仅可以提升参与者的积极性、运动技能、安全性和运动表现，还可以降低其受伤风险，促使运动人群的潜力得到最大限度发挥。应该定期对该运动计划进行评估，根据运动者的状态不断调整运动计划以达到最佳效果。

任何运动前均应进行准备运动，从而有助于升高基础体温、增加骨骼肌的血流量、激活肌肉、提升运动表现和增强关节柔韧性。目前认为，运动前进行动态拉伸运动可有效减少运动中由于肌肉僵硬引起的损伤。放松活动可使体温、心率和呼吸频率逐渐回到运动前水平，有助于排出肌肉新陈代谢的产物，减少乳酸堆积。它可以舒缓肌肉，降低其应激反应，降低结缔组织损伤的概率。在力量练习中锻炼者除了需要对全身进行肌肉力量训练外，还应对薄弱易损伤的肌肉和提供躯体稳定性的肌肉进行针对性的训练，提供稳定性和支持作用，减少损伤。

（二）正确使用运动技术和体育设备

1. 选择适当的运动项目

应根据自身具体情况选择运动项目，适当控制运动负荷，充分掌握运动技术要领，加强保护以避免受伤。

2. 选择合适的运动设备

选择适合锻炼者运动水平的运动设备，以达到良好的辅助作用。

3. 穿戴适当的防护设备

体育运动中穿戴具有防护作用的设备可以显著降低受伤风险。合适的运动鞋和袜子也可以产生良好的生物力学效果。可以支撑足底、吸收冲击力量并提供附着力的鞋袜可以

有效减少受伤。

4. 注意外界环境的影响

坚硬的训练场地会对肌肉骨骼系统会造成较大的冲击力，鞋底与地面的摩擦力也会对运动状态造成影响，可适当对场地地面及周围环境进行处理以降低运动损伤风险。

(三) 营养状态

运动人群在运动前后均需要保证充足的营养。大多数运动者的饮食结构应遵循15%～20%的蛋白质、30%的脂肪、50%～60%的糖的原则。运动量较大的人群还应根据实际情况进行调整。

对受伤后的患者，应注意避免吸烟和摄入酒精、咖啡因。因为这些不良饮食和生活习惯会增加机体氧化速度和氧自由基的形成，影响伤后恢复。

三、办公室运动中突发状况的处理

发生运动性突发事件后，如未及时有效地进行处理，有可能造成损伤迁延不愈或转为慢性损伤，某些严重损伤甚至可能致命。充分掌握运动性突发事件的处理原则和常用急救方法，是一项必备的技能。

(一) 运动损伤的处理和注意事项

根据机体所处的受伤后的时间可将运动损伤分为急性期、亚急性期和慢性期三个时间窗。在这三个时间窗内运动损伤的处理和注意事项有所不同。

1. 运动损伤急性期

此期通常指伤后24～72小时，主要病理变化为受损的细胞和软组织结构被破坏、肿胀和血管破裂出血，受损区域释放化学物质引起炎症反应，局部疼痛、发红、温度升高、水肿和炎性渗出。

(1) 处理原则：制动、止血、减轻肿胀、镇痛、减轻炎症反应，防止二次损伤。

(2) 处理方法：PRICE是最常使用的急性期处理方法。

1) 保护(protection，P)：无论是开放性创伤还是闭合性创伤，伤后应立即保护伤处，防止受到二次损伤。

2) 休息(rest，R)：伤者应立即停止活动，损伤部位如果继续活动，可加重出血、肿胀或移位。

3) 冰敷(ice，I)：伤后尽快将冰袋敷于受伤部位，以降低组织温度、减慢血流、缓解肌肉肿胀，另外还可降低组织代谢率，从而降低组织对氧和营养物质的需求，极大降低局部组织因受压而坏死的概率。冰敷应间断进行，持续时间一般不超过20分钟，每隔2～3小时可再冰敷1次。在伤后2～3天，每天可重复进行。冰敷过程中应观察皮肤颜色变化，避免冻伤。

4) 加压(compression，C)：压迫受伤部位以减少肿胀发生，此时可使用弹力绷带、护具或夹板进行包扎，包扎方向应从损伤部位的远心端朝向近心端。同时，应注意避免过度加压而影响血液循环，造成肢体缺血。

5）抬高（elevation，E）：将患肢抬高于心脏水平以上有助于消除肿胀。

另外，可适当采用非甾体抗炎药以减轻组织炎症反应和疼痛。

（3）注意事项：应注意避免过早热敷、饮酒、按摩和继续运动，否则会导致血管扩张，加重患处出血和肿胀。

2. 运动损伤亚急性期

此期通常指伤后48～72小时后至几周，主要病理变化为肉芽组织开始生长，受伤部位的胶原纤维开始生成瘢痕组织，纤维排列紊乱不规则，且具有收缩作用。

（1）处理原则：改善伤处循环，促进淤血和渗出吸收，加速组织修复。

（2）处理方法

1）物理因子疗法（physical modality therapy）：此期给予热疗、蜡疗和高频电疗可改善局部血液循环和软组织延展性。超声波、音频电疗等治疗可有效软化瘢痕，减少粘连。在急性损伤的最初3～5天，一旦出血、炎症得到控制，可以交替进行冷敷和热敷。应在冷敷10分钟后，再给予10分钟热敷，如此反复。

2）运动治疗法（sports therapy）：72小时后可开始沿关节活动方向逐步进行轻柔的牵伸活动，这样可使伤处瘢痕组织胶原纤维在应力引导下有序排列而得到延展，从而减少肌腱短缩和关节挛缩。此外，根据伤者功能评估情况，逐步进行柔韧性训练、相邻关节的活动度训练和肌肉力量训练，可有效减少伤后制动导致的肌肉力量损失和关节活动受限。在运动治疗过程中，如有疼痛肿胀，仍可采用PRICE治疗原则进行处理。如患者伤情允许，可逐步恢复有氧运动。

3）矫形器（orthosis）：临床上常常采用夹板、支具、弹力绷带及贴扎技术来预防和治疗运动损伤。对疑似骨折或急性韧带损伤，可早期选用夹板进行固定，以防伤者在转移过程中出现二次损伤。夹板的材料可使用低温塑形板材，也可就地取材选择纸板弹性布料或衣物袜子，预防性支具是损伤未发生时的一种预防措施，可降低受伤风险或降低受伤程度。矫形器常用于膝踝关节的防护。功能性支具主要为受伤部位的愈合和功能恢复提供额外保护。贴扎技术在运动损伤中使用广泛、便捷有效，对急性损伤有稳定关节、减轻疼痛、促进回流的作用。

（3）注意事项

1）物理因子疗法中冷疗和热疗均有可能造成低温冻伤或烫伤，治疗中应严格控制时间和观察皮肤颜色及询问伤者的感觉。

2）矫形器并不能取代运动损伤后的康复治疗，长时间佩戴矫形器有可能造成局部肌肉力量和本体感觉的下降，受损部位必须同时进行肌肉力量、本体感觉、平衡协调能力的训练，以防止再次损伤。

3. 运动损伤慢性期

慢性期运动损伤指伤后长期存在的一系列慢性临床综合征，主要病理变化为组织内新陈代谢水平低下，出现退行性变、血液循环差、局部肉芽组织增生或肌肉萎缩。

（1）处理原则：主要为改善局部血液循环，促进组织新陈代谢，强化骨关节系统，增强肌肉力量和减轻疼痛。

(2) 处理方法

1) 运动治疗：避免可能引起疼痛的运动方式，选择其他替代性运动。例如，膝关节损伤后，可选择座位、卧位等下肢关节负荷较轻的运动。训练应注意循序渐进，以少量多次的形式逐步增加运动量。有氧运动和力量训练相结合的训练方式可以有效提升心肺功能和必要的肌肉平衡。关节松动技术可有效改善伤后因粘连而致的关节活动受限。运动治疗中应注意减少损伤性因素而增加保护性因素，以避免复发。

2) 物理因子疗法：选择适当的物理因子疗法可改善局部循环，减少粘连，软化瘢痕，有助于改善症状。

3) 药物治疗：对长期存在的慢性疼痛，可予以口服非甾体抗炎药或局部进行封闭注射肾上腺皮质激素，这样有助于抑制损伤性炎症、减轻疼痛和粘连。但应由有资质的医生进行指导，并注意药物的适应证、副作用及风险。

4) 传统医学治疗：可选择针灸、按摩推拿、太极拳或八段锦等传统医学治疗方法对疼痛活动受限的关节进行治疗。

(二) 运动性突发事件及其处置

1. 外伤性出血

(1) 分类：可分为外出血和内出血两种。

1) 外出血：指皮肤出现破裂，血液由体内流向体外，出血肉眼可见。

2) 内出血：为深部组织或内脏出血，皮肤完好，血液由破裂的血管流向组织内或脏器、体腔内，体表外未见出血。

(2) 临床表现：运动损伤后失血总量达总血量的20%时，伤者可出现头晕、脉搏增快、血压下降、呼吸急促、肤色苍白、出冷汗及尿量减少等症状。大出血可使伤者迅速陷入休克甚至致死。注意出血的性质有助于出血的处理。动脉出血呈鲜红色，速度快，呈喷射状；静脉出血多为红色持续涌出；毛细血管损伤多为渗血，呈鲜红色，缓慢流出。

(3) 急救方式

1) 指压法：用手指压迫动脉经过骨骼表面的部位，以达到止血目的。适用于头部、颈部和四肢外伤出血，头颈部大出血可压迫颈总动脉、颞动脉或上颌动脉；上臂出血可压迫腋动脉或肱动脉；下肢出血可压迫股动脉等。此方法是临时止血应急措施，效果有限，应及时根据情况更换其他止血方法。

2) 加压包扎法：小动脉或静脉损伤可用此法。以无菌敷料覆盖于伤口或创面上，外加纱布垫按压，再用绷带加压包扎，以增大压力达到止血的目的。注意包扎范围要足够大，压力要均匀，并抬高伤肢。

3) 屈肢加垫法：当肢体远端如前臂或小腿出血时，可在近端关节如肘窝、腋窝内放置纱布垫、棉花团或毛巾等物品后，屈曲关节，以三角巾、绷带或领带等进行“8”字形固定。但应注意合并骨折、骨裂或关节脱位者等不能使用此方法。

4) 止血带法：四肢大出血时，如果其他止血方法不能止血，可采用此方法。在伤口上方放置软垫，再以止血带捆扎在表面，以压力阻断动脉供血达到止血目的。应注意止血带位置应靠近伤口最近端，接触面积应较大，避免损伤神经。止血带上应标注捆扎时间，每间隔1小时应放松止血带1～2分钟，以指压法代替止血，总使用时间一般不超过4h。

2. 肌肉痉挛

（1）概念：肌肉痉挛指肌肉不自主地强直收缩，俗称抽筋。体育健身中，小腿后群肌、蹞长屈肌、趾长屈肌最容易发生肌肉痉挛。

（2）病因：主要原因有寒冷刺激使神经肌肉兴奋性升高；大量排汗使电解质丢失过多，神经肌肉兴奋性上升；肌肉连续快速收缩，使舒缩失调，放松时间太短；肌肉损伤或疲劳等。

（3）预防

1）加强锻炼，提高机体对寒冷的适应能力。

2）运动前要做充分的准备活动，并对易痉挛肌肉进行按摩。

3）在夏季运动时要注意补充水分和盐分，在冬季运动时要注意保暖。

（4）处置

1）被动缓慢牵引痉挛肌肉，使之恢复至原来的长度（向痉挛收缩的反方向牵引）。例如，腓肠肌痉挛时，让伤者平坐或仰卧，伸直患侧膝关节的同时，急救者用手握住脚趾，将患侧踝关节往伤者头部方向拉伸。

2）针刺或点按穴位。

3）按摩患部肌肉。

4）其他方法还有保暖、补充含电解质的饮料、休息等。

3. 骨折

（1）骨折的成因

1）直接暴力：暴力直接作用于骨折部位。

2）间接暴力：暴力通过传导、杠杆或旋转力使远处骨骼发生骨折。

3）牵引暴力：肌肉强烈收缩导致肌肉附着处骨质断裂。

4）积累性劳损（疲劳骨折）：长期反复的作用力直接或间接作用于骨骼上某一点导致骨折。

（2）临床表现：单纯骨折常表现为疼痛、肿胀、皮下淤血或伤口流血、功能障碍。查体可见骨折端畸形改变、压痛、叩击痛、假关节活动及骨擦音。X线检查可确诊。严重骨折，如骨盆骨折、股骨骨折或脊柱骨折常常是运动损伤后全身严重多发伤的一部分，极有可能有合并全身其他脏器损伤的临床表现。

（3）急救方式

1）抢救生命：首先检查伤者全身情况，如处于休克状态，应注意保温、减少搬动，有条件时立即输液、输血。合并颅脑损伤处于昏迷状态者，应注意保持呼吸道通畅。

2）伤口处理：按照出血处理原则和方法及时止血，对开放性伤口及时进行清创包扎，避免再次损伤和污染。

3）临时固定：及时正确地固定伤肢，减少疼痛及进一步损伤，便于搬运转送。固定物可用特制的夹板，也可就地取材，以木棍、木板、树枝或硬纸板等代替。固定长度应包括骨折处上下两个关节。先固定骨折处上下断端，再固定相邻上下关节。上肢骨折可将患肢固定于胸部，下肢骨折可将患肢与对侧健肢固定在一起。未经处理的开放性骨折断端，不可放回伤口内。固定后必须露出肢体末端，便于观察肢端循环。

4）必要时予以止痛：外伤后强烈疼痛可导致休克，必要时应给予口服或肌内注射止痛药物。但疑似颅脑外伤或胸部损伤者应慎用，避免引起呼吸抑制。

5）安全转运：疑似脊柱骨折者，不可随意搬动躯干，可采用滚动式搬动并俯卧位搬运，以免加重损伤。送医过程应注意动作要轻稳，防止震动和碰撞，注意伤肢保暖。

4. 运动中腹痛

（1）概念：运动中腹痛指发生在健身运动中的急性腹部疼痛。

（2）病因

1）腹部遭受外力打击。

2）准备活动不充分：运动前，准备活动不足，不仅会导致肝脾淤血、肿胀，表现为肝脾区钝痛，还会使呼吸过浅、过快，引起呼吸肌痉挛，表现为季肋区锐痛、刺痛，不敢深呼吸。

3）饮食问题：进食不当（进食后过早参加运动、饮水过多、空腹锻炼等）；锻炼前所吃食物种类不当（难消化或容易产气的食物）；吃了不卫生的食物，导致食物中毒、胃肠功能失调等，都会出现腹痛。

4）腹腔及其邻近脏器疾病：运动中发生腹腔及其邻近器官的疾病，也是腹痛的常见病因。

（3）预防：运动负荷的增加要循序渐进；合理安排膳食（如饭后休息 1.5～2.5 小时后，才能参加剧烈运动）；运动前要做好充分的准备活动；运动中应注意呼吸节奏，长跑时要注意分配速度；患病者参加健身运动，应在医生指导下进行，并加强医务监督。

（4）处置

1）减慢跑速、加深呼吸，调整呼吸与运动节奏，用手按压疼痛部位或弯腰慢跑一段距离，一般腹痛便可减轻或消失。

2）经上述处理无效时，应立即停止运动，进一步做医学检查，必要时送医院处理。

3）点按足三里或进行腹部按摩，明确病因后可服用解痉镇痛药物等。

5. 运动性中暑

（1）概念：运动性中暑是由于长时间在高温环境下锻炼，体温调节出现障碍，身体散热困难，造成体内热量积蓄过多而致的急症。其主要表现有头晕、头痛、呕吐、高热、皮肤灼热且干燥，严重时，还会出现虚脱、抽搐、心律失常、血压下降、精神失常甚至昏迷、死亡。多见于初参加锻炼者、战士、马拉松跑者。

（2）病因：主要原因为运动环境高温（如 35℃以上），烈日下暴晒，缺乏防暑降温措施；气温不是很高，但湿度较大，通风不良；常见诱因有年老体弱、疲劳、肥胖、饮酒、饥饿、脱水、盐分丢失、穿着不透气、发热、糖尿病、心血管疾病、汗腺缺乏等。

（3）预防：不要直接将头部长时间暴晒在艳阳下；在大热天，锻炼的前、中、后应注意盐和水的补充；注意避免单一肢体或局部肌肉负荷过大；对不耐热的个体，要加强防范；让锻炼者了解中暑的早期征象（恶心、头晕、头痛、语言困难、步伐不稳等），一旦有征兆，应立即停止运动，及时就医。

(4) 处置

1) 场地急救：保持呼吸道通畅，测量血压、脉搏、直肠温度，给予输液抢救，症状较重或昏迷者，及时送医院急救。

2) 一般处理：迅速将患者移出热环境，送到阴凉通风处休息。意识清醒者，可以喝清凉饮料或服用人丹、十滴水、藿香正气水等解暑药物。

3) 物理降温：用4～11℃的凉水擦拭皮肤，再用风扇吹风；在头部、腋下、腹股沟处放置冰袋冷敷等。

6. 晕厥

(1) 概念：晕厥指由于一过性脑血流量不足而引起的暂时性意识丧失。

(2) 病因：主要原因有从卧位或蹲位突然站起时；长时间或长距离运动后突然停止不动；机体处于疲劳、饥饿状态；精神刺激、焦虑、恐惧、外伤、疼痛、女性月经期等；衣领过紧、颈部突然旋转或按摩刺激颈部等。

(3) 征象：多在站立位时发生；发作前可有先兆，如全身不适、头晕、耳鸣、心悸、胸闷、眼花、面色苍白、出冷汗、恶心等；晕厥持续时间为数秒至数分钟；发作时，意识丧失、手足发凉、脉搏浅弱、呼吸表浅、血压下降、两眼上翻、瞳孔放大；苏醒后，意识清楚，常感到头痛、头晕、乏力、恶心、精神紧张，不留任何后遗症。

(4) 预防：避免在疲劳、饥饿状态下运动；久蹲、卧位站起时，要缓慢；疾跑后，应继续慢跑一段，调整呼吸，逐渐停下来；长距离运动后，应及时补糖、盐和水；剧烈运动后，应休息半小时后再淋浴；不宜采用在水下闭气的方式进行长距离游泳，在水下游泳时应有安全监督措施；举重时，要避免过度憋气；避免在高温、高湿或无风条件下进行长时间锻炼；若有晕厥先兆，应立即俯身低头或平卧，以免摔倒等。

(5) 处置

1) 晕厥发作时，要及时给予搀扶，使其安静平卧或头低脚高位躺卧。

2) 松开衣领和腰带。

3) 可以嗅氨水或点掐急救穴位（人中、百会、涌泉等）。

4) 若有呕吐，要将头扭向侧方。

5) 检查生命体征，若呼吸、心跳停止，立即进行心肺复苏。

6) 清醒后，可服用含糖热饮料或热茶，注意休息，避免打扰。

7) 与医生联系，做进一步检查处理。

7. 休克

(1) 概念：休克是机体遭受强烈的致病因素侵袭后，由于有效循环血量锐减、组织血流灌注不足，细胞代谢紊乱和重要脏器缺氧、功能障碍的病理生理过程。

(2) 临床表现

1) 休克代偿期：伤者表现出轻度兴奋征象，如烦躁焦虑，精神紧张，面色、皮肤苍白，四肢厥冷，心率加快，呼吸频率增加，血压可骤降或略降甚至正常或稍高，脉压小，尿量减少。

2) 休克失代偿期：伤者神志淡漠或意识不清，呼吸表浅或困难，出冷汗，心音低钝，脉搏细速，血压进行性下降，口唇、肢端发绀。严重时全身皮肤黏膜明显发绀，四肢厥冷，脉搏摸不清，血压测不到，尿少或无尿。如皮肤湿冷出现瘀斑或消化道出血，提示已发展至弥散性血管内凝血阶段。如出现进行性呼吸困难、吸氧的呼吸困难不能改善、脉速、烦躁或发绀，应考虑并发急性呼吸窘迫综合征。

(3) 急救方式

1) 伤者取平卧位，必要时采取头和躯干抬高 20°～30°、下肢抬高 15°～20°，以利于呼吸和下肢静脉回流，同时保证脑灌注压力。

2) 保持呼吸道通畅，并可用鼻导管法或面罩法吸氧，必要时建立人工气道，呼吸机辅助通气。

3) 尽量维持正常体温，低体温时注意保温，高温时尽量降温。

4) 及早建立静脉通路，药物维持血压，补充血容量，纠正酸碱平衡。

5) 有骨折或出血者，同步处理骨折并止血。

6) 剧烈疼痛者予以药物止痛，但应注意避免呼吸循环抑制。

7) 尽快送医。

8. 心搏骤停

(1) 概念：各种严重创伤、窒息、休克、电击、溺水、严重疾病等突发意外事故均可导致伤者心搏骤停(sudden cardiac arrest, SCA)，即指心脏无搏动，并停止呼吸。

(2) 临床表现：意识突然丧失，昏倒于现场，呼之不应。呼吸停止或仅有不正常的喘息。查体面色发绀或苍白，可伴抽搐，大动脉(颈动脉或股动脉)搏动消失，瞳孔散大，对光反射消失。心搏骤停，血压测不到。

(3) 急救方式：心搏骤停需要立即就地进行心肺复苏。心肺复苏(cardiopulmonary resuscitation, CPR)指针对心搏骤停采取的紧急医疗措施，以人工呼吸代替伤者自主呼吸，以心脏按压形成暂时的人工循环。高质量的心肺复苏可恢复心脑等重要脏器的灌注，是心脏恢复搏动的前提。胸外心脏按压是心肺复苏的首要措施，在心脏恢复搏动前，全身的组织灌注主要依赖心脏按压。现场复苏时的顺序为胸外心脏按压-开放气道-人工呼吸(compressions-airway-breathing, C-A-B)。

1) 胸外心脏按压(external chest compression)：伤者平卧于硬板或地面，急救者立于或跪于侧。将一手掌根部置于伤者胸骨中下 1/3 交界处或两乳头连线中点的胸骨上，另一手掌根部覆于前者之上，手指向上方翘起，双臂伸直，节律性地垂直向胸骨按压。每次按压后应使胸廓充分回弹。按压频率为 100～120 次/分，成人按压深度 5～6 厘米，儿童按压深度至少为胸廓前后径的 1/3。按压过程应尽可能避免或减少按压中断，以尽可能提高心肺复苏成功率。

2) 开放气道：保持呼吸道通畅是进行人工呼吸的先决条件。昏迷者最常见的呼吸道梗阻原因是舌后坠和呼吸道内有分泌物、呕吐物或其他异物。舌后坠者可采用头后仰法，合并颈椎或脊髓损伤者可采用托下颌法。有条件时采用放置口咽、鼻咽通气道或气管内插管等方法。

3) 人工呼吸(artificial respiration)：每胸外心脏按压 30 次需要做人工呼吸 2 次，连续做 5 个周期后重新评估伤者的呼吸和循环体征。正确开放气道后，立即以一手托住伤者颈部后方使其头部后仰，一手捏住患者鼻子进行口对口人工呼吸。每次深吸一口气并对准伤者口部用力吹入即移开，伤者可借助胸廓弹性收缩被动完成呼气。每次送气时间应大于1秒，并看到胸廓扩张。也可采用面罩加压给氧气或用简易人工呼吸器进行人工呼吸，直至伤者出现自主呼吸。应注意人工呼吸期间，胸外心脏按压不可中断。

9. 运动性猝死

（1）概念：运动性猝死指运动中或运动后即刻出现症状，常在6小时内发生的意外的非创伤性死亡。

（2）病因：先天性心脏病、获得性心脏瓣膜疾病、缺血性心脏病、肥厚型心肌病、心律失常、药物滥用、中暑、脱水或过度紧张等。

（3）诱因：诱发运动性猝死在夏季天气炎热时易发；常在早晨清醒后2～3小时或上午9～11时发生；20岁以下与40岁以上人群好发；男性患病率高于女性；伤后、病后及身体状况不佳（如过度劳累、睡眠不足、感冒发热）时进行剧烈运动易诱发；情绪波动、过于紧张易诱发；运动性猝死的危险性随运动强度和运动时间的增加而增加。

（4）预防：运动性猝死一旦发生，一般难以救治。所以，积极预防运动性猝死对减少不必要的伤亡意义重大。具体预防措施如下：

1）认真做好医务监督工作，合理安排运动量和运动强度。

2）定期体检，体检异常，尤其是心脏病患者，应在医生指导下合理锻炼，禁止参加剧烈运动。

3）没有运动经历和运动习惯的人，参加剧烈活动前，应进行必要的体检，特别是循环系统的检查，注意询问病史、运动史和家族史。

4）运动中曾出现心前区不适、上腹部疼痛、呼吸困难、面色苍白、大汗淋漓等症状者，要予以特别注意。

5）运动中或运动后曾有晕厥、意识丧失的人，应注意是否与心脏病有关或有无潜在心脏病，要请专科医生确诊，问题未查清前，禁止剧烈运动。

6）长距离赛跑时，要有医生在场，并准备好必要的急救设备。长距离跑结束后，不要立即停止活动或就地卧倒。

7）伤病后、发热、急性感染期间及恢复期，应避免剧烈运动。运动量和运动强度要逐渐增加，禁止带伤、带病进行剧烈运动。

8）积极预防冠心病。

9）在夏季进行剧烈的、长时间的锻炼，应及时补水及电解质，以防止电解质失衡或中暑。

10）自觉抵制药物滥用。

第五章

运动与体态管理

习惯是影响体态的一个重要因素。譬如长期低头看手机、“葛优躺”、长期伏案工作等，这些习惯可能导致肱骨过度内旋，造成圆肩，逐步形成驼背、头前引（“乌龟脖”和大椎包）。另外，影响体态的因素还有意外损伤、疾病，如由于脊柱意外受伤，无法正常挺直腰、背部，为了避免因挺直而出现脊柱痛，人体就会代偿性做出含胸驼背的动作，这一姿势维持久了、重复多了，即使后期脊柱的伤治疗好了，但含胸驼背的不良体态已经形成了。最后一类影响体态的因素是心理层面的，体态与人的精神高度相关。譬如我们发现，人当情绪高涨时，会和黑猩猩一样，做出高举双臂的体态。一个情绪低落、害怕、焦虑的人，往往在体态上表现得缩小，如低头、含胸、塌腰等，这种心理重复久了也会形成不良体态。

一、什么是体态管理

体态指人的身体各个部位在自然状态下所呈现的一种状态。一个人必须将身体某些部位维持在正确的排列线上才能有良好的体态。体态往往与几个概念相互关联。现简单对姿势、形态的概念加以说明并与体态进行区分。姿势是在某一个时刻人体的各个部分在空间里的位置，如坐姿、蹲姿；形态指事物在一定条件下所呈现出来的表现形式。其中，姿势强调的是时刻在变化，形态强调的是事物的整体性，而体态具有长时间的习惯性，除了关注整体性，体态还侧重于构成整体的某些部位的相对性。

顾名思义，体态管理是一种强调受者自主或自我练习将身体各个部位恢复、维持在正确排列线上的一系列活动的总称。体态管理以人体美学、运动生物力学、运动训练学等理论为基础，对人的骨骼关节系统、肌肉韧带、器官及软组织系统等进行练习和干预。

标准体态应具有如下两个特点：一是肌肉平衡；二是骨骼垂直。

肌肉平衡，即标准体态应是身体在前后、左右、旋转3个方面的肌肉处于平衡状态。拮抗肌和原动肌在形式上是对立的，但对环绕关节运动的功能是统一协调的，所以人体完成动作需要由原动肌群和拮抗肌群协作。任何一块肌肉过度紧张，其相对应的肌肉必然会做出代偿性调整，结果是使过度紧张的肌肉开始变弱而代偿性肌肉开始变得粗大有力，身体对应部位也就失去平衡。这种姿势的长时间维持，必然会导致关节骨骼偏离原有的排列，也就是会导致体态出现不平衡、不标准。

骨骼垂直，指标准体态的人体头、肩、骨盆、膝关节、踝关节呈一条直线并且垂直于地面。当其中的某些关节骨骼偏离这一垂直线，就会出现譬如含胸、驼背、塌腰等不良体态。

不良体态指的是肌肉失衡，骨骼关节偏离标准排列线位置的体态。

(一) 正确站姿

正确站姿侧面：耳朵、肩关节、髋关节、膝关节、踝关节在同一条直线上，且垂直于地面。脊柱呈现出正常的生理弯曲。

正确站姿背面：身体正中线左右两侧，呈平衡状态，两侧重量均衡(图 5-1)。

做到正确站姿的关键点：

(1) 头部平直，肩部下沉。

(2) 脊椎生理弯曲正常。

(3) 腹部肌肉微微收紧。

(4) 膝关节微屈。

(5) 双脚分开与髋同宽，两脚尖呈一定角度，脚跟和脚掌所承受的力相同。

图 5-1　正确站姿

(二) 不良站姿

不良站姿 1：将身体重心放在一条腿上，脊椎向前弓起，身体垂直线明显后置。身体重心偏向一侧，时间久了会出现腰痛、腿部肌肉疼痛等症状(图 5-2A)。

不良站姿 2：含胸、驼背，身体垂直线明显前置。这样站立时间久了会出现驼背、内脏下垂等症状(图 5-2B)。

不良站姿 3：长期穿高跟鞋容易导致颈椎和腰椎受损、骨盆前倾，膝关节也会因为承受过多的力而受损(图 5-2C)。

图 5-2　不良站姿

(三) 正确坐姿

(1) 双脚分开保持一定的距离,大腿基本与地面平行。

(2) 背部挺直,肩部下沉,耳肩线和地面垂直。

(3) 尽量不使用带靠背的椅子,如果椅子有靠背,尽量不使用靠背。虽然靠在靠背上会让身体得到暂时的休息,但时间长了会破坏脊椎正常的弯曲度,导致脊椎负压不正常,尤其是椎间盘。

(4) 如果使用手机,双手尽量将手机放在中间且几乎与眼睛平视的位置,可稍稍低头,重点是不要将头部前引(图 5-3)。

图 5-3　正确坐姿

（四）不良坐姿

不良坐姿1：肩部上提（图5-4A）。肩部肌肉长期处于紧张状态。正确坐姿应该是保持肩部下沉，让肩部肌肉处于正常的状态中。

不良坐姿2：弯腰驼背（图5-4B）。坐下时，腰部所承受的负荷变大，如果弯腰驼背，腰椎间盘的压力更是会达到平时的10倍，所以长期伏案工作的人，很多都有腰椎间盘突出的症状。

不良坐姿3：双腿交叉，身体歪向一边（图5-4C）。这样身体重心偏向一侧，各部分肌肉受力不均匀，时间长了，很容易导致腰酸背痛。

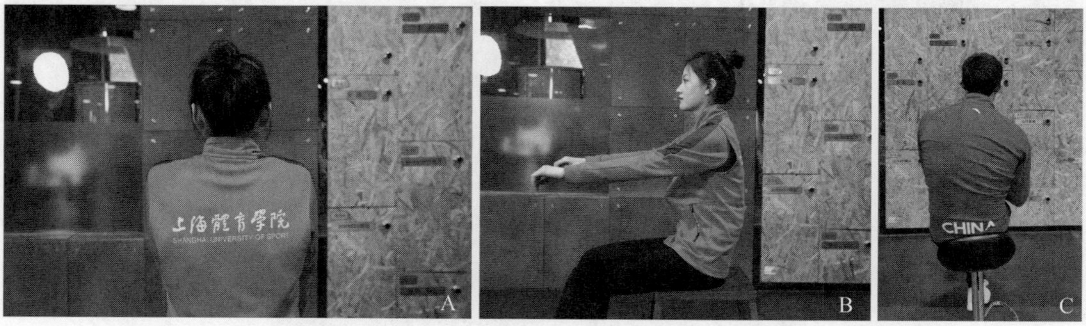

图5-4　不良坐姿

二、体态管理有什么作用

人在出生时，体态非常标准，随着生活、工作的进行以及新技术的广泛运用，如电脑、手机、汽车等的普遍应用，再加上工作、家庭环境压力日益增大，保持标准体态逐步成为大家关注的焦点。体态管理的作用可归纳为以下4个方面。

（一）体态管理使得外形体态更符合人体美学

从审美层面的角度，体态管理使得人体骨骼、肌肉保持或恢复到正确的排列线上，视觉上呈现对称、垂直的美学规律，让人外形上挺拔、修长、匀称。我们经常遇到觉得腿部很粗而要求减肥，而经过对腿部骨骼的针对性纠正练习后，腿会显得更长更匀称而无须减肥的案例，其作用机制正是由于腿部的骨骼肌肉恢复到正确的排列线上了。

（二）体态管理可提高身体运动功能

正确的体态应该使骨骼和关节的位置分布正确，这样可以使你在运动或负重时肌肉和韧带受到尽可能小的张力，从而提高身体运动功能。纠正不良体态可以更有效地提高运动功能。因为身体具有代偿功能，不正确的身体姿势在关节功能代偿时会呈现出多米诺反应，所以有时候局部的问题会导致整个身体的运动受阻或运动功能减弱。身体骨骼、韧带等出现了问题，如结构性脊柱侧弯会导致高低肩、高低髋等现象而影响人体的运动，但是我们可以通过体态管理解决上述问题以提高身体运动功能。

（三）体态管理可预防或治疗慢性疾病

部分慢性疾病是由体态不正确导致的，如高低肩会引起头痛；倾斜的髋部可以导致下背部疼痛和坐骨神经痛;脊柱侧弯可以导致凹陷处的脊椎关节产生磨损,使得椎间盘退化或突出,凹陷部位疼痛难忍以致失眠,心肺系统经常出现异常等。

实践证明,通过体态管理可以解决上述问题。

(四) 体态管理可提高体态语言能力

实践与理论证明了体态可以影响和治愈一个人的心灵。这在欧美国家受到了重视,如美国 TED 机构的姿势理论认为,一个积极的姿势会让人更自信、更有说服力。颇有影响的亚历山大技术也证明,用姿势、体态和动作的调整来疗愈内心是行之有效的。管理学沟通论认为,人体体态语言的有效沟通作用达到 50%,体态管理能有效提高人体体态语言能力,而这种能力属于人的核心职业能力之一。

三、不良体态发生的机制

引起不良体态的机制主要有两个:肌肉功能失去平衡和骨骼关节偏离标准排序线位置。无论是先天因素还是后天因素形成的不良体态,其发生机制最终都归结为上述两方面。例如,单腿站立时,为维持身体重心的稳定,站立腿的相关肌肉就会承受更大的压力而拉动脊柱向同侧移动,而其对应的拮抗肌肌张力会变得更小但又由于保护原动肌机制的存在而长时间处于拉伸状态,持续保持紧张直至疼痛,最终会导致脊柱不得不向承重腿一侧偏移,出现脊柱侧弯的不良体态。

这两个机制有一个基础,那就是我们身体是一个闭环整体,身体每一个部位的变化会不同程度地引起身体其他部位发生变化。例如,当运动不足、过度劳累、长时间站立或穿高跟鞋、受伤等情况发生时,小腿的腓肠肌和比目鱼肌等会出现功能衰退,从而引起跟腱偏离垂直线,形成行走时内外“八”字等不良体态。

四、不良体态的影响和危害

体态问题已成为人们普遍关注的问题。体态不仅影响人的外在形象,更影响人体的健康。长期体态不良,会让脂肪囤积在不该出现的位置,还会导致肌肉失衡、骨骼偏离人体垂直中线,进而可能引发一系列疾病,如肥胖、消化系统疾病、各种疼痛等,且多为慢性疾病。概括来说,不良体态会影响和危害人体的肌肉、骨骼关节、韧带、内脏器官及心理。

(一) 影响肌肉

前面讲了不良体态会导致原动肌和拮抗肌的肌张力发生变化。例如,头前倾导致维持头颈部姿势的肌肉要承受几倍于正常的负荷,颈伸肌活动增加,导致血流量受限,开始出现疼痛,进而引起肌肉过度拉长,一旦出现较大幅度的头部动作,肌肉在已拉长的状态下极易被拉伤。

(二) 影响骨骼关节

不良体态会导致人体骨骼偏离标准垂直线。人体的骨骼维持人的每一个姿态时都需要负重,当某一个部位出现问题,相应的骨骼就要离开垂直线去负重。仍然以头前倾为例,头前倾时,头对脊柱的压力就不是垂直通过脊柱的中心而是压向前下方,脊柱受力不均匀,前侧受到更多的挤压力而后侧被拉向前弯曲。哈佛大学的研究证明，这种情况会导致脊柱要多负重 60 磅（约 27.2 千克）。

（三）影响韧带

同样的道理，不良体态会导致韧带容易受伤。韧带的作用是稳固关节和限制人体活动幅度，但当不良体态导致关节偏离垂直线、肌肉过度拉伸的状态下，韧带很容易受伤。

（四）影响内脏器官

不良体态对人体内脏器官的影响是通过影响肌肉和骨骼而发生的。以不良站姿导致小腿腓肠肌和比目鱼肌受损为例，小腿是人的“第二心脏”，也就是说人体 70% 的血液靠小腿肚泵回心脏，它是人体的发电机，若小腿腓肠肌、比目鱼肌受损致收缩力度不够，则会引起小腿输送回心脏的血液不够，从而导致心脏压力增加、血液凝滞、手脚冰冷、废弃物质容易囤积在血管内，进而诱发很多疾病。

（五）影响心理

不良的体态会让人情绪、精神低落。有研究认为，你的体态决定了你是什么样的人，而且心里所暗示的一定会引导你成为所暗示的样子。体态影响人的情绪和精神，体态良好的人，一般会有积极的心理；而不良体态会让人产生沮丧、不安等感受。

五、办公室人群常见不良体态

办公室人群常见的不良姿势有探颈、圆肩与驼背。从图 5-5 中，我们可以大致了解这 3 种体态与正常体态的区别。

正常　探颈　圆肩　驼背

正常体态

问题出现在颈椎部，颈曲大于 5 厘米造成脖子前探

问题出现在肩部，表现为肩关节前探

问题出现在腰椎部，腰椎生理曲线改变，腰曲小于 2～3 厘米

图 5-5　正常体态与办公室人群常见不良体态

（一）探颈

探颈，从字面上来看，就是把脖子探出去，这样一来下颏是向前突出的，整个面部并不是冲向前方，而是略略上仰了。如果长时间保持这样的姿势，颈椎所受的压力就加大，颈部肌肉长期处于紧张状态就会出现僵硬、供血不足，导致疼痛等不适，甚至出现生理曲度变直，

从而影响大脑血液的供应，头晕、头痛、局部麻木就成为家常便饭。探颈的危害不可小觑。

造成探颈的原因有很多，但主要是脖子前探的姿势长期处于同一状态下。例如，长时间低头玩手机、长时间仰着脖子看电脑屏幕等。

（二）圆肩

圆肩，就是我们常说的含胸塌背。表现为双肩向前，从侧面看，肩部呈半圆形，因此称为圆肩。

不良的肩部姿势是造成圆肩的主要原因。例如，长期伏案工作，双肩总是前倾，并出现背弓，这种姿势最容易导致圆肩。又如，坐姿不端正，习惯于懒散的姿势，背部塌着，不挺胸，肩部不由自主向前，长时间也会形成圆肩。

圆肩不但从外形上不好看，而且会对身体健康造成危害。圆肩会使脊椎处于不良的生理弯曲中，含胸也会压迫心脏，使呼吸不畅，导致腹腔容量减少，对食物的消化和营养吸收都有影响。

（三）驼背

相对于探颈和圆肩，驼背更具有危害性。驼背，即胸椎严重向后突，使后背隆起。驼背会导致躯干前倾，除了影响美观而使人不自信外，其生理危害更大，具体表现在以下 3 个方面。

1. 压迫神经

人体的大部分器官都与脊神经有着千丝万缕的联系，脊神经就像通信员一样将大脑信息传达给身体各部分，支配着身体的活动。一旦脊神经受损，人体的行为多多少少都会受到影响。

2. 改变脊柱正常生理弯曲

脊柱有 4 个正常生理弯曲，颈曲和腰曲凸向前，胸曲和骶曲凸向后。如果正常生理弯曲发生改变，人体形象就会随之改变，失去正常的人体平衡，从而导致身体出现各种不平衡的现象，如含胸、低头、双腿长短不一、双肩不齐高、身高整体较矮等。

3. 引起多种身体疾病

脊柱不正常的弯曲会压迫神经，影响呼吸系统、消化系统等，导致胸闷气短、肌肉无力、食欲减退等。

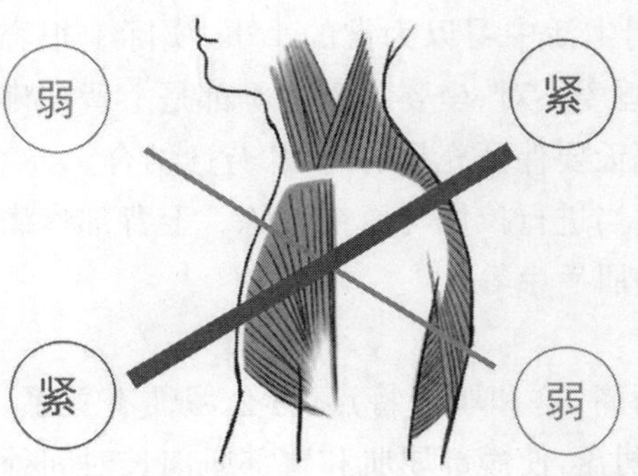

图 5-6　上交叉综合征

探颈、圆肩、驼背，这 3 种不良体态，是互相关联的，通常不会以单一形式出现，往往是并发的。这 3 种不良体态，统称为上交叉综合征，可以一并矫正。

上交叉综合征就是胸大肌、胸小肌、背阔肌、肩胛提肌、斜方肌上束、胸锁乳突肌、斜角肌处于紧张缩短的状态，菱形肌、斜方肌中下束、前锯肌、肩袖肌群、深层颈屈肌处于被动拉长状态。将这些较紧的肌肉连起来，较弱的肌肉也连起来，在侧面看，就形成了一个交叉的“X”，因此称为上交叉综合征（图 5-6）。

不良体态是由不良姿势引起的，因此矫正不良体态，首先要纠正不良姿势，并且配合针对相关部位的肌肉训练。具体方法有以下几种：

（1）如果使用电脑的机会较多，时间较长，可将电脑垫高一些，稍高于视平线。

（2）使用手机时，可以有意识地抬起手臂，将手机放在相对高一些的位置。

（3）办公室人群要经常站起身来，适当拉伸肩部和腰部，进行一下扩胸运动，并活动一下颈椎。

（4）处理过度紧张的肌肉：牵拉放松胸肌、斜方肌上束、胸锁乳突肌、肩胛提肌、斜角肌、背阔肌，可进行肩部外展、头部绕环、对侧手臂牵拉等动作。

（5）增强薄弱肌群的练习：加强肩袖外旋肌群、菱形肌、斜方肌中下束和前锯肌肌肉力量，可进行靠墙站立、"W"形伸展、倒爬练习，以及瑜伽中的眼镜蛇式、蝗虫式等练习。

六、消除身体僵硬和疼痛的放松训练

1. 颈部疼痛

低头玩手机、电脑前工作、伏案阅读和写作等日常生活和工作中的一些习惯，是造成颈部酸痛的主要原因。颈部长时间不活动，会使肌肉处于不协调的状态，感觉颈部酸痛，更甚者还会造成颈椎生理曲度改变、脖子扭转困难等。

日常生活中多注意一些细节有助于缓解颈部僵硬与疼痛。例如，把电脑显示屏的位置抬高或降低几厘米，长时间近距离工作或玩手机者应注意每1～2小时活动一下颈部，睡觉时枕头不要过高或过低等。

颈部疼痛需要放松的肌肉主要有胸锁乳突肌、斜角肌、颈长肌、头长肌等。

2. 肩部疼痛

肩部不适，会给我们的生活和工作带来很多不便，有时候连简简单单的小动作也无法完成。引起肩部疼痛的原因有很多，除了肩部损伤，生活中的一些因素也会导致肩痛，如投掷动作做得太多或手臂在头部上方活动过多等。

如果肩部出现疼痛，要尽量避免肩部内旋、外旋或是上举，可通过拉伸来调节肩部周围肌肉。注意，拉伸时一定注意力度，在保证安全的情况下进行。

肩部疼痛需要拉伸的肌肉有胸大肌、背阔肌、中斜方肌、菱形肌、肱二头肌等。

3. 上背部疼痛

很多人喜欢背单肩包，尤其是女性。这个在我们生活中习以为常的小事，实际上很容易引起我们的肩部和上背部疼痛。另外，过度劳累、睡姿不对、坐姿不正确等都是上背部疼痛的根源。日常生活中应多注意纠正自己的姿势，每天要保证充足的睡眠，劳逸结合。

上背部疼痛时应避免过度使用上背部肌肉，要适当进行拉伸与放松训练。上背部疼痛需要放松的肌肉主要有斜方肌、菱形肌、背阔肌、三角肌后束等。

4. 腰背部疼痛

腰背部疼痛是办公室人群最容易出现的一种病痛，这和职业特点、办公习惯有关系。长期坐在电脑前，加上坐姿不正确，很容易压迫腰椎间盘，使髋部屈肌和臀部肌肉长时间处于紧绷和缩短状态，造成腰背部深层肌肉疲劳，肌肉力量不平衡，发生腰背部疼痛。

缓解这种症状，首先要保持正确坐姿，避免久坐，保持腰背肌肉的活力，还可以通过做拉伸运动来改善（图 5-7）。

腰背部疼痛需要拉伸或放松的肌肉有梨状肌、髂腰肌、股直肌、股后肌群、腰方肌、臀中肌等。

图 5-7　拉伸以改善腰背部疼痛

第六章

心肺有氧功能训练

第一节 心 肺 健 康

想象一下，当您快速爬一段楼梯的时候，会出现呼吸急促的感觉。这是因为您的身体处于一种急需氧气的状态。“有氧的”是“有氧气参与”的意思。此外，有氧体适能还与心肺耐力有关，是衡量身体从外界摄取氧气和利用氧气能力的指标。一般认为，有氧运动指有大肌群参与，且持续时间较长的运动。长时间运动时，循环系统（心脏和血管）与呼吸系统（肺和气体通道）相互协作，向正在运动的肌肉和器官输送其所需的氧气。有氧运动有步行、慢跑、骑自行车、游泳、跳舞，以及一些团队项目如篮球、足球等。

一、影响心肺健康的因素

有氧耐力受机体氧运输系统（心肺）功能、肌肉利用氧的能力、神经调节能力和能量供应特点等因素影响，其中心肺功能是影响有氧耐力的中枢机制，而肌肉利用氧气的能力是影响有氧耐力的外周机制。最终，影响心肺健康水平的因素是久坐、长时间不进行规律的健身锻炼活动。

二、心肺有氧训练的益处

经常性和连贯性的有氧运动有助于提高心肺耐力。有氧运动的活动强度比平时活动强度高，对心脏、血管和肺有益。通过运动能够提高心肺功能，这些器官和系统在进行有氧运动时的心肺耐力较休息时有所增强。假以时日，身体若适应这些刺激，体能也得到改善。心肺耐力是健康的重要组成部分，原因如下。

(1) 更好的心肺耐力会适应更高水平的日常体力活动，亦可获得额外的健康益处。

(2) 有氧体适能是能轻松应对日常生活中各类活动的一项重要基础体能。

(3) 提高心肺耐力后，我们可以更全面地参与各类休闲活动和运动。

(4) 有氧运动可促进心肺耐力发展，并消耗大量能量，保持理想体重。

以上虽不是一个详尽的心肺有氧训练益处清单，但说明了有氧运动对健康体能具有相当宽泛的益处。

第二节　心肺功能的有氧能力训练方法

目前，用于发展心肺功能的有氧能力训练方法主要有持续训练法、间歇训练法等。下面主要介绍较为常用的持续训练法、间歇训练法以及训练强度与时间的把控。

一、持续训练法

（一）持续训练法释义

持续训练法指负荷强度较低、负荷时间较长、无间断地连续进行练习的训练方法。练习时，平均心率应保持在每分钟130～170次。持续训练主要用于发展一般耐力素质，可使机体运动功能在较长时间的负荷刺激下产生稳定的适应，内脏器官产生适应性的变化；可提高有氧代谢系统供能能力以及该供能状态下有氧运动的强度。

（二）持续训练法的类型

根据训练持续时间的长短，持续训练法可分3种基本类型，即短时间持续训练法、中时间训练法和长时间持续训练法（表6-1）。

表6-1　3种基本类型持续训练法的比较

要素	类型		
	短时间持续训练法	中时间持续训练法	长时间持续训练法
负荷时间	5～10分钟	10～30分钟	>30分钟
心率强度	每分钟170次左右	每分钟160次左右	每分钟150次左右
间歇时间	没有	没有	没有
动作结构	基本稳定	基本稳定	基本稳定
有氧强度	最大	最大	次大
供能形式	无氧、有氧代谢供能	以有氧代谢供能为主	以有氧代谢供能为主

二、间歇训练法

（一）间歇训练法释义

间歇训练法指对多次练习时的间歇时间做出严格规定，使机体处于不完全恢复状态下，反复进行练习的训练方法。间歇训练法的负荷强度较高、负荷时间较短。通过严格的间歇训练过程，运动员的心脏功能可以得到明显增强。

（二）间歇训练法应用

间歇训练法是发展有氧代谢供能能力、有氧代谢下的运动强度及心脏功能的一种重要训练方法。

间歇训练法的应用特点：一次练习的负荷时间应至少5分钟，负荷强度控制在平均心率为每分钟160次，间歇时间心率降至每分钟120次，此为开始下一次练习的确定依据，一次持续练习的动作种类可以单一，亦可多元，供能以有氧代谢供能为主。

三、训练强度与时间的把控

（一）训练强度

通常采用简单便捷监测心率的方法确定训练强度，它比主观训练强度判定法和说话测试法更有技术含量（表6-2）。最大心率可以用220减去年龄来估算。因此，40岁最大心率可估算为每分钟180次（220－40＝180）。不必按最大心率锻炼，而是按最大心率的百分比来进行；至于多大的百分比，要依据目标强度来决定。

表6-2　训练强度分级及对应的最大心率百分比

训练强度等级	最大心率百分比
极低	约55%
低	约60%
中	约70%
较高	约85%

需要注意的是，心率也可受环境条件（如湿热环境）和药物（如用于治疗偏头痛和心脏病的β受体阻滞剂可以降低心率）的影响。因此，计算出的心率值应该与主观训练强度判断法和说话测试法结合应用。可根据当时对主观训练强度的判断来调整是否需要提高或降低运动负荷。

同样需要认识到，可以在正式训练阶段调整训练强度。运动员经常采用间歇训练法，包括在更高强度的训练之后一段时间内进行低强度训练。这样能对身体产生特有的刺激，从而改善有氧体适能。这一原则也可以运用到一般性运动方案中。例如，如果您刚刚开始锻炼，您可以在正式训练阶段加上几分钟快走。不管您当前的体能水平如何，在低强度和更高强度之间进行切换运动，可以提供多种刺激，从而提高您的有氧代谢能力。

（二）训练时间

每次的训练时间取决于投入训练的时间以及当前的体能状况（表6-3）。如果您只是一个初级运动者，不用过于担心时间目标。相反，您可以找一个能连续训练10分钟的活动。随着越来越轻松地完成这一目标，再逐渐增加每次训练的持续时间。每次训练时都延长几分钟，直到您每天的有氧运动时间达到30分钟。根据您最初的体能水平，要达到这一目标可能需要几周或一个月，甚至更长的时间。关键是坚持，并不断进步。

表 6-3　不同运动者的有氧训练重点

不同运动者	有氧训练重点
新手(不运动或很少进行体力运动,因此是相对未接受训练的人群)	之前没有运动经历:重点是在训练的一天中进行 20～30 分钟的极低至低强度训练。也可以每次 10 分钟然后逐渐进行累加。总之,目标是每周 60～100 分钟 之前有一定运动经历(如已经达到每周训练 60～100 分钟的目标):重点是每天进行低至中强度训练并持续 30～45 分钟。也可以每次训练 10 分钟然后逐渐进行累加。总之,目标是每周训练 100～150 分钟
介于新手和有运动习惯者之间(有一定量运动但总体上体能中等)	有一定量运动(体能中等):重点是每天进行中强度训练并持续 30～60 分钟。总之,每周的目标是 150～250 分钟
有运动习惯者(规律地参加中至较高强度的运动)	有规律的运动者(中到大强度):重点是每天进行中至较高强度训练并持续 30～90 分钟。总之,目标是每周 150～300 分钟(持续时间依据强度而定)

第七章

肌肉力量抗阻训练

为了保持身体机能，人们需要进行有规律的肌肉力量抗阻训练。肌肉力量抗阻训练会使肌肉更强壮，从而提高肌肉力量，这单靠有氧训练是无法达到的。肌肉的功能如同身体的引擎，必须经常使用，以免萎缩退化（如肌肉块变小），机体会随着年龄增加而出现体力下降。肌肉力量抗阻训练不仅对运动员有价值，对普通人的健康和体能也同样重要。

肌肉力量抗阻训练的益处包括身体成分的良好改变、代谢水平的提高以及生活质量的提高。肌肉力量抗阻训练能增加肌肉量、减少体脂、增强骨骼、降低血压、改善血脂和胆固醇水平，并提高身体利用葡萄糖的能力。这些效益能优化人们的日常生理功能，并限制慢性疾病如糖尿病、心脏病和骨质疏松症的发展。

肌肉力量抗阻训练除了能明显地提高健康水平和体能外，亦可提升个人形象。通过抗阻训练，机体能够获得结实健康的肌肉。无论是追求生活品质或运动水平的提高，还是仅仅为了让自己看上去和感觉更好，肌肉力量抗阻训练都应该成为健身计划的一部分。

第一节　肌肉力量训练抗阻方法

在您学会了书中的练习动作之后，您肯定会想根据自己的需求为自己量身打造专属的，并且可以随时调整和改变的健身计划。

练习组数和重复次数是健身计划中最常用的计量单位。1 次反复指某个练习的一个完整动作，9 个俯卧撑即为 9 次反复。

1 个练习组指从头到尾做一系列完整的反复。9 个俯卧撑即为包含 9 次反复的 1 个练习组。

在健身计划中，组数在前，其后是重复次数。例如，3×12 指该动作做 3 组，每组 12 次重复。

练到力竭指不间断地做一组练习，直到无法再多完成一次反复。这样做时锻炼强度很大，需要很大的动力和决心。正是那最后一次反复向您的身体传递了需要增强力量和增加肌肉的信息，在此之前的所有练习组和反复的目的是使您达到力竭的临界点。另外，它们的用处还在于完善技巧和提升心率。

每个肌群每周的练习次数因人而异，但至少要练习 1 次。本书中的所有动作练习分 4 部分（手臂与肩部、腿部与髋部、躯干腰腹肌和全身综合）练习，不过您也可以延续您之前在健身房里的套路。

把您的身体练习分为4部分练习:

(1) 手臂与肩部练习(4~8组)。

(2) 腿部与髋部练习(4~8组)。

(3) 躯干腰腹肌练习(6~9组)。

(4) 全身综合练习(4~8组)。

如果您每天锻炼2个肌群,那您一周只需要锻炼4天。也可以每天少花点儿时间,一周多锻炼几天,如果每天只锻炼1个肌群,那锻炼强度就可以很高。可以一周锻炼5或7次,但每天只锻炼1个肌群。

您可以使用标准的、已经得到验证的、典型的力量锻炼方法:练一组练到力竭,休息2~3分钟,然后再做另一组,每个肌群做3~4种不同的练习,每种练习做3~4组。

(一) 阶梯训练法

选择任意练习动作,先完成1次反复,休息一下,再完成2次反复,再休息一下,再完成3次反复……反复次数依次递增,直到如果再继续增加您就会在下一组达到力竭。达到最高点后,接下来每组的反复次数都比前一组少一个,直至每组只完成1次反复。组间休息时间就是您休息前完成的那一组练习所用的时间,反复次数增多时休息时间也随之增加,反复次数降低时休息时间也随之减少。

试着用这种方法做某个动作,做10分钟。如果您完成了一个阶梯组,而时间还没用完的话,那就再来一个阶梯组。

这是一种高次数、低强度的锻炼方法,可以很好地提高您对动作的熟练度。您可以反复做某个动作,以正确掌握要领。如果您在"上阶梯"的过程中达到力竭,那说明您"上"得太高了。进行阶梯组锻炼时,您完全可以只完成较少的反复次数,甚至在一次锻炼的结束阶段可以做只有1次反复的阶梯组,以免力竭。做那些需要交替锻炼身体两侧的练习时,两侧都要做到指定次数才能休息。

(二) 双阶梯训练法

与阶梯训练类似,只不过要接连完成2种练习动作。完成第一种动作的1次反复之后,立即做另一种动作,然后休息一下,再继续做第一种,这次要完成2次反复,就像阶梯组一样。2种动作的难度可能不一样,较难的动作,您可以每次增加1次反复,而较简单的动作则每次增加2次、3次或者4次反复,因动作和人而异。

(三) 车轮循环训练法

选择任意练习动作和相应的反复次数,在20分钟内尽可能多地循环做这些动作,通常3~4种动作即可。注意:反复次数不要太多,以免在最初的几个循环中就出现力竭的状况。练到力竭后可以稍微喘口气,不过要尽量把休息时间控制到最短。

(四) 超级组训练法

做完一组动作后紧接着做另一组动作,最好是针对同一个肌群的不同练习。例如,做一组引体向上之后接着做一组引体向前,这就是一种刺激背部、肱二头肌和前臂所有肌纤维的、非常好的方法。

（五）计时训练法

在给定时间内尽可能多地做一种动作。例如，10 分钟内尽可能多地做俯卧撑（不管您做了多少组），您也可以在 20 秒的时间内尽可能多地做一种动作，然后休息 40 秒，然后再花 20 秒的时间做动作，这样反复，持续 20 分钟。通过增加或减少每组动作的时间，计时训练可以有效地增强肌耐力或者肌肉力量。每组时间越短，强度就应该越强；时间越长，强度则应该越弱，就像 50 米短跑对比 3 000 米长跑一样。时间短的组能增强肌肉力量，时间长的组则能增强肌耐力。

（六）高强度间歇训练法

每组用时 20 秒，组间休息 10 秒，总共 8 组，用时 4 分钟。要控制好动作节奏，您应该可以坚持完成这 8 组，但又要非常吃力才行。理想情况下，20 秒内完成的反复次数不应该有明显减少。这种高强度锻炼非常适合时间紧张的人。如果您想好好练一次，那就选择 3 种锻炼同一肌群的练习动作，进行 3 轮密集组锻炼，每 2 轮之间休息 1 分钟。这样，只需要 15 分钟即可完成锻炼！

第二节　手臂与肩部练习

一、自重类

（一）自重俯卧撑

运动环节：

（1）以平板支撑作为开始姿势，双臂伸展，整个身体成一条直线。双手扶地，比肩稍宽。

（2）头部、颈部和脊柱保持中立位，胸部朝地面下压并与地面轻触。上臂与躯干呈 30°～45°，整个身体始终成一条直线（也可以以椅子作为支撑）。

（3）反向动作，身体还原到开始姿势，重复练习（图 7-1）。

运动小贴士：

（1）整个运动过程中髋关节不能松弛。臀肌收紧，骨盆后倾。

（2）大多数人的肘关节向两侧伸展，与身体成“T”形，可以考虑形成一个箭头形。

（3）脊柱保持中立位。上背部不能弯曲，骨盆也不能前倾。

（4）运动过程中，头部不要着地。

图 7-1 自重俯卧撑

· 动作变式：上斜俯卧撑（图 7-2）

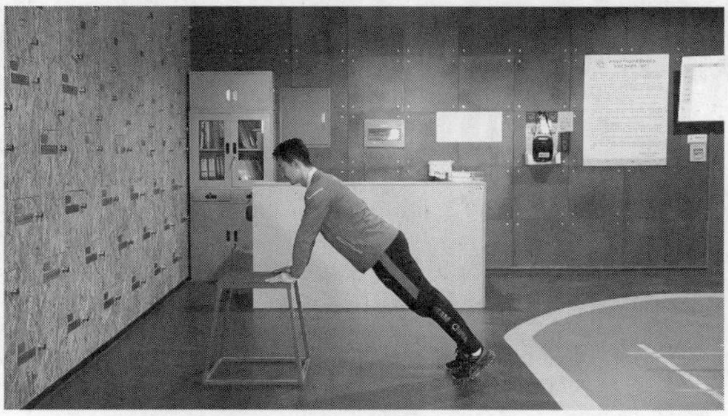
图 7-2 上斜俯卧撑

手臂放在健身平凳或者深蹲架之类的坚固表面上。倾斜的角度越大，运动难度就越小。

（二）屈腿反向划船

运动环节：

（1）将分体杠铃杆或双杠等训练设备调至齐腰高度。

（2）准备姿势，练习者仰卧于杠铃杆下双手握杠铃杆，两手距离略宽于肩，两脚与肩同宽支撑于地面，屈膝 90°，小腿垂直于地面，躯干与大腿平直，保持稳定。

（3）挺髋挺胸，下颏内收，通过肘关节弯曲、收拢肩胛骨的方式使躯干朝设备方向拉动。

（4）躯干慢慢下压，恢复开始姿势，重复练习（图 7-3）。

运动小贴士：

（1）躯干与地面越接近垂直，动作难度就越小。据此调整躯干角度。

（2）运动过程中或者重复训练时髋关节不能放松下坠，应收缩臀肌使身体始终保持紧张。

（3）可以正握，也可以反握，无论握姿如何变换，找到最适合自己的方式即可。

图 7-3　屈腿反向划船

· 动作变式：直腿反向划船（图 7-4）

图 7-4　直腿反向划船

双腿伸直脚放地面或抬高放在箱子上完成反向划船运动。可以选择正握、反握或对握的方式。

（三）仰卧后撑臂屈伸

运动环节：

（1）起始姿势：放置 3 个椅子，一个用来放双脚，另外两个分别放置双手。也可以用一个凳子和一个椅子，凳子用来放置双手，椅子用来放置双脚。如果有长凳，可以只用 2 个凳子，并将 2 个长凳平行放置，一个长凳放置双手掌心，另一个长凳放置双足跟，身体与长凳垂直。

（2）将掌心放在椅凳座位边缘，手指指向地面或前方，躯干笔直，双腿并拢形成一条直线，在自己可承受的角度内下降身体，直到有牵拉感为止。身体不要过低，过低会引发危险，下沉到上臂平行于地面即可。

（3）向上挺起身体至起始姿势（图 7-5）。

运动小贴士：

（1）脚可以放在地面上支撑，手臂后支撑的椅子或桌子距离地面越高，动作难度越低，越容易完成臂屈伸动作。据此调整躯干倾斜角度与手臂支撑高度来控制动作难易程度。

（2）运动前一定检查好以确保后支撑的物体可稳定支撑。

图 7-5　仰卧后撑臂屈伸

(四) 下犬式俯卧撑

运动环节：

(1) 起始姿势：双脚比髋部略宽，呈俯卧撑起始姿势，但要求臀部上抬。

(2) 背部向上挺起，而下肢呈蹲伏状，但始终保持臀部高于肩部。

(3) 回到起始姿势，重复练习(图 7-6)。

动作原理：当向上推举(将身体向远方推动)时，肌肉缩短，做同轴的反向收缩；当下沉身体时，肌肉则处于拉长状态。

运动小贴士：

(1) 运动前充分活动肩关节，确保无痛练习。

(2) 动作幅度根据自身能力完成重复，下犬式静态支撑也可。

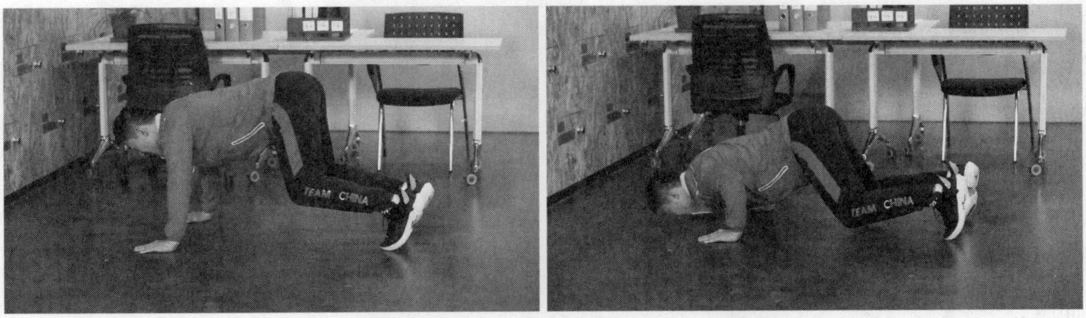

图 7-6　下犬式俯卧撑

(五) 肩部"Y"形、"T"形、"W"形、"L"形姿势练习

运动环节：

(1) 起始姿势：髋关节屈曲与躯干呈 45°，身体脊柱保持正直姿势，臀部后坐，臀部肌肉略有牵拉感。

(2) 通过手臂姿势变换来依次进行"Y"形、"T"形、"W"形姿势训练：每个动作进行 10 次，然后变换手臂姿势。

(3) "L"形姿势动作要求：水平外展双臂，肘关节屈曲 90°，内旋肩关节使得前臂从垂直于地面的姿势变到平行于地面的姿势(图 7-7)。

运动小贴士:

(1) 该练习动作是很好的肩关节功能防护训练,可强化关节与颈椎周围肌肉力量。

(2) 动作过程要保持躯干姿势平直稳定,避免弯腰驼背,有利于预防颈椎疼痛的发生。

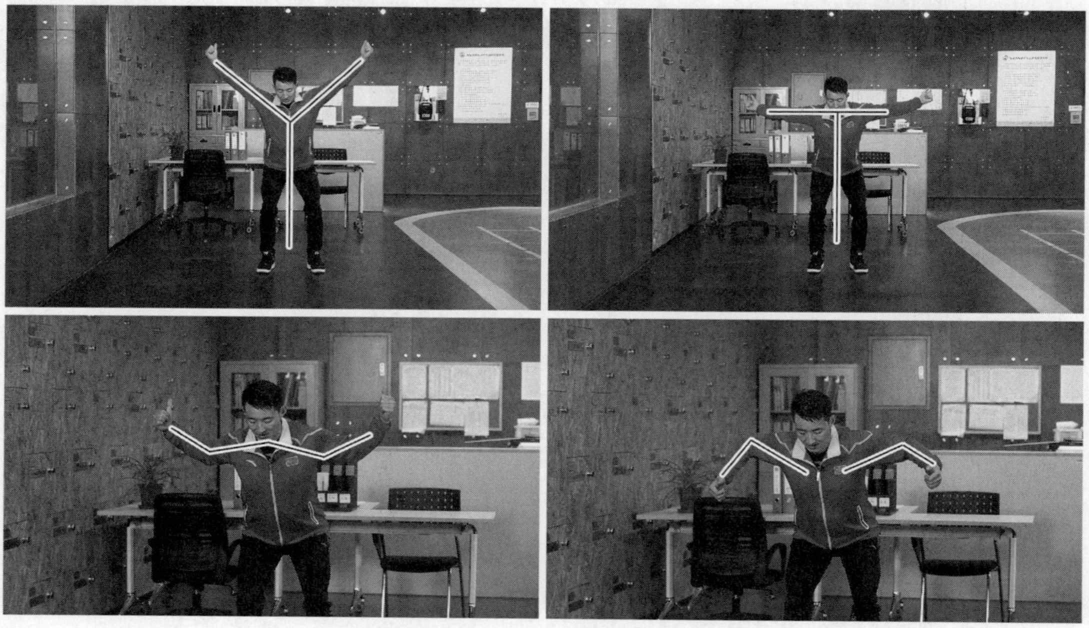

图 7-7　肩部“Y”形、“T”形、“W”形、“L”形姿势训练

二、杠铃类

(一) 地板杠铃卧推

运动环节:

(1) 仰卧在地板上。双脚着地,同时膝关节 90°。

(2) 正手抓握杠铃杆,双手间距比肩略宽,将杠铃置于上胸部上方。双臂锁定,腕关节伸直。

(3) 肘关节轻触地板,然后将杠铃向上推举直至双臂完全伸展,将杠铃重新推回至胸部上方,重复练习(图 7-8)。

运动小贴士:

(1) 推举杠铃时肘关节不能向两侧张开。它们应该与身体保持 45°,想象着双臂与身体成一个箭头,而非“T”形。

(2) 推举时杠铃不能逐渐远离身体,这种偏差会形成无效的杠铃运动路径,从而增加运动难度。

(3) 想象着胸部朝着杠铃方向上抬,而不是简单地将杠铃朝胸部下拉。这种方法有助于上肢肌肉保持紧张。

图 7-8　地板杠铃卧推

（二）上斜杠铃卧推

运动环节：

（1）坐在健身斜凳上，倾斜角度约为 45°。

（2）正手抓握杠铃杆，双手间距比肩略宽，将杠铃从卧推架上取下，将其置于上胸部上方。双臂锁定，腕关节伸直。

（3）深吸一口气，慢慢将杠铃放下。

（4）杠铃与上胸部相触，然后向上推举杠铃，直至双臂完全伸展，将杠铃重新推回至胸部上方。

（5）呼气，然后再深吸一口气，完成重复练习（图 7-9）。

运动小贴士：

（1）进行上斜杠铃卧推时，杠铃与胸部接触的位置较之地板杠铃卧推时要更加靠上。

（2）进行上斜杠铃卧推时，肘关节张开的角度要比地板杠铃卧推时更大。

图 7-9　上斜杠铃卧推

（三）站姿“T”形杠铃胸前推

运动环节：

（1）把杠铃杆的一端用毛巾缠住，然后将其推到一个角落里，成“T”形杠铃姿势。或者也可以把杠铃杆放进一个“T”形杠铃装置中。

（2）核心肌群保持中立位，一只手握住杠铃杆的另一端，放在腋窝附近胸大肌上方几厘米处。运动臂的肘关节应与身体呈 30°。

(3) 当将杠铃向上推举时，身体稍微向杠铃方向倾斜，并充分伸展手臂。手臂应该与身体呈 110°。

(4) 慢慢将杠铃放下。完成重复练习后，换另一侧继续以上动作(图 7-10)。

运动小贴士：

(1) 当增加负重时，应使用较小的哑铃片以免妨碍推举动作。

(2) 在整个运动过程中核心肌群始终保持中立位。

(3) 将杠铃向上推举时应避免拉伸下背部。

图 7-10　站姿"T"形杠铃胸前推

(四) 杠铃爆发上推举

运动环节：

(1) 走近架在深蹲架上的杠铃，杠铃大约与肩同高。

(2) 双手抓握杠铃杆，抓握位置比肩略宽。杠铃杆应置于手掌凹槽处。

(3) 将杠铃从架子上取下，小心后退两三步。双脚分开，与肩同宽；脚尖向前或略微向外。

(4) 杠铃位于胸骨上方，深吸一口气，膝关节和髋关节略微弯曲。躯干应保持挺直。

(5) 通过拉伸膝关节及双脚用力下蹬的方式将杠铃迅速举过头顶。

(6) 慢慢将杠铃放回至胸骨上方，同时弯曲膝关节；呼气并再深呼吸，然后重复上述动作(图 7-11)。

运动小贴士：

(1) 在动作最高点时昂首站立，双臂举过头顶。

(2) 臀部不能过于后翘，膝关节应前倾。

· 动作变式：哑铃爆发

图 7-11　杠铃爆发上推举

(五) “T”形杠铃划船

运动环节：

(1) 杠铃杆的一端用毛巾缠绕，然后将其安插在角落中。或者，也可以将杠铃杆放入图 7-12 所示的“T”形杠铃装置中。

(2) 双腿骑跨在杠铃的一端，背对杠铃另一端。脊柱保持直线，髋关节弯曲，膝关节也微微弯曲。躯干与地面约呈 45°。

(3) 双手抓住杠铃杆的一端，将杠铃朝躯干方向拉。记得将肘关节朝髋关节方向内收。

(4) 在动作最高点时收拢肩胛骨，然后慢慢将杠铃还原到开始位置(图 7-12)。

运动小贴士：

(1) 身体姿势应该模仿罗马尼亚硬拉动作。整个运动过程中胸部应挺直，背部应平坦。

(2) 运动过程中身体应尽量保持不动，只有手臂在运动。

(3) 增加杠铃重量时使用较小的杠铃片，防止重量过大妨碍运动的进行。

图 7-12　“T”形杠铃划船

三、哑铃类

(一) 哑铃臂前平举

运动环节：

(1) 双手持哑铃于体侧,双脚分开,与肩同宽。
(2) 双臂向前抬至双臂与地面平行。
(3) 缓慢回落至身体两侧,重复上述动作(图 7-13)。
运动小贴士:双臂肘关节微屈。

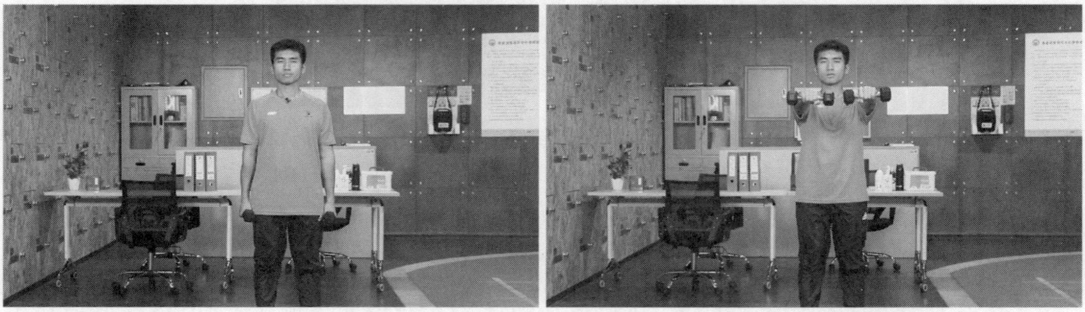

图 7-13　哑铃臂前平举

(二) 哑铃臂侧平举

运动环节:
(1) 双手持哑铃于体侧,自然站立,双脚分开与肩同宽。
(2) 双臂向两侧平举至双臂与地面平行。
(3) 缓慢回落至身体两侧,重复上述动作(图 7-14)。
运动小贴士:双臂肘关节微屈曲。

图 7-14　哑铃臂侧平举

(三) 俯身哑铃臂屈伸

运动环节:
(1) 俯身位双脚分开与肩同宽,双手持哑铃于体侧,大小臂保持一定角度。
(2) 身体保持稳定,大臂保持不动,小臂向后上方伸直至最高点。
(3) 大臂保持不动,小臂向前屈肘至起始位置,重复上述动作(图 7-15)。
运动小贴士:大臂尽量保持不动。

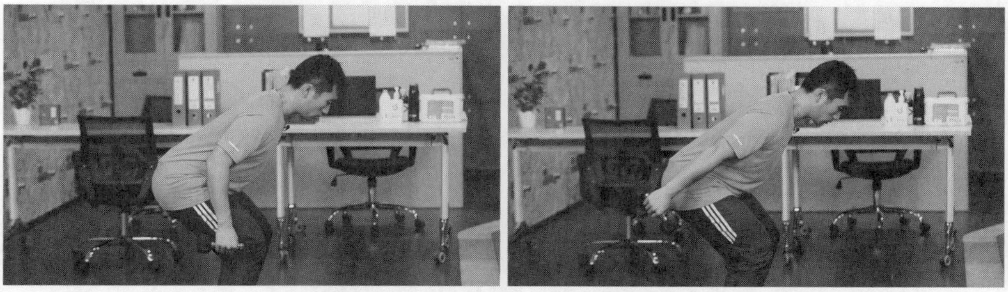

图 7-15　俯身哑铃臂屈伸

(四) 哑铃肩上推举

运动环节：

(1) 双手持哑铃于肩上，拳心朝前。

(2) 双臂向上伸直。

(3) 双臂缓慢回落到肩上，重复上述动作(图 7-16)。

运动小贴士：手腕保持中立，身体保持稳定。

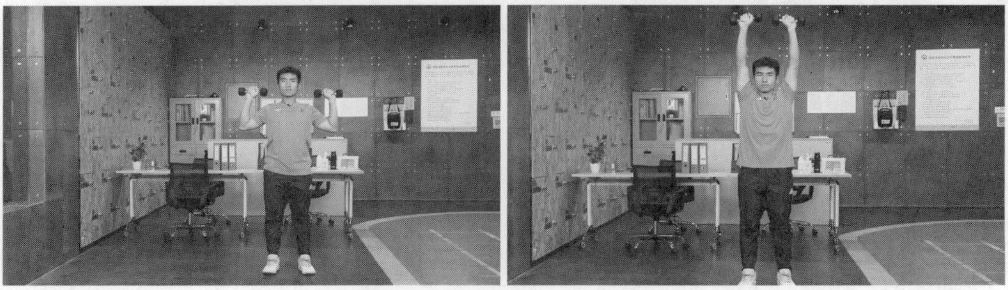

图 7-16　哑铃肩上推举

(五) 哑铃俯身飞鸟

运动环节：

(1) 俯身位，双手持哑铃放在身体两侧。

(2) 双臂外展至与地面平行。

(3) 双臂缓慢回到身体两侧，重复上述动作(图 7-17)。

运动小贴士：肘关节微屈。

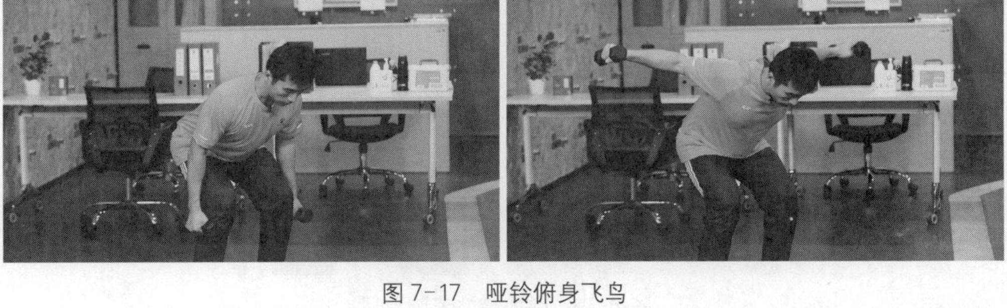

图 7-17　哑铃俯身飞鸟

四、壶铃类

壶铃推肩

运动环节：

(1) 双手持壶铃于肩上，拳心朝前。

(2) 双臂向上伸直。

(3) 双臂缓慢回落到肩上，重复上述动作（图 7-18）。

运动小贴士：身体保持稳定。

图 7-18　壶铃推肩

五、弹力带类

（一）弹力带站姿腕前屈

运动环节：

(1) 站立位，将弹力带稳固地踩于脚下，双手紧握弹力带置于体侧。

(2) 手腕向前屈，到最大幅度。

(3) 手腕向后伸，回到初始位置，重复上述动作（图 7-19）。

运动小贴士：

(1) 动作速度与呼吸形式：用力时动作快速、呼气，放松时动作放慢、吸气，动作与呼吸相协调。

(2) 整个运动过程中身体自然站立，大臂贴紧身体，腰腹收紧，颈肩放松，头部保持相对稳定的位置。

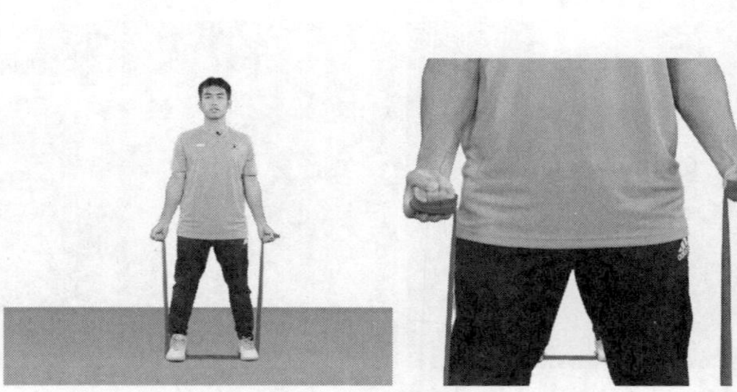

图 7-19　弹力带站姿腕前屈

·动作变式:弹力带坐姿腕前屈

运动环节:

(1) 坐姿,将弹力带稳固地踩于脚下,双手紧握弹力带置于体侧。

(2) 手腕向前屈,到最大幅度。

(3) 手腕向后伸,回到初始位置,重复上述动作(图 7-20)。

运动小贴士:

(1) 动作速度与呼吸形式:用力时动作快速、呼气,放松时动作放慢、吸气,动作与呼吸相协调。

(2) 整个运动过程中身体自然坐稳,大臂贴紧身体,腰腹收紧,颈肩放松,头部保持相对稳定的位置。

图 7-20　弹力带坐姿腕前屈

(二) 弹力带站姿腕后伸

运动环节:

(1) 站立位,将弹力带稳固地踩于脚下,双手紧握弹力带置于体侧。

(2) 手腕向后伸到最大幅度。

(3) 手腕向前屈,回到初始位置,重复上述动作(图 7-21)。

运动小贴士:

(1) 动作速度与呼吸形式:用力时动作快速、呼气,放松时动作放慢、吸气,动作与呼吸相协调。

(2) 整个运动过程中身体自然站立,大臂贴紧身体,腰腹收紧,颈肩放松,头部保持相对稳定的位置。

图 7-21　弹力带站姿腕后伸

·动作变式：弹力带坐姿腕外伸

运动环节：

（1）坐姿，将弹力带稳固地踩于脚下，双手紧握弹力带置于体侧。

（2）手腕向后外到最大幅度。

（3）手腕向前屈，回到初始位置，重复上述动作（图 7-22）。

运动小贴士：

（1）动作速度与呼吸形式：用力时动作快速、呼气，放松时动作放慢、吸气，动作与呼吸相协调。

（2）整个运动过程中身体坐稳，大臂贴紧身体，腰腹收紧，颈肩放松，头部保持相对稳定的位置。

图 7-22　弹力带坐姿腕外伸

（三）弹力带站姿臂弯举

运动环节：

（1）站立位，将弹力带稳固地踩于脚下，双手紧握弹力带置于体侧。

（2）大臂尽量保持不动，小臂向前屈，到最大幅度。

（3）小臂向后伸，回到初始位置，重复上述动作（图 7-23）。

运动小贴士：

（1）动作速度与呼吸形式：用力时动作快速、呼气，放松时动作放慢、吸气，动作与呼吸相协调。

（2）整个运动过程中身体自然站立，手腕固定，大臂贴紧身体，腰腹收紧，颈肩放松，头部保持相对稳定的位置。

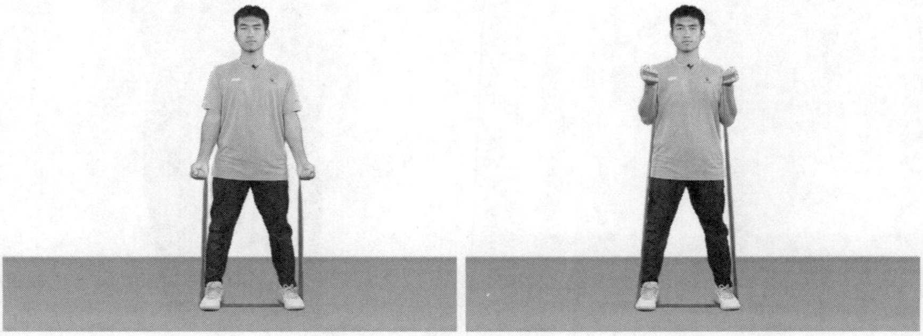

图 7-23　弹力带站姿臂弯举

· 动作变式：弹力带坐姿臂弯举

运动环节：

（1）坐姿，将弹力带稳固地踩于脚下，双手紧握弹力带置于体侧。

（2）大臂尽量保持不动，小臂向前屈，到最大幅度。

（3）小臂向后伸，回到初始位置，重复上述动作（图 7-24）。

运动小贴士：

（1）动作速度与呼吸形式：用力时动作快速、呼气，放松时动作放慢、吸气，动作与呼吸相协调。

（2）整个运动过程中身体自然坐稳，手腕固定，大臂贴紧身体，腰腹收紧，颈肩放松，头部保持相对稳定的位置。

图 7-24　弹力带坐姿臂弯举

（四）弹力带站姿臂屈伸

运动环节：

（1）站立位，将弹力带稳固地踩于脚下，双手紧握弹力带，屈肘置于颈后。

（2）双臂向上内旋伸直。

（3）双臂外旋向下，回到初始位置，重复上述动作（图 7-25）。

运动小贴士：

（1）动作速度与呼吸形式：用力时动作快速、呼气，放松时动作放慢、吸气，动作与呼吸相协调。

（2）整个运动过程中身体自然站立，手腕固定，腰腹收紧，颈肩放松，头部保持相对稳定的位置。

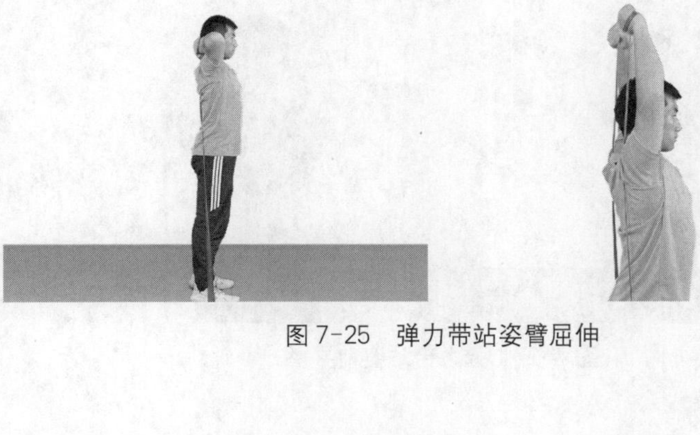

图 7-25　弹力带站姿臂屈伸

·动作变式：弹力带俯身臂屈伸

运动环节：

(1) 俯身位，将弹力带稳固地踩于脚下，双手紧握弹力带，大臂紧贴身体，双臂自然弯曲。

(2) 大臂尽量保持不动，小臂向后伸直。

(3) 小臂向前屈，回到初始位置，重复上述动作(图 7-26)。

运动小贴士：

(1) 动作速度与呼吸形式：用力时动作快速、呼气，放松时动作放慢、吸气，动作与呼吸相协调。

(2) 整个运动过程中身体俯身站稳，上半身前倾，手腕固定，腰腹收紧，颈肩放松，头部保持相对稳定的位置。

图 7-26　弹力带俯身臂屈伸

(五) 弹力带站姿前平举

运动环节：

(1) 站立位，将弹力带稳固地踩于脚下，双手紧握弹力带置于体侧。

(2) 双臂内旋向前伸，到与地面平行，拳心向下。

(3) 双臂外旋回到初始位置，重复上述动作(图 7-27)。

运动小贴士：

(1) 动作速度与呼吸形式：用力时动作快速、呼气，放松时动作放慢、吸气，动作与呼吸相协调。

(2) 整个运动过程中身体自然站立，手腕固定，腰腹收紧，颈肩放松，头部保持相对稳定的位置。

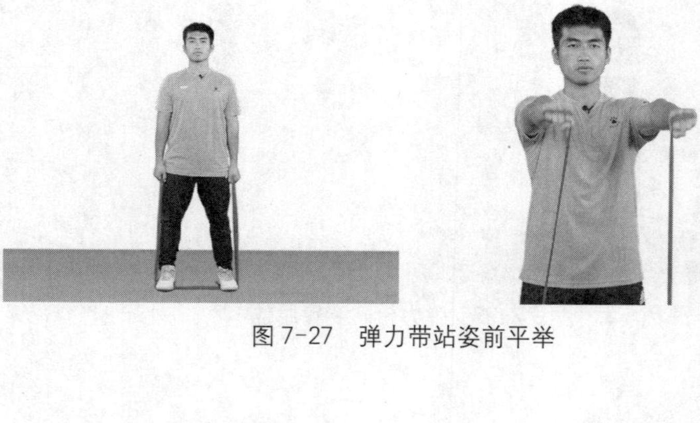

图 7-27　弹力带站姿前平举

·动作变式：弹力带坐姿前平举

运动环节：

(1) 坐姿，将弹力带稳固地踩于脚下，双手紧握弹力带置于体侧。

(2) 双臂内旋向前伸，到与地面平行，拳心向下。

(3) 双臂外旋回到初始位置，重复上述动作(图 7-28)。

运动小贴士：

(1) 动作速度与呼吸形式：用力时动作快速、呼气，放松时动作放慢、吸气，动作与呼吸相协调。

(2) 整个运动过程中身体自然坐稳，手腕固定，腰腹收紧，颈肩放松，头部保持相对稳定的位置。

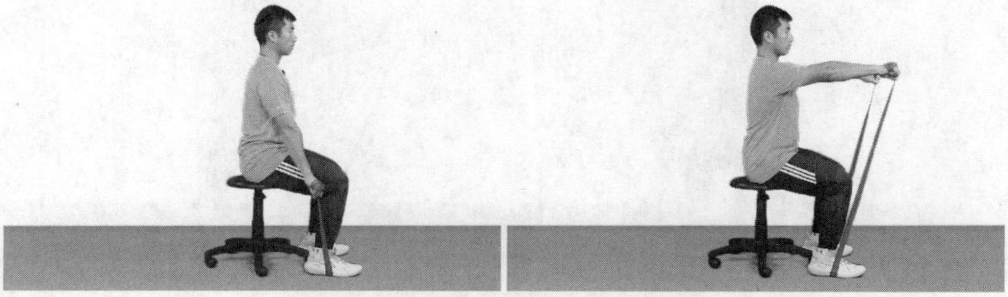

图 7-28　弹力带坐姿前平举

(六) 弹力带站姿侧平举

运动环节：

(1) 站立位，将弹力带稳固地踩于脚下，双手紧握弹力带置于体侧。

(2) 双臂外展，与地面平行，拳心向下。

(3) 双臂内收，回到初始位置，重复上述动作(图 7-29)。

运动小贴士：

(1) 动作速度与呼吸形式：用力时动作快速、呼气，放松时动作放慢、吸气，动作与呼吸相协调。

(2) 整个运动过程中身体自然站立，手腕固定，腰腹收紧，颈肩放松，头部保持相对稳定的位置。

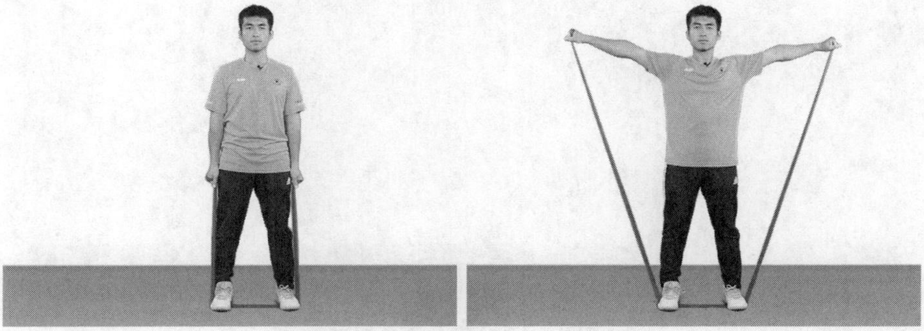

图 7-29　弹力带站姿侧平举

·动作变式：弹力带坐姿侧平举

运动环节：

(1) 坐姿，将弹力带稳固地踩于脚下，双手紧握弹力带置于体侧。

(2) 双臂外展，与地面平行，拳心向下。

(3) 双臂内收，回到初始位置，重复上述动作(图 7-30)。

运动小贴士：

(1) 动作速度与呼吸形式：用力时动作快速、呼气，放松时动作放慢、吸气，动作与呼吸相协调。

(2) 整个运动过程中身体自然坐稳，手腕固定，腰腹收紧，颈肩放松，头部保持相对稳定的位置。

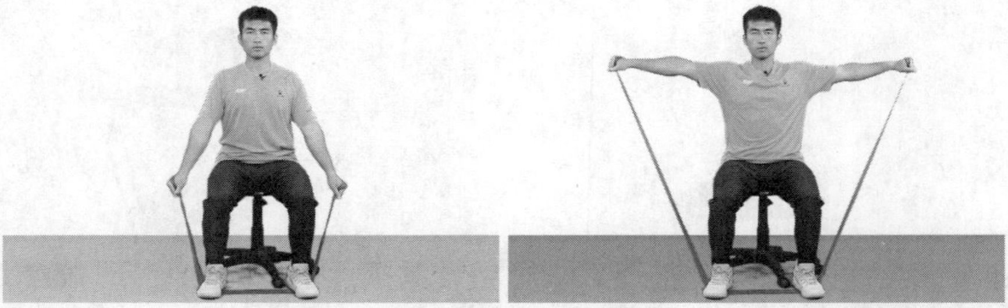

图 7-30　弹力带坐姿侧平举

(七) 弹力带站姿推举

运动环节：

(1) 站立位，将弹力带稳固地踩于脚下，双手紧握弹力带，屈臂置于肩上。

(2) 双臂向上伸直，拳心向前。

(3) 双臂向下屈曲，回到初始位置，重复上述动作(图 7-31)。

运动小贴士：

(1) 动作速度与呼吸形式：用力时动作快速、呼气，放松时动作放慢、吸气，动作与呼吸相协调。

(2) 整个运动过程中身体自然站立，手腕固定，腰腹收紧，颈肩放松，头部保持相对稳定的位置。

图 7-31　弹力带站姿推举

·动作变式:弹力带坐姿推举

运动环节:

(1) 坐姿,将弹力带稳固地踩于脚下,双手紧握弹力带,屈臂置于肩上。

(2) 双臂向上伸直,拳心向前。

(3) 双臂向下屈曲,回到初始位置,重复上述动作(图 7-32)。

运动小贴士:

(1) 动作速度与呼吸形式:用力时动作快速、呼气,放松时动作放慢、吸气,动作与呼吸相协调。

(2) 整个运动过程中身体自然坐稳,手腕固定,腰腹收紧,颈肩放松,头部保持相对稳定的位置。

图 7-32 弹力带坐姿推举

(八) 弹力带俯身反飞鸟

运动环节:

(1) 俯身位,将弹力带稳固地踩于脚下,双手紧握弹力带置于体侧。

(2) 双臂向外展,到最大幅度,拳心向下。

(3) 双臂向内收,回到初始位置,重复上述动作(图 7-33)。

运动小贴士:

(1) 动作速度与呼吸形式:用力时动作快速、呼气,放松时动作放慢、吸气,动作与呼吸相协调。

(2) 整个运动过程中身体俯身站稳,上半身前倾,手腕固定,腰腹收紧,颈肩放松,头部保持相对稳定的位置。

图 7-33 弹力带俯身反飞鸟

· 动作变式：弹力带坐姿反飞鸟

运动环节：

(1) 坐姿，将弹力带稳固地踩于脚下，双手紧握弹力带置于体侧，上半身往前倾。

(2) 双臂向外展，到最大幅度，拳心向下。

(3) 双臂向内收，回到初始位置，重复上述动作（图 7-34）。

运动小贴士：

(1) 动作速度与呼吸形式：用力时动作快速、呼气，放松时动作放慢、吸气，动作与呼吸相协调。

(2) 整个运动过程中身体自然坐稳，上半身前倾，手腕固定，腰腹收紧，颈肩放松，头部保持相对稳定的位置。

图 7-34　弹力带坐姿反飞鸟

第三节　腿部与髋部练习

一、自重类

（一）自重深蹲

运动环节：

(1) 腰背挺直，肩胛骨夹紧，双手水平伸向前方，两眼目视前方。

(2) 屈膝屈髋向下深蹲，膝关节在脚的正上方与脚尖的方向一致。

(3) 下蹲幅度根据自身能力平稳安全下蹲，下蹲吸气，站立呼气，重复上述动作（图 7-35）。

图 7-35　自重深蹲

运动小贴士：

（1）保持肩胛骨夹紧，避免弯腰驼背。

（2）下蹲髋关节外展时膝关节两侧向外顶，保持膝关节稳定，避免内扣。

（二）自重箱式深蹲

运动环节：

（1）站在箱式深蹲所用的训练跳箱前，稍微骑跨。若在办公室，可用无滑轮的椅子代替，背对站在椅子前面，或者稍微骑跨在椅子上。

（2）双脚位置比肩稍宽，并向外张开呈 30°～45°。

（3）身体放松，稳坐于椅子上，注意控制好力度，同时小腿与地面垂直，膝盖稍向外。

（4）身体成坐姿时，稍作停顿，同时下背部保持收紧，挺胸抬头。

（5）脚后跟下压起身。挤压臀肌并保持不动。重复上述动作（图 7-36）。

运动小贴士：

（1）这个动作与通常的下蹲动作不同。这是一项教你如何更好地使用工具进行臀部肌肉的训练。

（2）双脚的站立姿势因人而异。调整脚的位置，找出最适合自己的姿势，使自己以正确的姿势完成运动。

（3）慢慢向后下蹲坐到椅子上，注意动作不宜过快。应该感受到腘绳肌得到了充分拉伸。

图 7-36　自重箱式深蹲

（三）自重跪式提臀

运动环节：

（1）双手、双脚尖和双膝着地，膝关节与髋关节成一条直线并与地面垂直，双手应在肩关节正下方。

（2）髋关节尽可能地摆成直角，一条腿朝天花板伸展，同时膝关节依然保持弯曲。

（3）在动作最高点时收紧臀肌。

（4）将运动腿慢慢放回地板上。完成重复练习后，换另一侧腿重复上述动作（图 7-37）。

运动小贴士：

(1) 在重复练习过程中运动侧膝盖不能触碰地面。

(2) 下背部不能过度弓起。

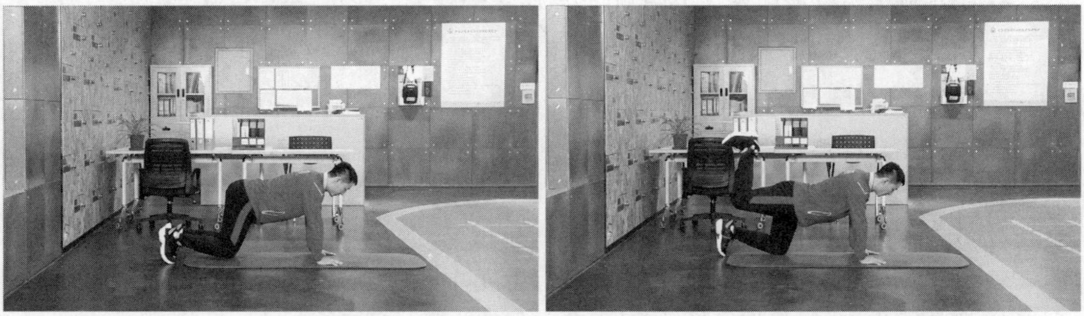

图 7-37　自重跪式提臀

(四) 静力性弓箭步动作

运动环节：

(1) 双腿前后跨开，使前面腿的小腿能够在弓箭步动作中垂直于地面，双手叉腰，脚尖朝前(起始姿势)。

(2) 保持躯干直立，身体下降直到膝关节靠近或碰到地面。

(3) 回到起始姿势，重复上述动作(图 7-38)。

运动小贴士：

(1) 当做静力性弓箭步没问题后，就可以尝试更具挑战性的变换动作了。有一种方法可以增加难度，就是向前一步进行弓箭步，再退回到起始姿势。

(2) 如果掌握了前向弓箭步动作，就可以开始尝试交替跳跃弓箭步，每次换腿向上跳跃。

(3) 当做交替跳跃弓箭步动作时，身体要直，要跳得尽可能高，落地时用弓箭步动作缓冲落地冲击。重复上述动作(图 7-39)。

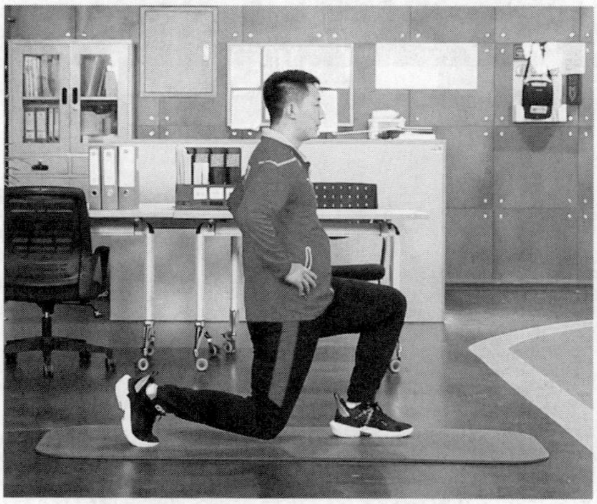

图 7-38　静力性弓箭步动作

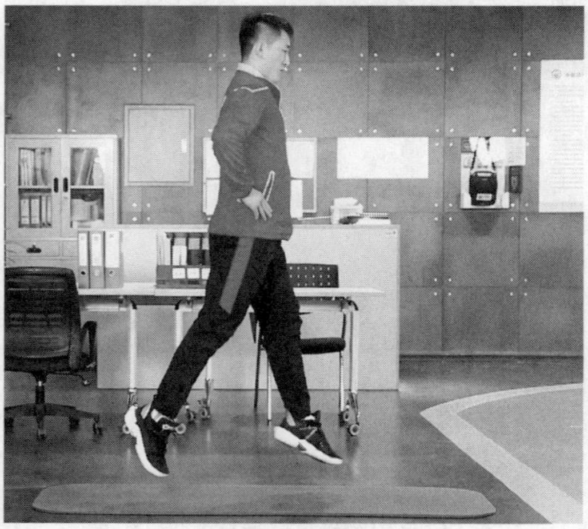

图 7-39　交替跳跃弓箭步

二、杠铃类

（一）杠铃颈后深蹲

运动环节：

（1）走近架在深蹲架上的杠铃，杠铃大约在肩膀的高度。

（2）站在杠铃下方，将其从架子上取下，横放至上背部。

（3）后退两三小步。

（4）双脚位置比肩稍宽，并向外张开 30°～45°。

（5）深吸一口气，然后臀部向下坐，并控制好力度。同时，膝盖向外撑开，上身尽可能地保持直立。

（6）身体下蹲，直至髋关节与膝关节成一条直线且略与地面平行。

（7）脚后跟下压起身，起身的同时呼气。挤压臀肌并保持不动。

（8）完成所有的重复练习后，向前跨两三步将杠铃重新放回至深蹲架上（图 7-40）。

运动小贴士：如果您的股骨相对于身高过长，或者臀部肌肉相对于股四头肌来说过于强壮，那么与普通的举重运动员相比，您的身体更易前倾。不过，在整个运动期间，应该努力使躯干保持不动。

图 7-40　杠铃颈后深蹲

（二）硬拉

运动环节：

（1）将杠铃片装在杠铃杆上，然后把组装好的杠铃放在地板上。

（2）走近杠铃，双脚分开 6～10 英寸（15～25 厘米）且脚尖朝前，杠铃杆应置于脚的中间部位。

（3）俯身弯腰同时背部保持中立位，使用反握或正反握的抓握方法抓住杠铃杆，抓握位置恰好在双脚外侧。

（4）深吸一口气，背阔肌保持紧张，背部挺直。

（5）将杠铃从地上提起，臀部抬高，在整个硬拉过程中杠铃杆始终紧贴身体。

（6）在身体到达站立位时，双肩放松，臀部肌肉收紧。呼气，然后再深吸一口气。

（7）脚后跟发力蹬地反向动作，膝关节略微弯曲，挺胸抬头的同时背部挺直。

(8) 将杠铃放回到地面上,深吸一口气,然后开始下一组重复练习(图 7-41)。

运动小贴士:

(1) 为了防止小腿擦伤,运动时穿长裤或及膝长袜。

(2) 如果感觉抓握困难,可以尝试正反握(一只手掌心朝上,另一只手掌心朝下)的抓握方法或者使用防滑粉。

(3) 如果背阔肌无法保持紧张,可以想象腋窝下夹着一支铅笔。

图 7-41 硬拉

(三) 杠铃罗马尼亚硬拉

运动环节:

(1) 自然站立,双脚分开与肩同宽,脚尖朝前。

(2) 上半身前倾略与地面平行,深吸一口气,然后臀部向后上方顶,并控制好力度。膝关节略微弯曲,同时背部挺直。

(3) 当杠铃移至膝盖上方时,腘绳肌会有拉伸感,脚后跟发力下蹬;同时呼气,臀大肌收紧锁定。在重复练习至身体到达站立位时呼气(图 7-42)。

运动小贴士:

(1) 想象一下,有人站在您身后,用一根绳子缠着您的臀部,然后向后拉。这将帮助您保持背部弓起,臀部向后移动,防止膝关节前移。

图 7-42 杠铃罗马尼亚硬拉

(2) 小腿保持挺直(膝关节不会向前移动),身体向下弯曲时脊椎保持中立位,头部和颈部保持在中立位。

(3) 大多数人都可以完成膝盖下方的反向动作，但是那些腘绳肌柔韧性特别好的人需要增大动作幅度才能有拉伸感。

(4) 杠铃始终紧贴身体，擦过小腿和大腿。

(四) 杠铃臀部冲刺

运动环节：

(1) 坐在地板上，双腿向前伸展，身体向后仰靠在约 36 厘米高的平凳上。

(2) 将装有软垫的杠铃在腿上滚动，杠铃置于耻骨正上方的髋关节处。

(3) 双脚距离比髋关节略宽，腰椎伸展，脚后跟发力下蹬，膝关节弯曲 90°。肩胛骨下缘与平凳齐平。

(4) 双手撑住杠铃杆，深吸一口气，核心肌群绷紧，髋关节伸展，将杠铃抬离地面，脚后跟发力后蹬。

(5) 髋关节完全打开，臀肌收紧锁定。

(6) 慢慢将杠铃放回地板上。呼气，然后再深吸一口气重复这组动作(图 7-43)。

运动小贴士：确保在动作最高点时小腿与地面基本垂直。如果双脚离身体距离过远，您可能会感觉腘绳肌比臀肌有更强的拉伸感；如果双脚距离太近，您会感觉到股四头肌得到了很好的锻炼。

图 7-43　杠铃臀部冲刺

(五) 后脚抬高杠铃分腿蹲

运动环节：

(1) 保持好自重分腿蹲练习的动作技巧是将后脚抬高放在固定的椅凳上。

(2) 腰背挺直，腰背核心区保持稳定，抬头挺胸目视前方。

(3) 颈后杠铃负重，支撑腿屈膝屈髋降低重心至膝关节触地，站立还原，换另一侧重复以上动作，反复练习(图 7-44)。

运动小贴士：支撑腿膝关节在脚的正上方与脚尖方向一致，避免膝关节内扣。

图 7-44 后脚抬高杠铃分腿蹲

三、哑铃类

(一) 哑铃深蹲

运动环节：

(1) 双手持哑铃放在胸前。

(2) 下蹲至大腿与地面平行，快速站立。

(3) 向上回到站立位，重复上述动作(图 7-45)。

运动小贴士：下蹲时要保持重心的稳定。

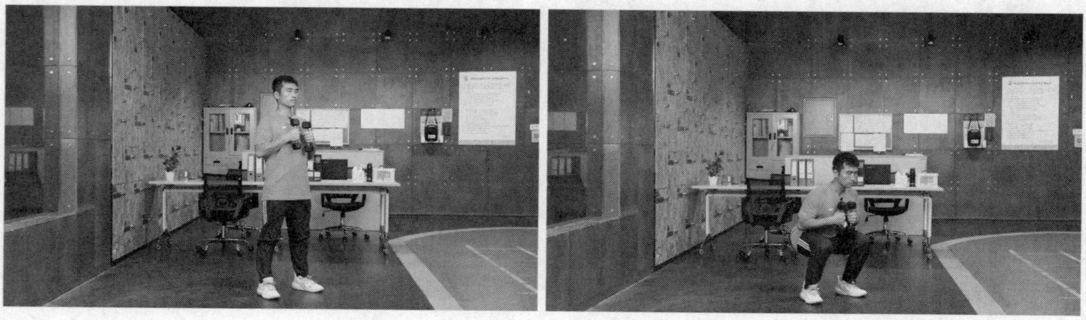

图 7-45 哑铃深蹲

(二) 哑铃分腿蹲

运动环节：

(1) 双手伸直在身侧分别抓握哑铃，迈步成弓步，将后脚置于椅子或跳箱上。

(2) 向后下蹲。

(3) 后腿膝关节不接触地面，前腿尽可能用力蹬地。

(4) 完成一定次数后换对侧腿重复上述动作(图 7-46)。

运动小贴士：将大部分重心放在前脚上。

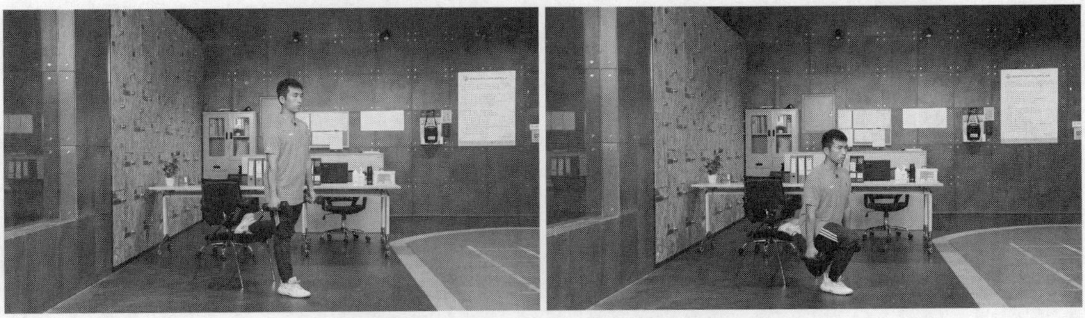

图 7-46　哑铃分腿蹲

(三) 哑铃罗马尼亚硬拉

运动环节：

(1) 站姿，双脚分开与肩同宽，双手正握抓握一对哑铃。

(2) 膝关节微屈，屈髋向前，向下放低哑铃。

(3) 感受到肌肉拉伸后恢复到起始位置，重复上述动作(图 7-47)。

运动小贴士：

(1) 哑铃贴近腿部。

(2) 肩胛骨向后缩。

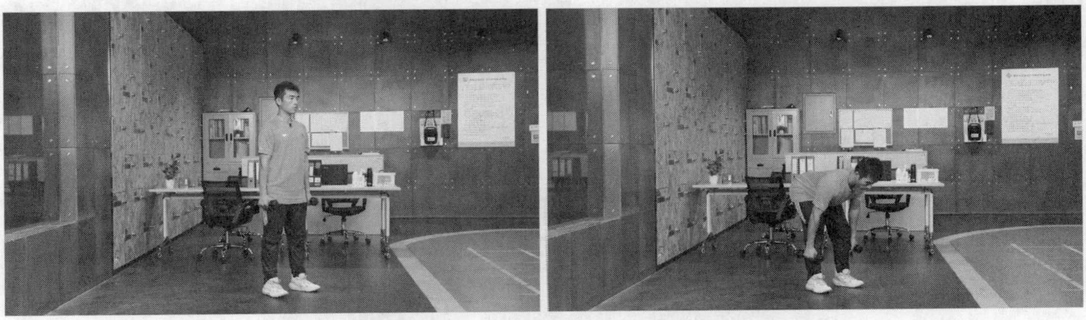

图 7-47　哑铃罗马尼亚硬拉

四、壶铃类

(一) 壶铃深蹲

运动环节：

(1) 双手持壶铃放在胸前。

(2) 下蹲至大腿与地面平行，快速站立。

(3) 向上回到站立位，重复上述动作(图 7-48)。

运动小贴士：下蹲时要保持重心稳定。

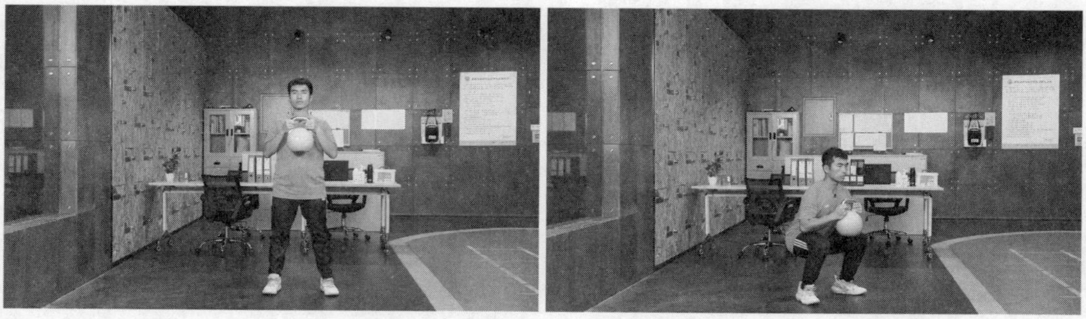

图 7-48　壶铃深蹲

(二) 壶铃弓步

运动环节：

(1) 双手持壶铃放于胸前，一侧脚向侧、前、后、斜前、斜后做弓步。

(2) 回到双腿站立位，重复上述动作(图 7-49)。

运动小贴士：注意重心的转移。

图 7-49　壶铃弓步

(三) 壶铃甩摆

运动环节：

(1) 壶铃放于两脚后跟之间，双手抓住壶铃，蹲起时顺势向前甩出。

(2) 双臂前摆至与地面平行。

(3) 双臂回落至臀部下方，重复上述动作(图 7-50)。

运动小贴士：身体协调发力。

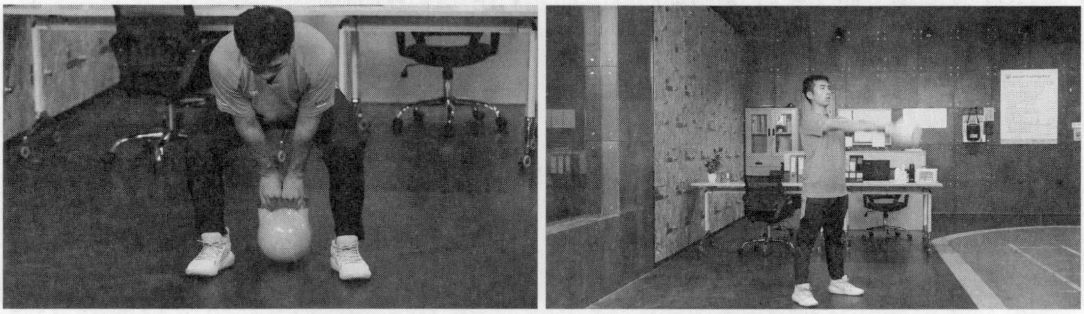

图 7-50　壶铃甩摆

五、弹力带类

（一）弹力带站姿提踵

运动环节：

（1）站立位，将弹力带稳固地踩于脚前掌下，双手紧握弹力带置于体侧。

（2）双脚向上踮脚尖到最大幅度。

（3）双脚向下回到初始位置，重复上述动作（图 7-51）。

运动小贴士：

（1）动作速度与呼吸形式：用力时动作快速、呼气，放松时动作放慢、吸气，动作与呼吸相协调。

（2）整个运动过程中身体自然站立，腰腹收紧，颈肩放松，头部保持在相对稳定的位置。

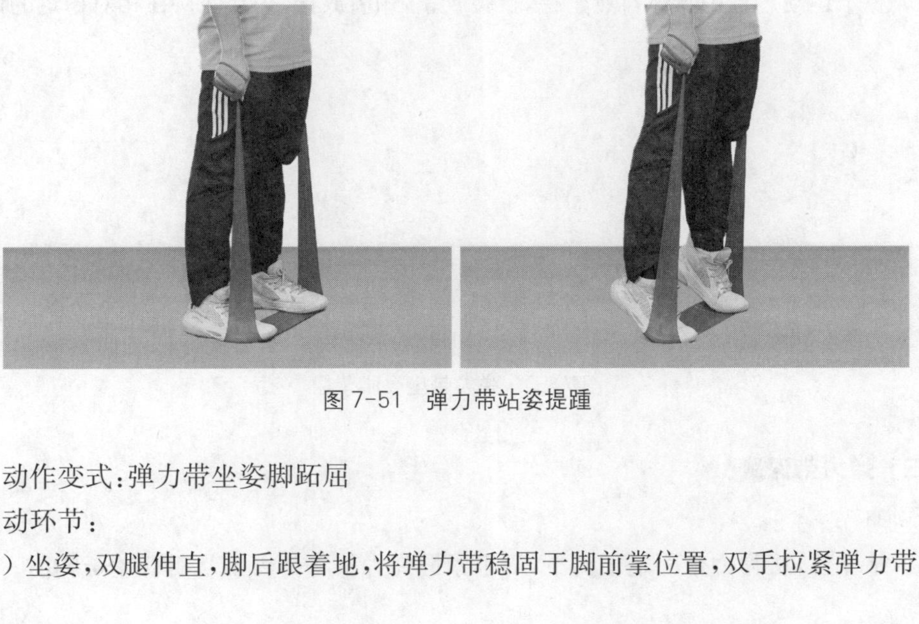

图 7-51　弹力带站姿提踵

· 动作变式：弹力带坐姿脚跖屈

运动环节：

（1）坐姿，双腿伸直，脚后跟着地，将弹力带稳固于脚前掌位置，双手拉紧弹力带。

(2) 双脚脚尖向下压，到最大幅度。

(3) 双脚脚尖向上抬，回到初始位置，重复上述动作(图 7-52)。

运动小贴士：

(1) 动作速度与呼吸形式：用力时动作快速、呼气，放松时动作放慢、吸气，动作与呼吸相协调。

(2) 整个运动过程中身体自然坐稳，腰腹收紧，颈肩放松，头部保持在相对稳定的位置。

图 7-52　弹力带坐姿脚跖屈

(二) 弹力带坐姿脚背屈

运动环节：

(1) 坐姿，双腿伸直，脚后跟着地，将弹力带一端固定，双脚脚尖套住另一端。

(2) 双脚脚尖向上勾，到最大幅度。

(3) 双脚脚尖向下，回到初始位置，重复上述动作(图 7-53)。

运动小贴士：

(1) 动作速度与呼吸形式：用力时动作快速、呼气，放松时动作放慢、吸气，动作与呼吸相协调。

(2) 整个运动过程中身体自然坐稳，腰腹收紧，颈肩放松，头部保持在相对稳定的位置。

图 7-53　弹力带坐姿脚背屈

(三) 弹力带深蹲

运动环节：

(1) 站立位，将弹力带固定于脚下，双手紧握弹力带将弹力带从后背置于胸前。

(2) 双腿屈髋屈膝向下,到大腿与地面平行。

(3) 双腿伸髋伸膝向上,回到初始位置,重复上述动作(图 7-54)。

运动小贴士:

(1) 动作速度与呼吸形式:用力时动作快速、呼气,放松时动作放慢、吸气,动作与呼吸相协调。

(2) 整个运动过程中膝关节尽量不要超过脚尖,腰腹收紧,颈肩放松,头部保持在相对稳定的位置。

图 7-54 弹力带深蹲

(四) 弹力带硬拉

运动环节:

(1) 俯身位,将弹力带稳固地踩在脚下,双手紧握弹力带置于体侧。

(2) 双腿向上伸直。

(3) 双腿向下回到初始位置,重复上述动作(图 7-55)。

运动小贴士:

(1) 动作速度与呼吸形式:用力时动作快速、呼气,放松时动作放慢、吸气,动作与呼吸相协调。

(2) 整个运动过程中膝关节尽量不要超过脚尖,腰腹收紧,颈肩放松,头部保持在相对稳定的位置。

图 7-55 弹力带硬拉

（五）弹力带侧卧髋外展

运动环节：

（1）站立位，将弹力带套在脚踝上方。

（2）一侧腿向外展到最大幅度。

（3）同侧腿向内收，回到初始位置（图 7-56）。

（4）换另一侧重复以上动作。

运动小贴士：

（1）动作速度与呼吸形式：用力时动作快速、呼气，放松时动作放慢、吸气，动作与呼吸相协调。

（2）整个运动过程中身体自然站立，腰腹收紧，颈肩放松，头部保持在相对稳定的位置。

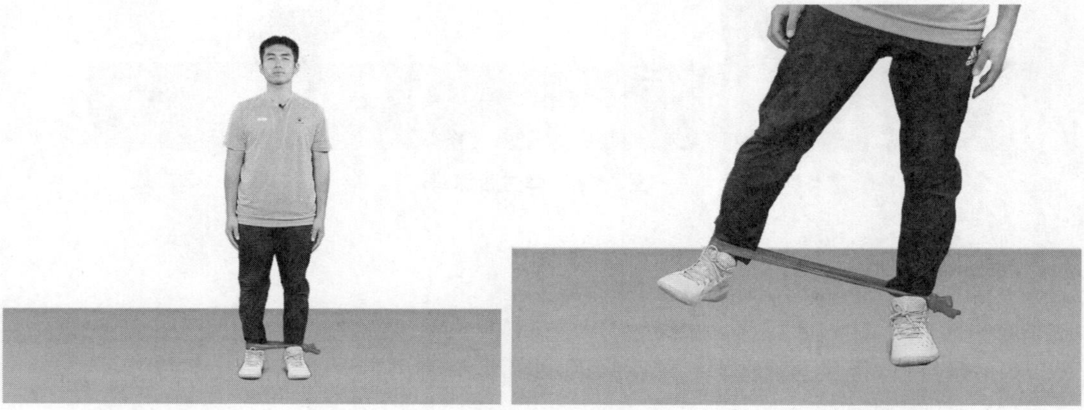

图 7-56　弹力带侧卧髋外展

第四节　躯干腰腹肌练习

一、自重类

（一）平板支撑

运动环节：

（1）身体成平板支撑姿势，前臂撑地，肘关节与肩关节形成一条直线。双脚分开，比肩稍窄。

（2）双手握拳，双脚并拢，臀肌收缩，大腿并拢，股四头肌收紧。坚持一段时间（图 7-57）。

运动小贴士：

（1）最开始的几次，您可能无法长时间坚持，很快整个身体就开始颤抖。这是正常的，但是随着时间的推移，您的耐力会逐步提升。

（2）膝关节略微弯曲，上背部拱起，使骨盆进一步向后倾斜。

(3) 运动过程中要确保臀部肌肉始终保持收缩。

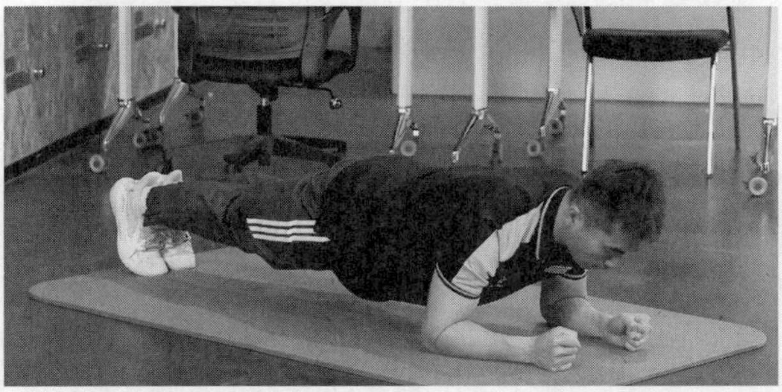

图 7-57 平板支撑

(二) 仰卧两头起

运动环节：

(1) 身体呈仰卧姿势手臂伸直放于头部两侧，然后，双臂双腿同时上举。腰椎保持平直，这样下背部就可以与地板接触。

(2) 慢慢地将双臂双腿恢复仰卧姿势，同时腰椎始终与地板接触。找到您可以在不接触地板的情况下保持双臂和双腿伸展的最低点。

(3) 坚持一段时间，回到原位，重复上述动作(图 7-58)。

运动小贴士：

(1) 在最开始的几次，您可能需要四肢朝天。随着时间的推移，当您的耐力增强时，您就可以降低双臂和双腿的高度。

(2) 运动过程中要时刻记得收腹。

图 7-58 仰卧两头起

(三) 自重背部伸展

运动环节：

(1) 髋关节紧紧抵住瑞士球，确保双脚蹬住墙面保持身体平衡稳定。

(2) 调整好瑞士球的位置，使其最高点恰好在髋部折痕的下方。

(3) 在髋关节处俯身折弯，脚趾朝外，双手放在耳后，两臂外展。这是您开始的姿势。

(4) 下颏内收，上背部弓起，然后上背部和髋关节向衬垫方向挤压内收。若您的动作幅度看上去并未达到要求，是因为您的后盆腔发生了倾斜。

(5) 臀部肌肉收紧锁定，然后反向动作(图 7-59)。

运动小贴士：身体向上抬升时不要拉伸脊椎，在整个运动过程中应配合呼吸，运动速度宜缓慢。这项运动实际上应该被称作髋关节伸展，而非背部伸展运动。

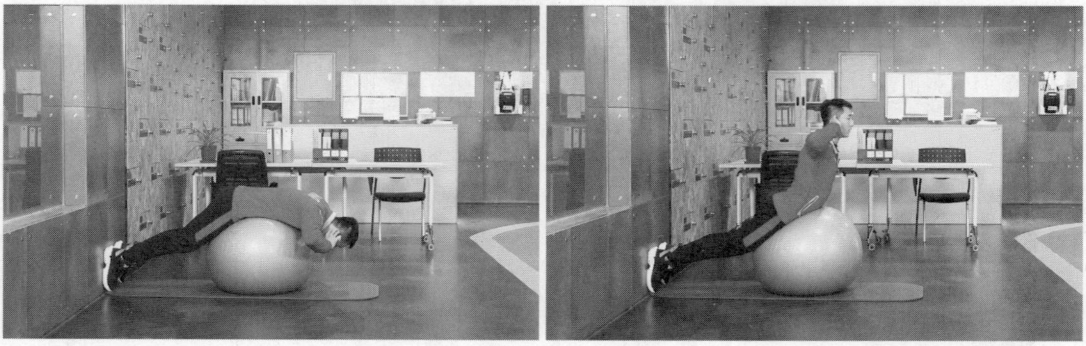

图 7-59　自重背部伸展

(四) 自重俯卧直腿上摆

运动环节：

(1) 躯干俯卧在瑞士球上。如果缺少这种设备，您也可以在斜凳或高一些的平卧拉凳上进行。双腿应自然向下。

(2) 双手稳定支撑，避免与地面间滑动，通过伸展髋关节举起双腿，保持两腿并拢，脊柱核心收紧并保持中立位(图 7-60)。

运动小贴士：避免举腿过高。

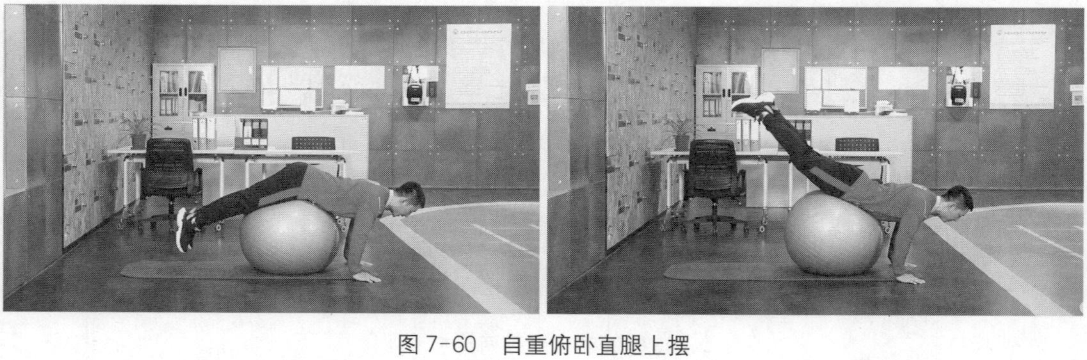

图 7-60　自重俯卧直腿上摆

(五) 侧卧卷腹

运动环节：

(1) 右腿伸直，左腿屈曲侧卧于垫上，双手屈肘扶耳。左侧腹部收紧，拉近左肘和大腿的距离，至最高点略作停顿。

(2) 侧卧卷腹时呼气，下落还原时吸气，完成后，换另一侧重复以上动作反复练习(图 7-61)。

运动小贴士：侧卧卷腹动作的训练部位就是腹壁的腹斜肌。

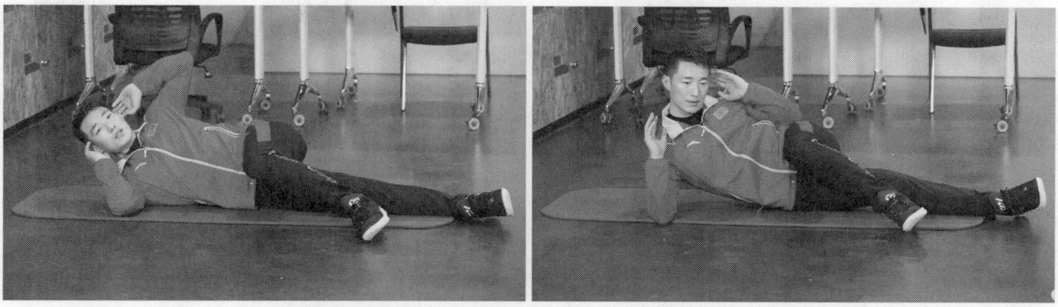

图 7-61　侧卧卷腹

二、杠铃类

（一）早安式体前屈

运动环节：

（1）走近架在深蹲架上的杠铃，大约在肩膀的高度。

（2）站在杠铃下方，将其从架子上取下，横放至上背部。

（3）后退两三小步，离开深蹲架，然后转身。

（4）双脚位置比肩稍宽。

（5）深吸一口气，然后臀部向后坐，并控制好力度。膝关节略微弯曲，挺胸抬头同时背部挺直。

（6）当腘绳肌有拉伸感时，反向动作，脚后跟发力下蹬；臀部肌肉收紧锁定，至站立位时呼气（图 7-62）。

运动小贴士：

（1）进行早安式体前屈训练时使用高杠位而非低杠位姿势。

（2）运动过程中，小腿与地面基本保持垂直，膝盖不能向前。

（3）确保用脚后跟而非脚趾发力下蹬。

图 7-62　早安式体前屈

（二）单腿仰卧臀冲

运动环节：

（1）仰卧靠于支撑凳上，双腿屈曲，身体向后仰靠在约 36 厘米高的平凳上。

（2）一只脚着地，膝关节弯曲 90°。另一条腿完全伸展或弯曲，悬停在地板上方。肩胛骨下缘与平凳齐平。

（3）深吸一口气，核心肌群绷紧，髋关节伸展并向上顶髋，着地脚，脚后跟用力下蹬。

（4）髋关节完全打开，臀部肌肉收紧锁定。

（5）髋关节慢慢朝地面下压。呼气，然后再深吸一口气重复这组动作。

（6）完成所有的重复练习后，双腿交换，换另一侧完成同等次数的动作（图 7-63）。

运动小贴士：单腿仰卧臀冲的动作要领：下颏内收，肋骨向下，双目直视前方；髋关节完全伸展；臀肌收紧锁定。

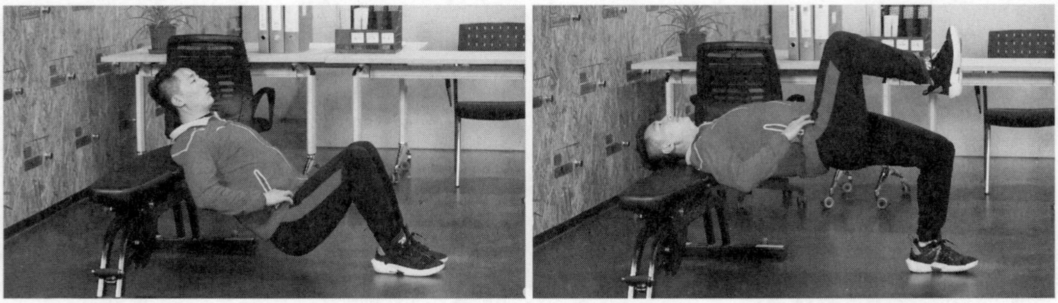

图 7-63　单腿仰卧臀冲

（三）杠铃俯身划船

运动环节：

（1）双手握住杠铃杆，握距与肩同宽，髋关节略微弯曲，脊椎保持中立位，膝关节微微弯曲。

（2）挺胸，小腿挺直，上半身躯干与地面呈 45°，将杠铃朝上腹部方向拉动。在这一过程中，将肘关节朝髋关节方向内收。

（3）杠铃在拉至最高点时可与上半身接触，此时能感觉到肩胛骨收拢。然后慢慢将杠铃还原到开始位置（图 7-64）。

运动小贴士：

（1）进行重复练习时，身体躯干保持挺直不要弯曲。

（2）运动过程中身体应尽量保持不动，只有手臂在运动。

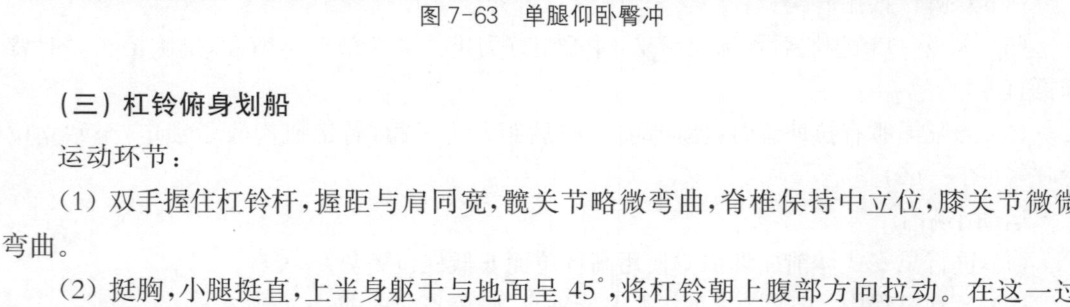

图 7-64　杠铃俯身划船

三、哑铃类

（一）哑铃卧拉

运动环节：

（1）双手持哑铃，双手、双脚四点位平板支撑。

（2）单臂向上拉到最大幅度。

（3）双臂交替（图 7-65）。

运动小贴士：双臂交替时注意身体的平衡。

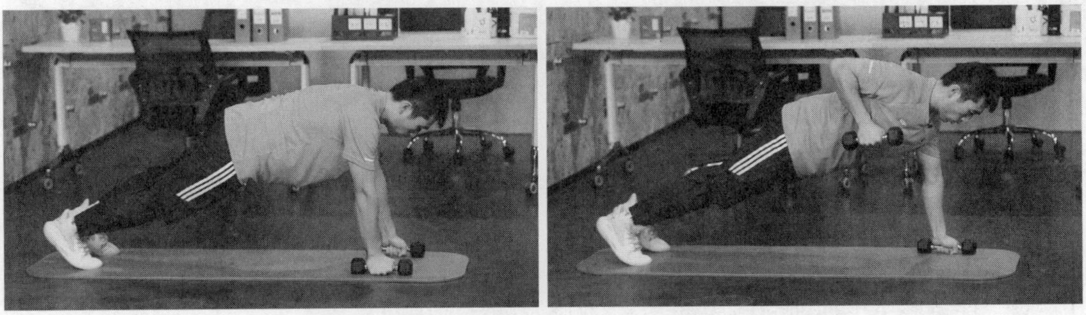

图 7-65　哑铃卧拉

（二）哑铃俯身划船

运动环节：

（1）俯身位，双手持哑铃放在身体两侧。

（2）双臂上拉至最大幅度。

（3）双臂缓慢回到身体两侧，重复上述动作（图 7-66）。

运动小贴士：保持身体的平衡。

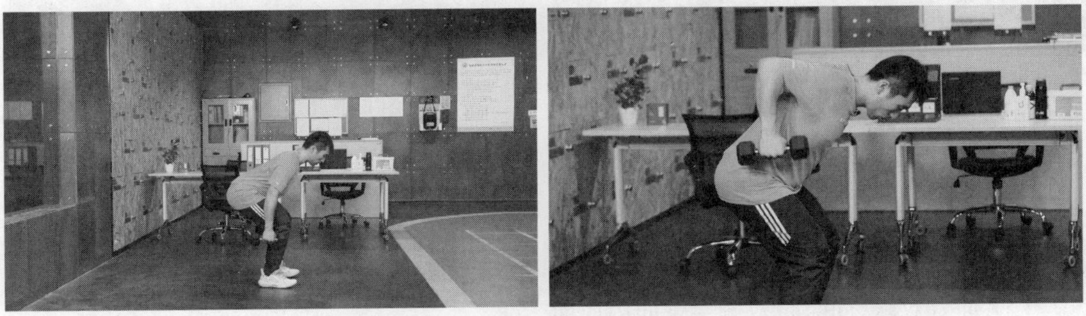

图 7-66　哑铃俯身划船

（三）哑铃仰卧推胸

运动环节：

（1）仰卧位，双手持哑铃于胸部外侧，大臂放在垫面上，大小臂约呈 90°。

(2) 双臂向上伸直。

(3) 双臂缓慢回落,大臂落在垫面上,重复上述动作(图 7-67)。

运动小贴士:手腕保持中立位。

图 7-67　哑铃仰卧推胸

(四) 哑铃负重团身

运动环节:

(1) 坐姿,双脚夹住哑铃,身体后倾,手臂支撑保持平衡。

(2) 保持膝关节屈曲 90°,腹部发力,双膝及胸部向中间靠拢。

(3) 双腿缓慢回落,重复上述动作(图 7-68)。

运动小贴士:保持动作平稳,足跟不接触地面。

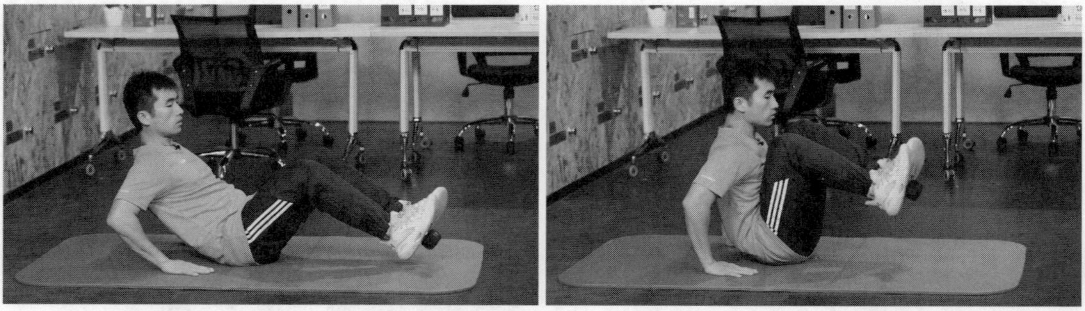

图 7-68　哑铃负重团身

(五) 死虫式(哑铃变式)

运动环节:

(1) 仰卧于地面,双手持哑铃,双臂在胸部上方伸直,髋关节与膝关节屈曲 90°。

(2) 伸直双腿,同时将双侧手臂向内屈曲。

(3) 在双腿完全伸展后屈膝抬腿,同时屈曲肘关节也向上伸直手臂,回到起始位置。

(4) 手臂和腿部重复上述动作(图 7-69)。

运动小贴士:保持动作连续流畅。

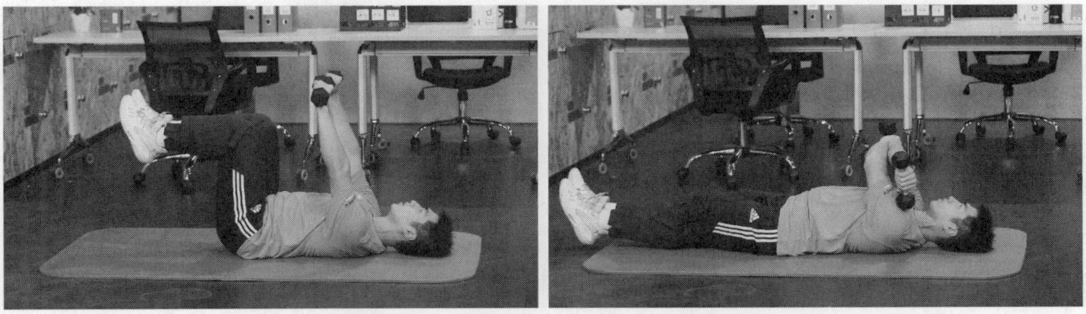

图 7-69　死虫式(哑铃变式)

四、壶铃类

(一) 壶铃划船

运动环节:

(1) 俯身位,双手持壶铃放在身体两侧,屈髋、屈膝,上半身前倾至俯身位。

(2) 双臂上拉至最大幅度。

(3) 双臂缓慢回到身体两侧,重复上述动作(图 7-70)。

运动小贴士:身体重心保持稳定。

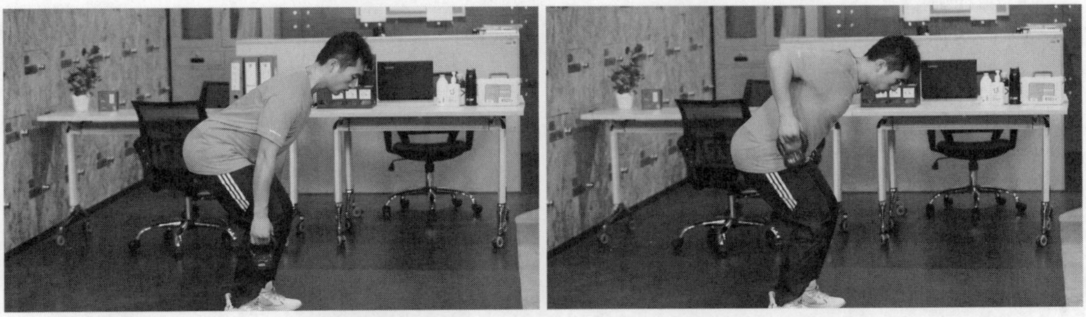

图 7-70　壶铃划船

(二) 壶铃两头起

运动环节:

(1) 仰卧,手臂与腿部自然伸展,双手抓握壶铃于头部上方。

(2) 双臂与双腿同时用力上举,向身体中间靠拢。

(3) 双臂与双腿缓慢下放,回到原位,重复上述动作(图 7-71)。

运动小贴士:

(1) 抓握壶铃时注意力要集中,注意安全。

(2) 四肢协调运动,保持动作的平稳。

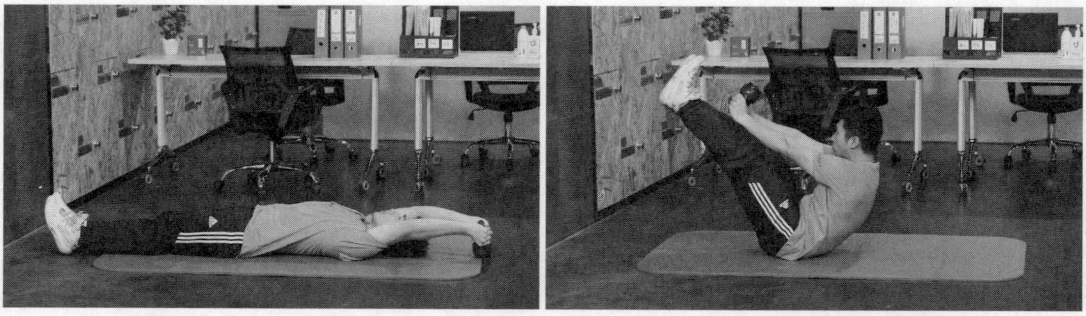

图 7-71　壶铃两头起

五、弹力带类

（一）弹力带俯卧撑

运动环节：

（1）将弹力带从腋窝处经后背形成“U”形，双手缠绕弹力带。双臂伸直撑地，脚尖点地，形成支撑。

（2）双臂屈肘，身体向下贴近地面。

（3）双臂伸直向上撑起身体，回到初始位置，重复上述动作（图 7-72）。

运动小贴士：

（1）动作速度与呼吸形式：用力时动作快速、呼气，放松时动作放慢、吸气，动作与呼吸相协调。

（2）整个运动过程中手脚支撑稳定，腰腹收紧，颈肩放松，头部保持相对稳定的位置。

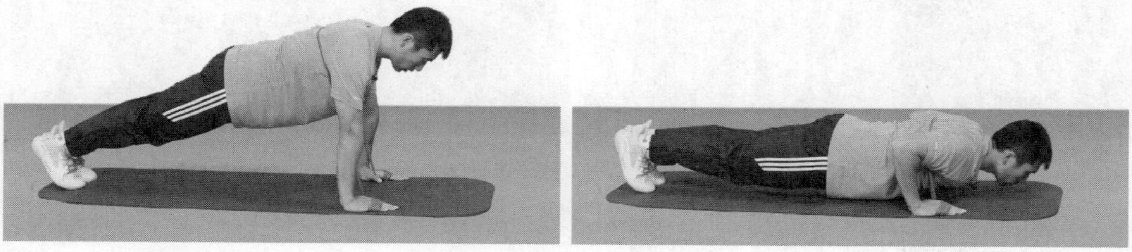

图 7-72　弹力带俯卧撑

· 动作变式：弹力带坐姿俯卧撑

运动环节：

（1）坐姿，将弹力带从腋窝处经后背形成“U”形，双手紧握弹力带，双臂屈肘置于腋窝前方。

（2）双臂向前到水平伸直。

（3）双臂向后水平屈肘，回到初始位置，重复上述动作（图 7-73）。

运动小贴士：

（1）动作速度与呼吸形式：用力时动作快速、呼气，放松时动作放慢、吸气，动作与呼吸相协调。

（2）整个运动过程中身体自然坐稳，腰腹收紧，颈肩放松，头部保持相对稳定的位置。

图 7-73　弹力带坐姿俯卧撑

（二）弹力带俯身划船

运动环节：

（1）俯身位，将弹力带稳固于脚下，双手紧握弹力带置于体侧。

（2）双臂向上屈肘，肘关节向后伸，到最大幅度。

（3）双臂向下伸肘，肘关节伸直，回到初始位置，重复上述动作（图 7-74）。

运动小贴士：

（1）动作速度与呼吸形式：用力时动作快速、呼气，放松时动作放慢、吸气，动作与呼吸相协调。

（2）整个运动过程中俯身站稳，腰腹收紧，颈肩放松，头部保持相对稳定的位置。

图 7-74　弹力带俯身划船

（三）弹力带仰卧起坐

运动环节：

（1）仰卧位，双腿屈曲，将弹力带中间固定，双手紧握弹力带。

（2）上半身向前收腹到最大幅度。

（3）上半身向后展腹，回到初始位置，重复上述动作（图 7-75）。

运动小贴士：

(1) 动作速度与呼吸形式：用力时动作快速、呼气，放松时动作放慢、吸气，动作与呼吸相协调。

(2) 整个运动过程中下半身放松，腰腹收紧，颈肩放松，头部保持相对稳定的位置。

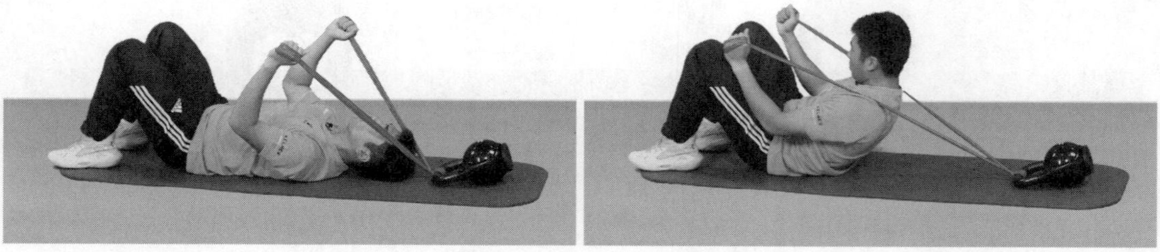

图 7-75　弹力带仰卧起坐

(四) 弹力带俯卧挺身

运动环节：

(1) 俯卧位，将弹力带中间固定，双手紧握弹力带。

(2) 上半身向上伸展到最大幅度。

(3) 上半身向下回到初始位置，重复上述动作(图 7-76)。

运动小贴士：

(1) 动作速度与呼吸形式：用力时动作快速、呼气，放松时动作放慢、吸气，动作与呼吸相协调。

(2) 整个运动过程中下半身放松，腰腹收紧，颈肩放松，头部保持相对稳定的位置。

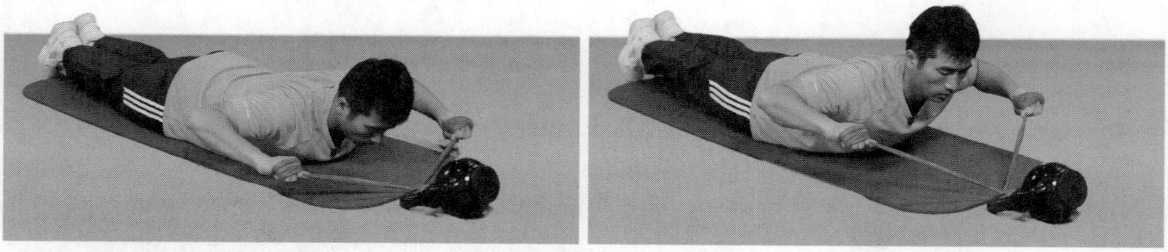

图 7-76　弹力带俯卧挺身

(五) 弹力带站姿侧屈

运动环节：

(1) 站立位，将弹力带固定于脚下，双手紧握弹力带置于体侧。

(2) 身体向一侧弯曲到最大幅度。

(3) 身体从弯曲侧回到初始位置。

(4) 换另一侧重复以上动作(图 7-77)。

运动小贴士：

(1) 动作速度与呼吸形式：用力时动作快速、呼气，放松时动作放慢、吸气，动作与呼吸相协调。

（2）整个运动过程中身体自然站立，腰腹收紧，颈肩放松，头部保持相对稳定的位置。

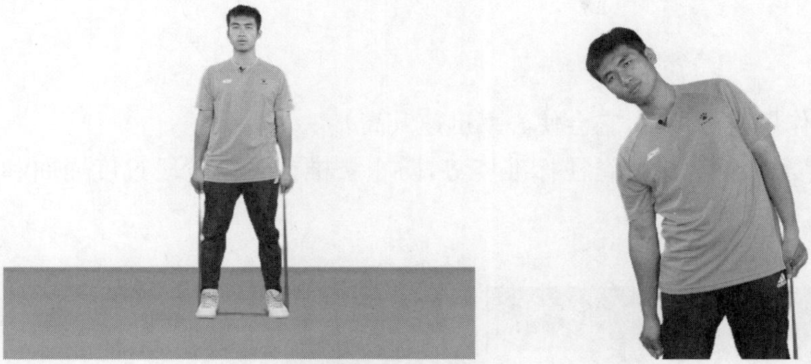

图 7-77　弹力带站姿侧屈

第五节　全身综合练习

一、自重类

（一）开合跳

运动环节：

（1）原地站立位，双臂自然下垂放于身体两侧。

（2）身体向上跳起，同时双腿外展分开，双臂上举过头顶。

（3）落地后，身体迅速跳回初始位置，双腿带回，双臂下落，重复上述动作（图 7-78）。

运动小贴士：

（1）可作为肩部和髋部的热身动作，可以有效地提高身体的代谢速率。

（2）开合跳动作并非跳得越高越好，而是有节奏地跳起并轻轻地缓冲落地。

图 7-78　开合跳

（二）波比跳

运动环节：

(1) 原地站立位。然后下蹲,双手手掌触地。

(2) 双足蹬地发力,下肢跳起,双腿迅速向后伸直,呈俯卧撑姿势。

(3) 双足再次蹬地发力,下肢跳起,迅速屈髋屈膝,回到下蹲姿势,然后站起,重复上述动作(图 7-79)。

运动小贴士:

(1) 波比跳动作属全身训练,它会使心率迅速升高。

(2) 注意正确姿势,努力保持脊柱标准姿势,防止腰椎在下蹲阶段过度屈曲和在俯卧撑阶段过度伸展。

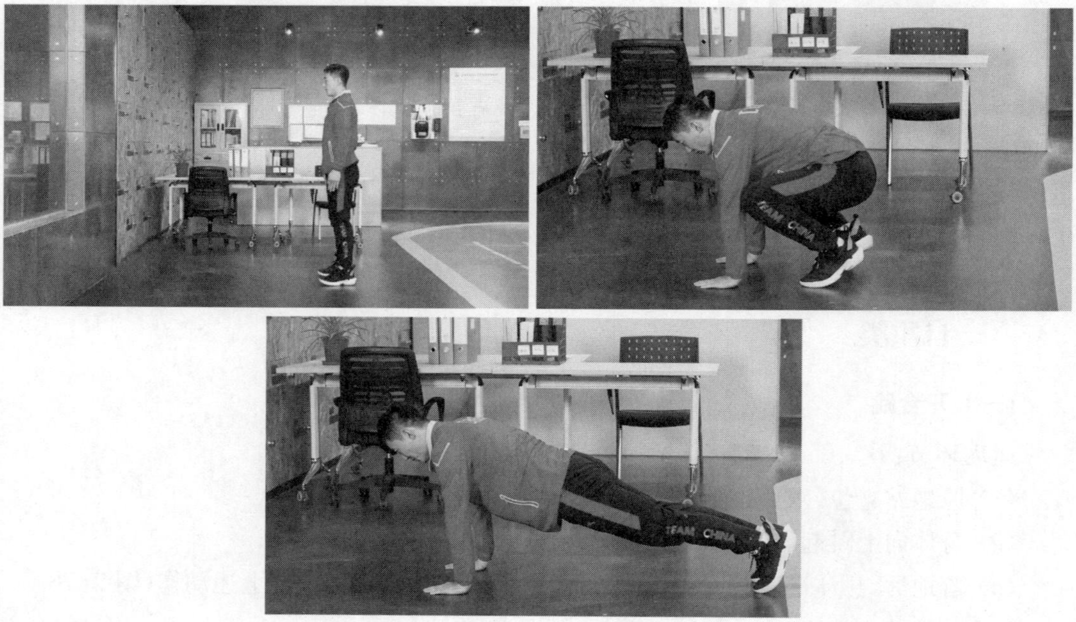

图 7-79 波比跳

(三) 仰卧起坐-跳跃

运动环节:

(1) 仰卧位,双手抱头,双膝屈曲,双脚着地。可以在臀部下方垫个小枕头。然后快速仰卧起,双臂可以左右转动帮助起身。

(2) 起身后,用力推动身体,将身体从坐位拉到深蹲位;然后拱背并向上跳跃,同时双臂伸直上举过头。

(3) 下落着地时要求动作轻盈缓慢,然后顺势下蹲,回到仰卧位。按照计划次数重复动作(图 7-80)。

运动小贴士:应避免腰椎过多活动,并确保髋部和上背部为主要活动区域;由于无法限制人体做该动作时出现屈髋和跖屈,如果练习者发现该动作引发下腰痛,可以考虑替换动作,而柔韧性好和身体素质良好的练习者是有能力完成这个动作的;在跳跃和落地缓冲阶段之前，需要保持胸部挺直。

图 7-80　仰卧起坐-跳跃

（四）俯卧支撑登山

运动环节：

（1）站立位，然后弯曲身体，双手手掌撑地。

（2）臀部下沉，抬一侧腿向后蹬地。

（3）前侧腿屈髋屈膝，后侧腿伸髋伸膝，双腿交替进行，像爬山一样（图 7-81）。

运动小贴士：始终要保持头颈部的自然中立位；尽可能快地活动髋关节，不要活动腰椎，应始终保持脚尖朝前。

图 7-81　俯卧支撑登山

（五）鳄鱼爬行

运动环节：

（1）俯卧位，双手与双脚撑地，撑起身体，同时面朝地面，头部和颈椎保持自然中立位。

（2）上肢呈俯卧撑姿势，下沉身体。然后选用对角线爬行模式交替前进，即用左膝顶左肘、右膝顶右肘向前爬行。躯干和臀部配合关节动作适当转动，增大活动范围。整个动作就像鳄鱼爬行一样。

（3）要求屈曲的膝关节能够碰触同侧手臂。按照计划爬行一段距离后，向后倒退爬行回到起始地点，重复上述动作（图 7-82）。

运动小贴士：在爬行过程中，需要通过脊柱和臀部的扭转来增加髋屈曲范围。该动作训练上肢耐力、核心稳定性和下肢灵活性。

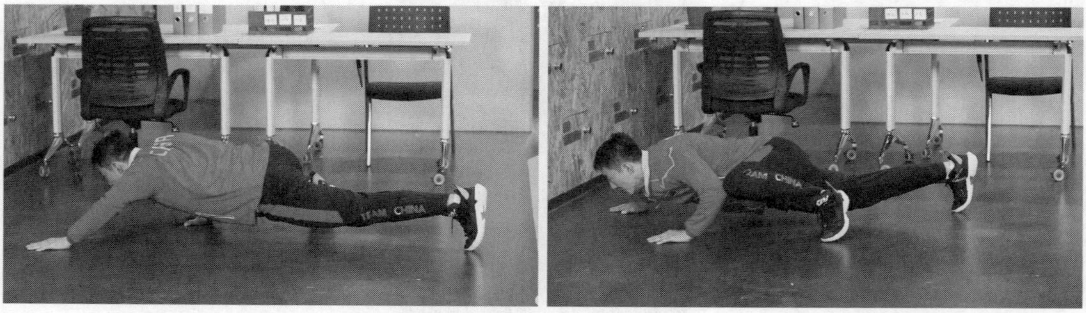

图 7-82　鳄鱼爬行

二、杠铃类

杠铃类全身综合练习要注意以下几点：

（1）运动前必须充分做好热身准备活动。

（2）杠铃负重以 8～25 千克为宜，避免负荷过大导致连续运动疲劳后引起损伤。

（3）全身综合练习是多肌群参与的杠铃抗阻练习，主要目的是发展肌耐力以便于提高燃脂效率。

（4）练习过程应量力而行，选择适宜自身的练习动作与负荷。

（一）站立杠铃提拉

运动环节：

（1）双手握杠铃垂于胸前，双手距离应与肩同宽，双脚与肩同宽站立。

（2）双腿微屈膝，然后双脚蹬地耸肩提拉杠铃至胸前，大臂外展至肘与肩平。

（3）手臂提拉、下放杠铃，下肢屈曲缓冲，重复练习（图 7-83）。

运动小贴士：

（1）动作过程中应保持腰背挺直，肩胛骨向后夹紧。

（2）杠铃不宜过重，提拉时手不能高于肘关节与肩关节。

图 7-83　站立杠铃提拉

(二) 杠铃颈后负重交替蹬阶

运动环节：

(1) 双脚与肩同宽站立于高 25～30 厘米的踏板前，双手握杠铃负重于颈后。

(2) 左脚先蹬上踏板然后右脚跟上去，右脚支撑踏板左脚先下踏板然后右脚再下踏板，重复上下踏板的练习动作(图 7-84)。

运动小贴士：

(1) 动作过程注意上下踏板要稳定，要保证安全。

(2) 动作节奏应循序渐进，保证呼吸跟上动作节奏。

图 7-84　杠铃颈后负重交替蹬阶

(三) 杠铃俯身划船

运动环节：

(1) 双手反握杠铃，与肩同宽将杠铃握于体前，双脚与肩同宽站立。

(2) 微屈膝同时大幅度屈髋至躯干与地面略平行(深俯身位),然后双臂屈曲向后做体前屈动作,腰背平直约平行于地面,自然还原,重复练习(图 7-85)。

运动小贴士:动作过程中应避免弯腰驼背。

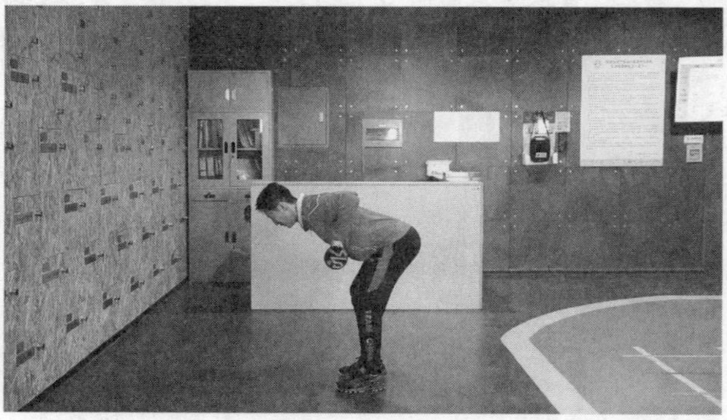

图 7-85　杠铃俯身划船

(四) 杠铃颈前深蹲推举

运动环节:

(1) 双脚与肩同宽站立,杠铃负重于颈前。

(2) 屈膝屈髋下蹲至深蹲位,下肢蹬地起身,顺势向上推举杠铃至头顶正上方。

(3) 曲臂下放杠铃同时下肢屈曲缓冲下蹲,重复练习(图 7-86)。

运动小贴士:

(1) 做此动作之前一定要打下扎实的深蹲与肩上推举动作的模式和力量基础。

(2) 上肢推举借下肢蹬地力量推举要连贯。

图 7-86　杠铃颈前深蹲推举

(五) 杠铃颈后负重左右弓箭步

运动环节：

(1) 双脚与肩同宽站立，双手握杠铃杆负重于颈后，准备姿势。

(2) 左腿向左横跨一步呈左弓箭步，然后左腿蹬地还原站立，再做右腿向右横跨一步呈有弓箭步姿势，右腿蹬地还原站立，重复练习(图 7-87)。

运动小贴士：

(1) 动作幅度应循序渐进，避免横跨步过大或过小。

(2) 动作过程腰背要挺直、核心要稳定，避免弯腰驼背和膝关节内扣。

图 7-87　杠铃颈后负重左右弓箭步

三、哑铃类

哑铃高抓

运动环节：

(1) 单手持哑铃放在身体前方，屈髋、屈膝。

(2) 快速向上抓举。

(3) 缓慢回到身体前方，换另一侧重复以上动作(图 7-88)。

运动小贴士：手腕要保持中立位。

图 7-88　哑铃高抓

四、壶铃类

(一) 壶铃高抓

运动环节：

(1) 单手持壶铃放在身体前方，屈髋、屈膝。

(2) 快速向上抓举。

(3) 缓慢回到身体前方，换另一侧重复以上动作(图 7-89)。

运动小贴士：手腕保持中立位。

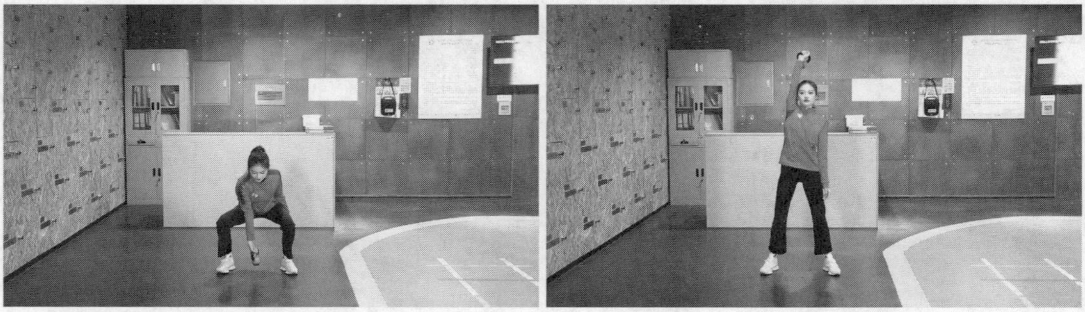

图 7-89 壶铃高抓

(二) 壶铃甩鼎

运动环节：

(1) 壶铃放于两脚后跟之间，双手抓住壶铃，蹲起时顺势向前甩出。

(2) 前摆至双臂与地面垂直。

(3) 双臂回落至臀部下方，重复上述动作(图 7-90)。

运动小贴士：

(1) 身体协调发力。

(2) 手腕保持中立位。

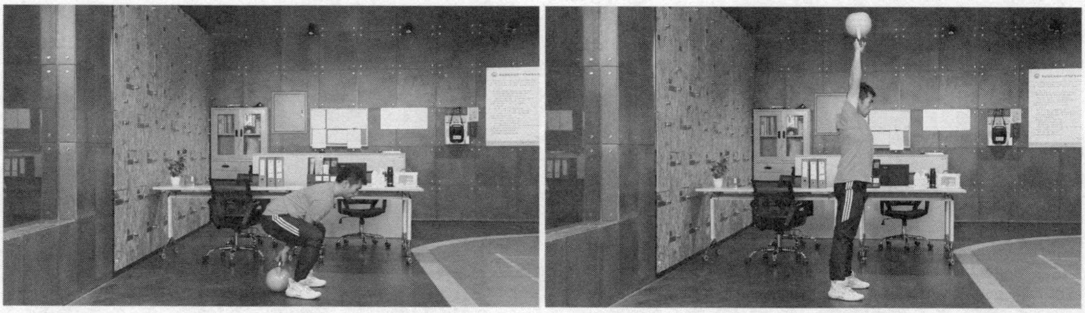

图 7-90　壶铃甩鼎

(三) 壶铃甩鼎转体

运动环节：

(1) 壶铃放于两脚后跟之间，双手抓住壶铃，蹲起时顺势向前甩出。

(2) 前摆至双臂与地面垂直，随后转体 90°。

(3) 双臂回落至臀部下方，顺时针重复上述动作(图 7-91)。

运动小贴士：身体协调发力。

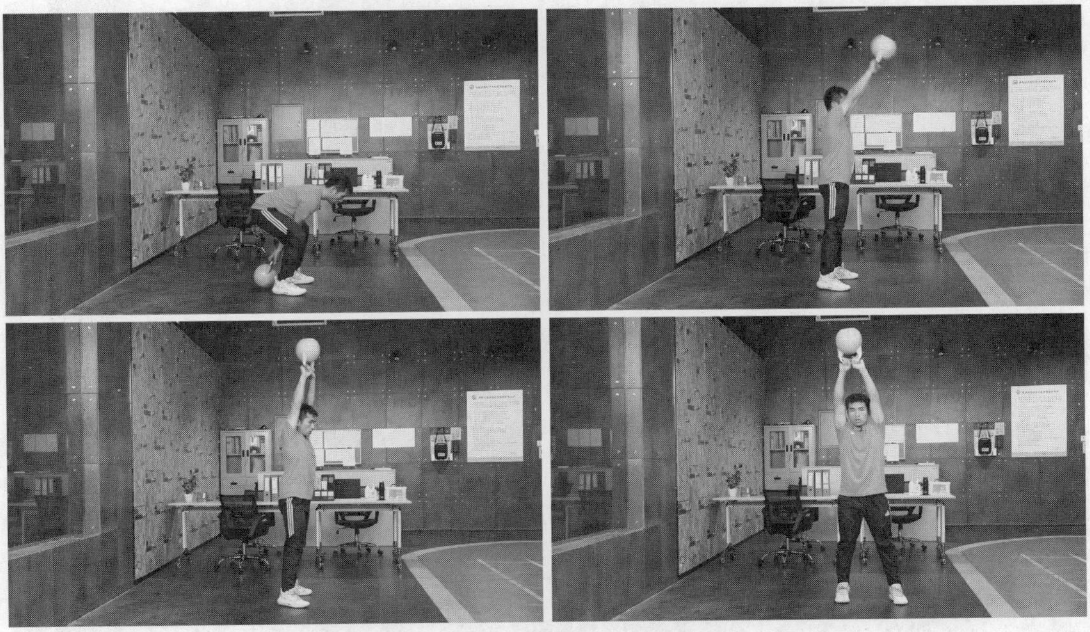

图 7-91　壶铃甩鼎转体

五、弹力带类

(一) 弹力带跪姿下劈

运动环节：

(1) 单膝跪姿，将弹力带一端固定在高处，双手紧握弹力带另一端置于身前。

（2）上半身快速向跪着的膝关节方向做下劈动作。

（3）上半身缓慢回到初始位置。

（4）换另一侧重复以上动作(图 7-92)。

运动小贴士：

（1）动作速度与呼吸形式：用力时动作快速、呼气，放松时动作放慢、吸气，动作与呼吸相协调。

（2）整个运动过程中下半身保持稳定，手腕固定，腰腹收紧，颈肩放松，头部保持在相对稳定的位置。

图 7-92　弹力带跪姿下劈

（二）弹力带跪姿上砍

运动环节：

（1）单膝跪姿，将弹力带一端固定在低处，双手紧握弹力带另一端置于身前。

（2）紧握弹力带，上半身快速向未跪着的膝关节上方做上砍动作。

（3）上半身缓慢回到初始位置。

（4）换另一侧重复以上动作(图 7-93)。

运动小贴士：

（1）动作速度与呼吸形式：用力时动作快速、呼气，放松时动作放慢、吸气，动作与呼吸相协调。

（2）整个运动过程中下半身保持稳定，手腕固定，腰腹收紧，颈肩放松，头部保持相对稳定的位置。

图 7-93　弹力带跪姿上砍

(三) 弹力带弓箭步

运动环节：

(1) 站立位，将弹力带一端固定，另一端固定于腰后。

(2) 一侧腿向前迈成弓箭步。

(3) 同侧腿向后回到初始位置。

(4) 换另一侧重复以上动作(图 7-94)。

运动小贴士：

(1) 动作速度与呼吸形式：用力时动作快速、呼气，放松时动作放慢、吸气，动作与呼吸相协调。

(2) 整个运动过程中腰腹收紧，颈肩放松，头部保持在相对稳定的位置。

图 7-94 弹力带弓箭步

• 动作变式：弹力带反向弓箭步

运动环节：

(1) 站立位，将弹力带一端固定，另一端置于腰前。

(2) 一侧腿向前迈成弓箭步。

(3) 同侧腿向后回到初始位置。

(4) 换另一侧重复以上动作(图 7-95)。

运动小贴士：

(1) 动作速度与呼吸形式：用力时动作快速、呼气，放松时动作放慢、吸气，动作与呼吸相协调。

(2) 整个运动过程中腰腹收紧，颈肩放松，头部保持在相对稳定的位置。

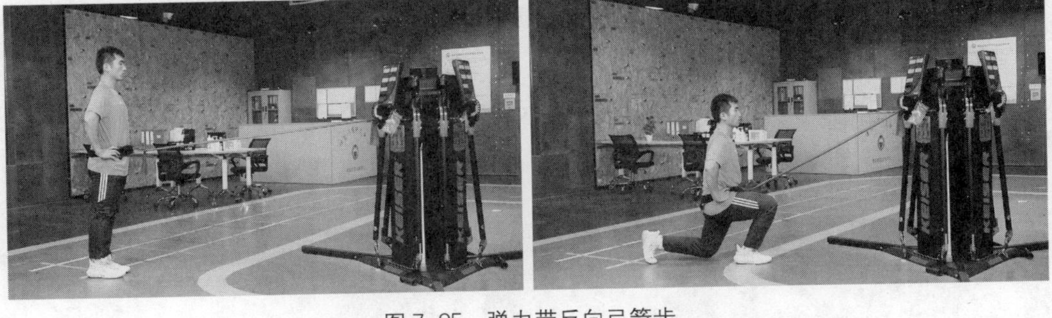

图 7-95 弹力带反向弓箭步

（四）弹力带蹲跳

运动环节：

（1）站立位，将弹力带一端固定，另一端固定在腰后。

（2）双臂双腿快速向下预摆，随后双臂快速上摆，双腿快速伸直向上跳起。

（3）双腿屈膝落地缓冲，回到初始位置，重复上述动作（图7-96）。

运动小贴士：

（1）动作速度与呼吸形式：用力时动作快速、呼气，放松时动作放慢、吸气，动作与呼吸相协调。

（2）整个运动过程中腰腹收紧，颈肩放松，头部保持在相对稳定的位置。

图7-96　弹力带蹲跳

· 动作变式：弹力带反向蹲跳

运动环节：

（1）站立位，将弹力带一端固定，另一端固定在腰前。

（2）双臂双腿快速向下预摆，随后双臂快速上摆，双腿快速伸直向上跳起。

（3）双腿屈膝落地缓冲，回到初始位置，重复上述动作（图7-97）。

运动小贴士：

（1）动作速度与呼吸形式：用力时动作快速、呼气，放松时动作放慢、吸气，动作与呼吸相协调。

（2）整个运动过程中腰腹收紧，颈肩放松，头部保持在相对稳定的位置。

图 7-97 弹力带反向蹲跳

(五) 弹力带侧拉

运动环节：

(1) 站立位，将弹力带一端固定，双手紧握另一端置于身前。

(2) 紧握弹力带，双臂带动上半身向一侧快速转动。

(3) 双臂带动上半身缓慢回到初始位置。

(4) 换另一侧重复以上动作(图 7-98)。

运动小贴士：

(1) 动作速度与呼吸形式：用力时动作快速、呼气，放松时动作放慢、吸气，动作与呼吸相协调。

(2) 整个运动过程中自然站立，腰腹收紧，手腕固定，颈肩放松，头部保持在相对稳定的位置。

图 7-98 弹力带侧拉

（六）弹力带下拉

运动环节：

(1) 站立位，将弹力带中间固定，双手紧握弹力带两端并置于头顶上方。

(2) 屈膝屈髋，双臂将弹力带快速向下拉。

(3) 伸膝伸髋，双臂缓慢回到初始位置，重复上述动作（图 7-99）。

运动小贴士：

(1) 动作速度与呼吸形式：用力时动作快速、呼气，放松时动作放慢、吸气，动作与呼吸相协调。

(2) 整个运动过程中腰腹收紧，手腕固定，颈肩放松，头部保持在相对稳定的位置。

图 7-99　弹力带下拉

第八章

平衡能力与柔韧性训练

第一节　平衡能力训练

平衡能力是人体在静止或运动过程中，协调身体维持自身稳定的能力，主要分为静态平衡能力和动态平衡能力两种。静态平衡控制身体的振荡幅度，动态平衡利用身体的内外部信息分析影响干扰稳定性的因素，维持姿势控制。平衡能力主要受到本体感觉、柔韧性及肌肉力量等方面的影响。长期进行平衡训练可以提高肢体及相关肌群的稳定性与协调性，促进运动表现的发展，预防运动损伤。

一、静态平衡能力训练方法

(一) 闭眼单足站立

运动环节：

(1) 站立位，双手叉腰。

(2) 闭眼，抬起右腿，绷脚面，并将其置于支撑腿膝盖内侧。

(3) 在右腿掉落、手离开腰部、抬起腿与膝盖内侧失去接触、支撑脚往任何方向发生旋转或小跳后交换腿练习，重复上述动作(图 8-1)。

运动小贴士：保持身体平衡。

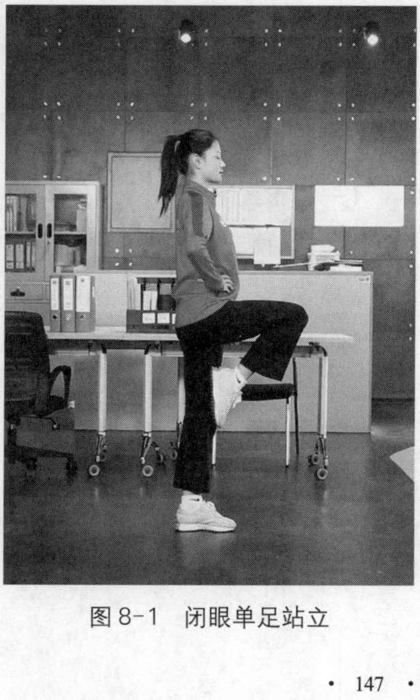

图 8-1　闭眼单足站立

(二) 鹤立单足站立

运动环节：

(1) 站立位，双手叉腰。

(2) 抬起右腿，绷脚面，并将其置于支撑腿膝盖内侧，左腿脚后跟抬离地面用前脚掌支撑。

(3) 在右腿掉落、手离开腰部、抬起腿与膝盖内侧失去接触、支撑脚往任何方向发生旋转或小跳后交换腿练习，重复上述动作（图 8-2）。

运动小贴士：目视前方。

（三）结合平衡盘/软垫进行单足站立

运动环节：

（1）站立位，双手叉腰。

（2）抬起右腿并将其置于支撑腿膝盖内侧，左腿支撑于平衡盘或软垫上。

（3）在右腿掉落、手离开腰部、抬起腿与膝盖内侧失去接触、支撑脚往任何方向发生旋转或小跳后交换腿练习，重复上述动作（图 8-3）。

运动小贴士：目视前方。

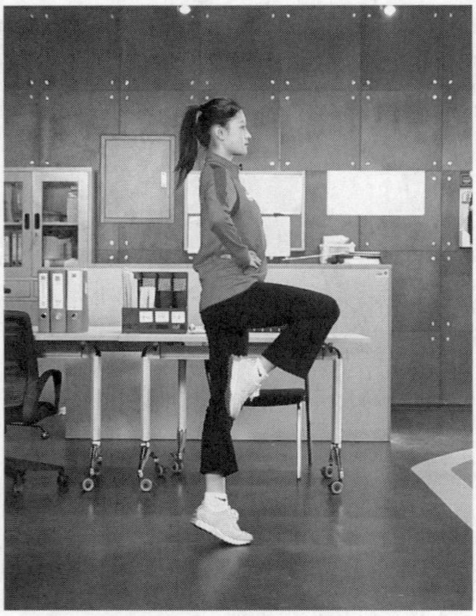

图 8-2　鹤立单足站立

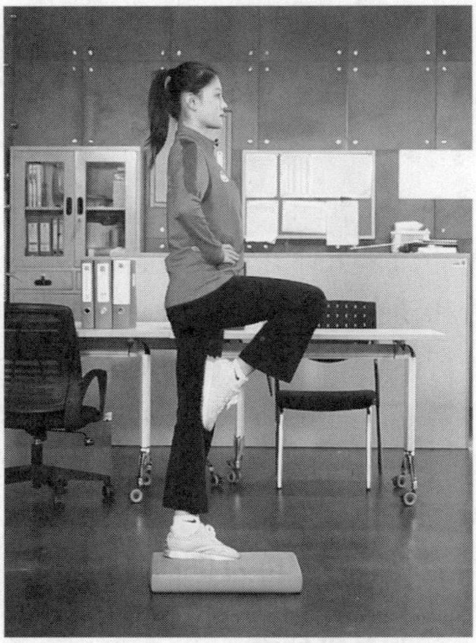

图 8-3　结合平衡盘/软垫进行单足站立

二、动态平衡能力训练方法

（一）燕式平衡

运动环节：

（1）站立位，身体缓慢前倾，右腿向前迈一步保持平衡。

（2）上半身前倾的同时抬左腿向后伸直，右腿保持伸直状态。

（3）当感受到大腿部的拉伸后缓慢回到起始位置。

（4）换腿重复上述动作（图 8-4）。

运动小贴士：

（1）动作流畅。

（2）保持背部平直。

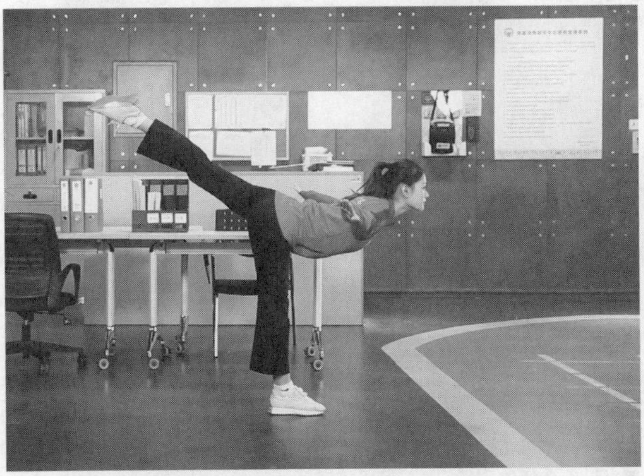

图 8-4 燕式平衡

(二) 单足站立触碰标志物

运动环节：

(1) 站立位，双手叉腰。

(2) 抬起右腿，保持身体平衡用脚尖去触碰各个方向的标志物。

(3) 收回右腿恢复起始姿势，交换支撑腿重复上述动作(图 8-5)。

运动小贴士：

(1) 目视前方。

(2) 保持身体平衡。

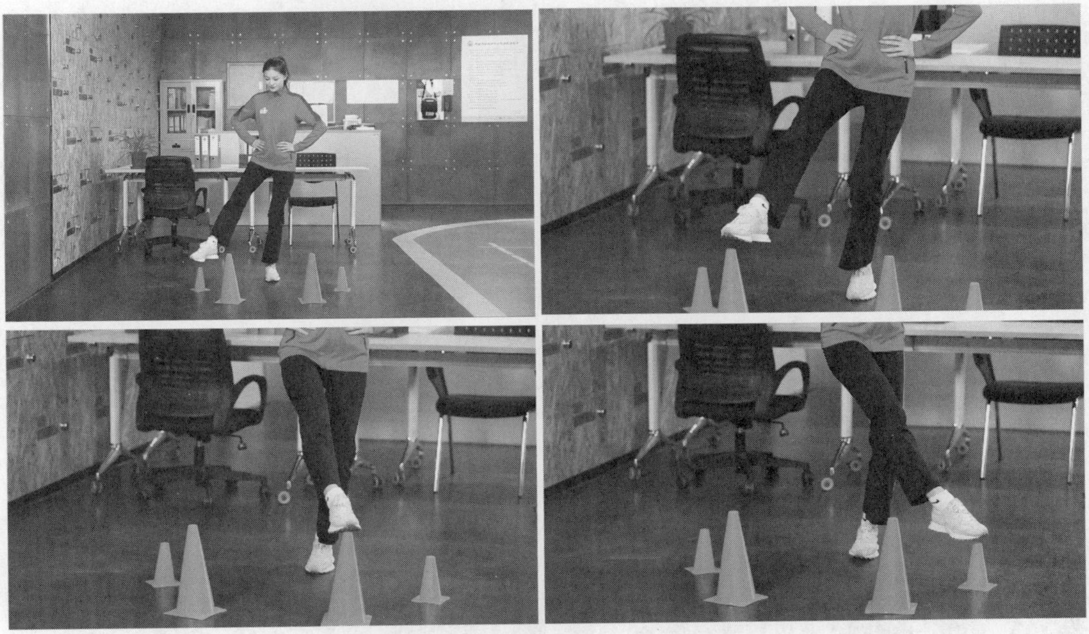

图 8-5 单足站立触碰标志物

（三）单足站立接抛球

运动环节：
(1) 站立位，抬起左腿。
(2) 保持身体平衡并接住对面抛来的球。
(3) 保持身体平衡并将球抛回。
(4) 重复数次后，交换支撑腿进行练习(图 8-6)。
运动小贴士：
(1) 动作连贯。
(2) 完成一次接抛球后平衡好重心再进行下一个动作。

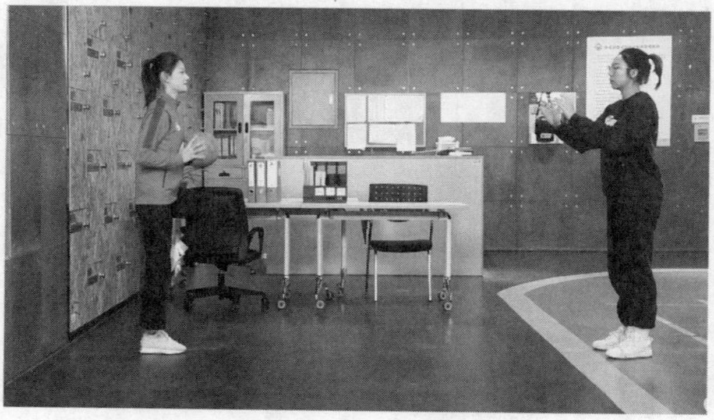

图 8-6　单足站立接抛球

（四）双足波速球抛接球

运动环节：
(1) 站立位，膝关节微屈，双腿站在波速球上。
(2) 保持身体平衡并接住对面抛来的球。
(3) 保持身体平衡并将球抛回，重复上述动作(图 8-7)。
运动小贴士：
(1) 动作连贯。
(2) 完成一次接抛球后平衡好重心再进行下一个动作。

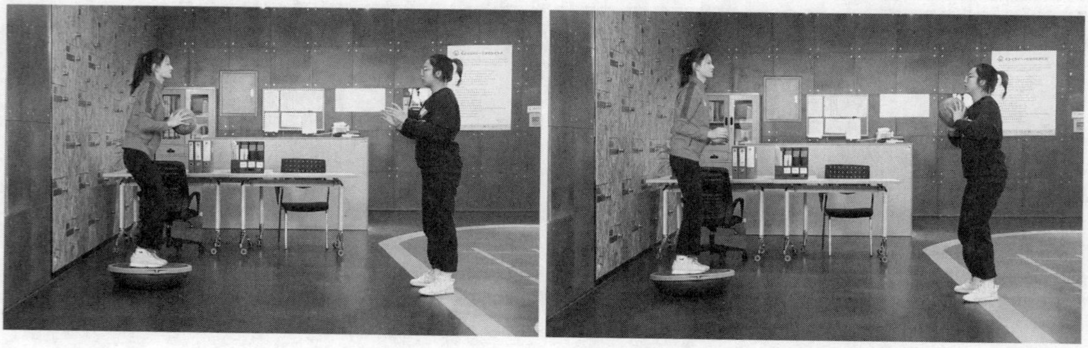

图 8-7　双足波速球抛接球

第二节　柔韧性训练

柔韧性指的是人体关节的活动幅度和关节韧带、肌腱、肌肉、皮肤、其他组织的弹性及伸展能力。柔韧性主要受到关节周围韧带、肌腱、肌肉等伸展性的影响。长期进行拉伸运动可以提高身体的灵活性、增强肌群的协调工作，降低受伤风险，运动后的拉伸练习还能有助于代谢物质的消除，缓解肌肉酸痛。

一、静态拉伸方法

（一）颈部

1. 左右平视

运动环节：

(1) 站立位或坐姿，头颈保持正直。

(2) 躯干保持不动，转头向右看，保持 3 秒。

(3) 将头缓慢转回，换方向平视，重复上述动作（图 8-8）。

运动小贴士：

(1) 动作缓慢。

(2) 躯干保持正直。

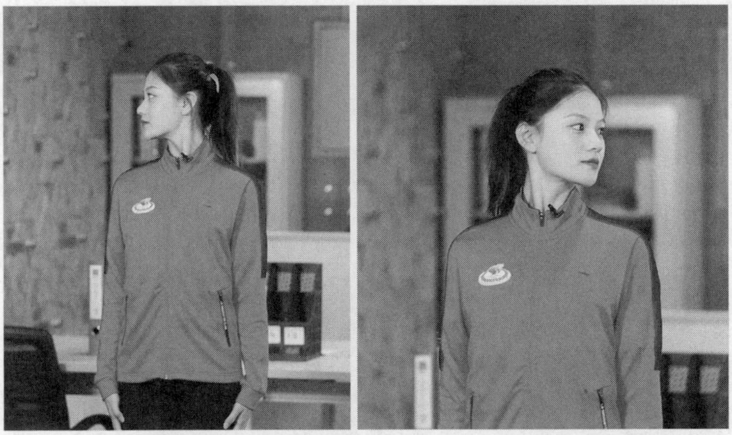

图 8-8　左右平视

2. 颈部屈伸

运动环节：

(1) 站立位或坐姿，头颈保持正直。

(2) 躯干保持不动，低头屈颈。

(3) 将头缓慢抬起，伸颈向后仰，重复上述动作（图 8-9）。

运动小贴士：

(1) 动作缓慢。
(2) 躯干保持正直。
(3) 均匀缓慢呼吸。

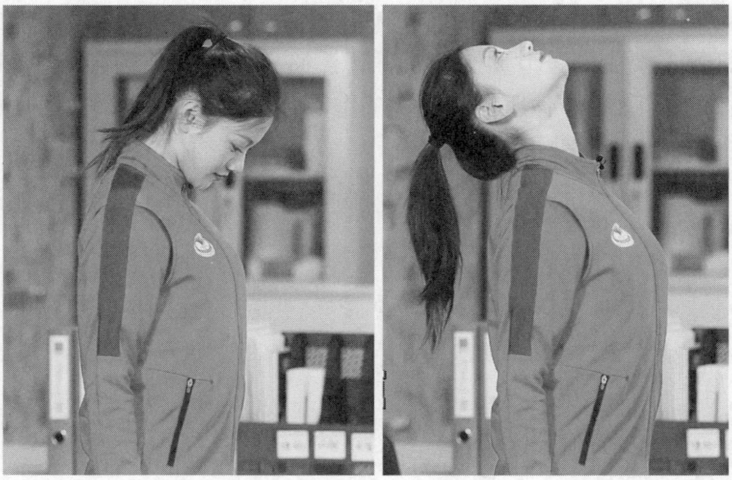

图 8-9　颈部屈伸

3. 颈部左右侧屈

运动环节:
(1) 站立位或坐姿,头颈保持正直。
(2) 躯干保持不动,将左手置于头部右侧方,缓慢轻微用力,使其向对侧伸展。
(3) 放松将头缓慢回正,换手换方向进行伸展,重复上述动作(图 8-10)。

运动小贴士:
(1) 动作缓慢。
(2) 躯干保持正直。
(3) 均匀缓慢呼吸。

图 8-10　颈部左右侧屈

(二) 肩和胸部

1. 背后拉伸

运动环节：

(1) 站立位,双掌相对,双臂置于背后,双手十指相交,完全伸展肘关节。

(2) 缓慢向上抬臂,保持肘关节伸直。

(3) 手臂缓慢下落至起始位置,重复上述动作(图 8-11)。

图 8-11　背后拉伸

运动小贴士：

(1) 动作缓慢。

(2) 保持头部正直,颈部放松。

(3) 均匀缓慢呼吸。

2. 颈后拉伸

运动环节：

(1) 站立位,左臂屈肘探右肩胛。

(2) 右手抓左肘并推动其增加肩外展的程度。

(3) 放松,换手进行拉伸,重复上述动作(图 8-12)。

运动小贴士：

(1) 动作缓慢。

(2) 均匀缓慢呼吸。

图 8-12　颈后拉伸

图 8-13　胸前横臂拉伸

3. 胸前横臂拉伸

运动环节：

(1) 站立位,右臂横于胸前。

(2) 左臂小臂固定于右臂肘关节并向外拉伸。

（3）放松，换手进行拉伸，重复上述动作（图 8-13）。

运动小贴士：

（1）动作缓慢。

（2）均匀缓慢呼吸。

4. 肘部抵墙拉伸

运动环节：

（1）站立位，双脚与肩同宽，屈肘并将其置于稍高于肩膀高度且上臂紧贴墙壁。

（2）重心前移，拉伸胸部肌肉。

（3）放松，换手进行拉伸，重复上述动作（图 8-14）。

运动小贴士：

（1）动作缓慢。

（2）均匀缓慢呼吸。

图 8-14　肘部抵墙拉伸

（三）躯干及腰腹部

1. 屈臂侧弯

运动环节：

（1）站立位，双脚与肩同宽，右肘屈曲置于左肩。

（2）左手抓住右肘向左侧拉，同时腰向左倾斜。

（3）放松，换方向进行拉伸，重复上述动作（图 8-15）。

运动小贴士：

（1）动作缓慢。

（2）均匀缓慢呼吸。

（3）不要屈膝。

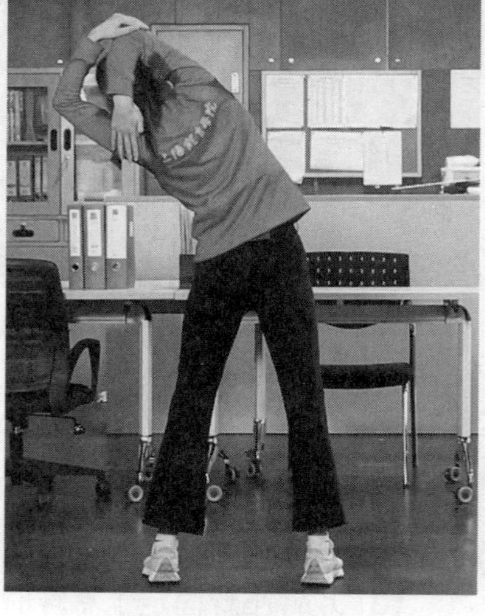

图 8-15　屈臂侧弯

2. 跪姿拉伸

运动环节：

(1) 跪姿，身体自然放松向前趴下，臀部坐在脚后跟上。
(2) 手臂带动身体向前延伸，感受腰背部牵拉。
(3) 放松，回到起始位置，重复上述动作(图 8-16)。
运动小贴士：
(1) 动作缓慢。
(2) 均匀缓慢呼吸。

3. 腹部拉伸

运动环节：
(1) 俯卧位，双臂伸直置于身体两侧。
(2) 缓慢抬起上身，感受腹部牵拉。
(3) 放松，回到起始位置，重复上述动作(图 8-17)。
运动小贴士：
(1) 动作缓慢。
(2) 均匀缓慢呼吸。

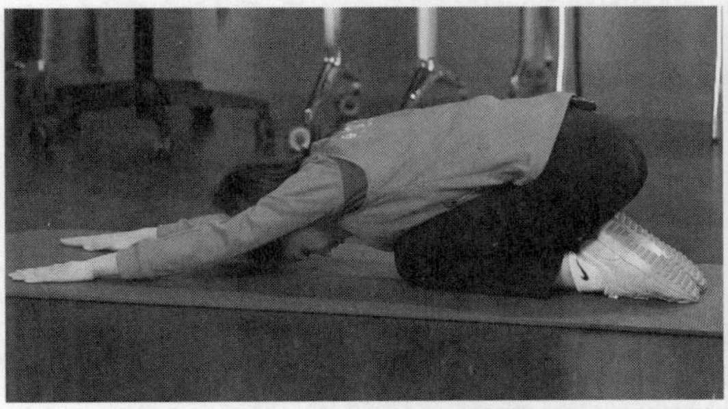
图 8-16 跪姿拉伸

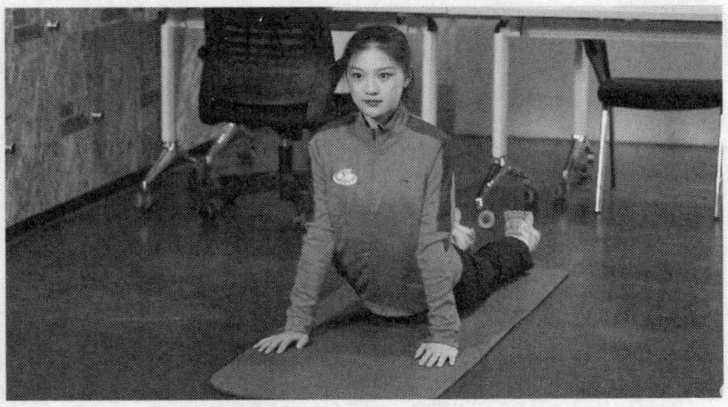
图 8-17 腹部拉伸

(四) 臀部

1. 弓箭步

运动环节：
(1) 站立位，左腿屈膝向前跨一大步，后腿伸直。
(2) 双手置于前腿，重心向前及下方移动。
(3) 放松，回到起始位置，重复上述动作(图 8-18)。
运动小贴士：保持躯干垂直。

2. 仰卧屈膝

运动环节：
(1) 仰卧位，屈左膝左髋，右腿伸直。
(2) 双手置于左腿大腿后并持续将其拉向胸部。
(3) 放松，回到起始位置，重复上述动作(图 8-19)。
运动小贴士：
(1) 伸直腿尽量贴合地面。

(2) 保持均匀呼吸。

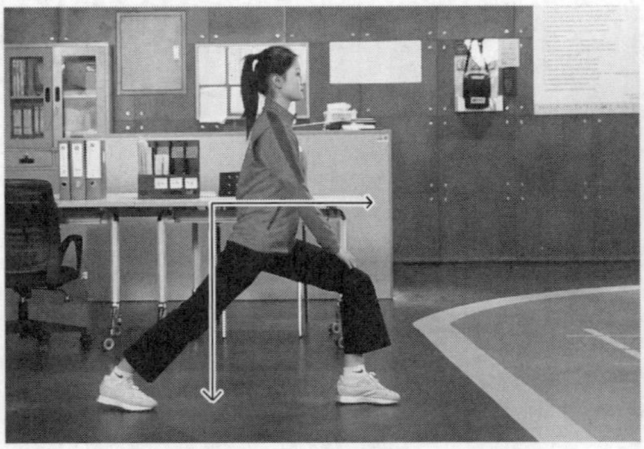

图 8-18　弓箭步

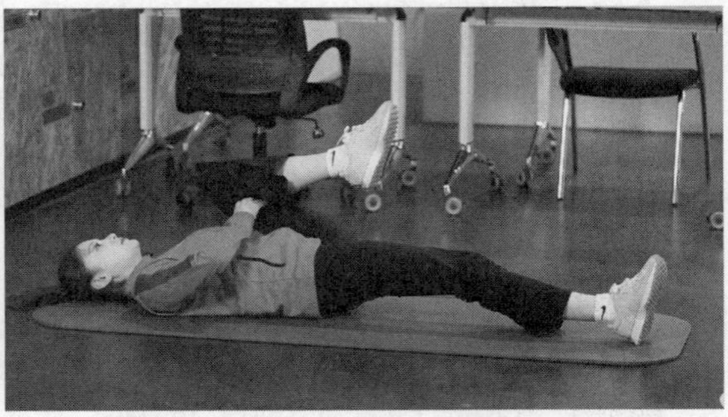

图 8-19　仰卧屈膝

(五) 大腿

1. 屈膝后展

运动环节：

(1) 站立位，屈右膝，左手扶于支撑物。

(2) 右手抓住右踝并将其拉向臀部。

(3) 放松，回到起始位置，换另一侧重复上述动作(图 8-20)。

运动小贴士：

(1) 保持身体平衡。

(2) 保持均匀呼吸。

图 8-20　屈膝后展

2. 跨栏式拉伸

运动环节：

（1）坐姿，左腿伸展，屈右膝，右脚掌置于身体后侧。

（2）屈髋，身体顺着左腿向前伸展。

（3）放松，回到起始位置换腿进行拉伸（图 8-21）。

运动小贴士：保持均匀呼吸。

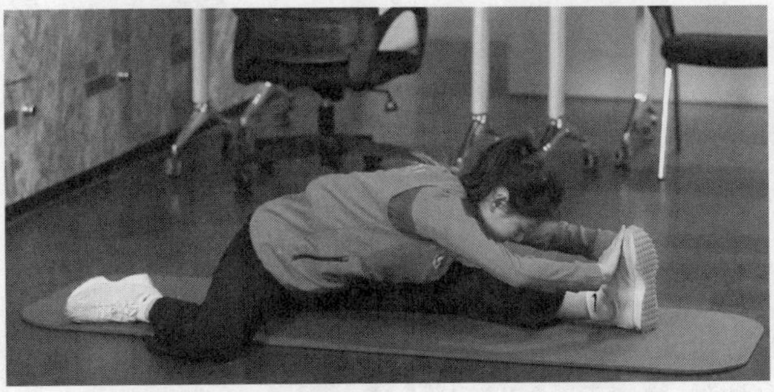

图 8-21　跨栏式拉伸

（六）小腿

1. 弓步推墙拉伸

运动环节：

（1）面对墙站立，两脚前后分开成弓步，左腿屈膝在前，右腿在后，右脚后跟着地，右腿完全伸膝，双手置于墙上。

（2）重心前移，继续屈左膝。

（3）放松，回到起始位置，换腿进行拉伸，重复上述动作（图 8-22）。

运动小贴士：保持均匀呼吸。

图 8-22　弓步推墙拉伸

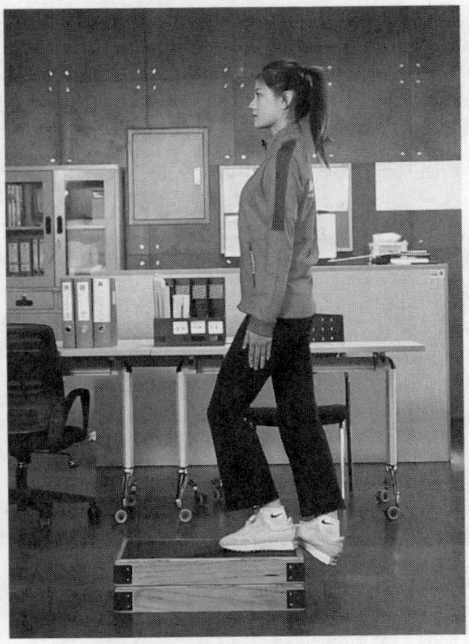

图 8-23　踩台阶拉伸

2. 踩台阶拉伸

运动环节：

（1）站立位，左腿完全置于台阶上，右腿脚后跟置于台阶边缘。

（2）双腿伸直，右腿脚后跟向下移动。

（3）放松，回到起始位置，换腿进行拉伸，重复上述动作（图8-23）。

运动小贴士：保持均匀呼吸。

二、动态拉伸方法

（一）足尖走

运动环节：

动作的详细描述见前文第四章第二节“一、一次健身方案的实施（一）准备阶段 4. 热身练习动作（2）动态拉伸 1）足尖走”部分内容。

运动小贴士：保持身体正直。

（二）足跟走

运动环节：

动作的详细描述见前文第四章第二节“一、一次健身方案的实施（一）准备阶段 4. 热身练习动作（2）动态拉伸 1）足跟走”部分内容。

运动小贴士：保持身体正直。

（三）手足爬

运动环节：

（1）站立位，双脚与肩同宽。

（2）双腿伸直，双手放在身体前方地面。

（3）保持双腿伸直、核心收紧，双手向前爬行至俯卧撑姿势。

（4）保持双腿伸直的同时，移动双脚靠近双手位置。

（5）当感受到拉伸时，双手爬行再次至俯卧撑姿势，重复上述动作（图8-24）。

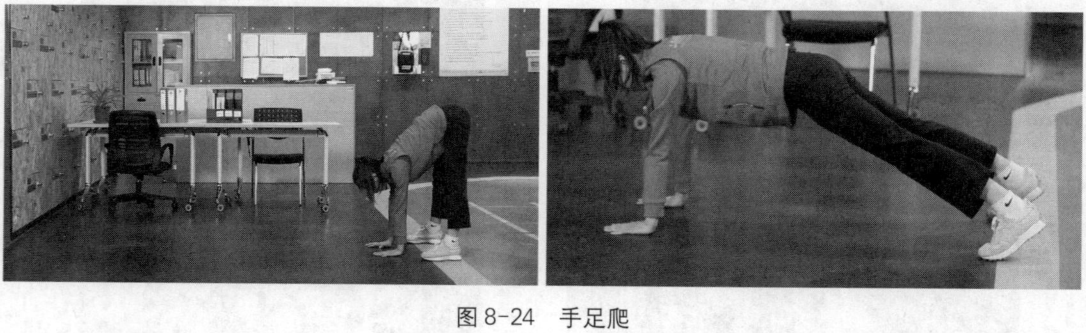

图8-24　手足爬

运动小贴士：

（1）以踝关节小步走的方式来靠近双手。

(2) 均匀呼吸。

(四) 提膝走

运动环节：

动作的详细描述见前文第四章第二节“一、一次健身方案的实施（一）准备阶段 4. 热身练习动作（2）动态拉伸 4）提膝走”部分内容。

运动小贴士：

(1) 挺胸抬头。

(2) 均匀呼吸。

(五) 股四头肌拉伸走

运动环节：

动作的详细描述见前文第四章第二节“一、一次健身方案的实施（一）准备阶段 4. 热身练习动作（2）动态拉伸 5）股四头肌拉伸走”部分内容。

运动小贴士：

(1) 挺胸抬头。

(2) 均匀呼吸。

(六) 斜抱膝

运动环节：

(1) 站立位,右脚抬离地面,左腿微微下蹲。

(2) 用右手抓住右腿膝关节下方,左手放在右踝关节以下。

(3) 伸展左腿的同时提拉体前交叉的右侧膝关节,感受髋关节外侧肌肉的拉伸。

(4) 缓慢回到起始位置,另一侧重复上述动作(图 8-25)。

运动小贴士：

(1) 正直站立,挺胸抬头。

(2) 均匀呼吸。

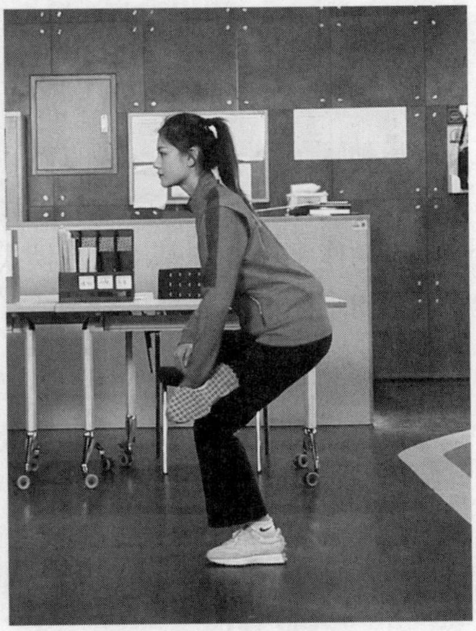

图 8-25　斜抱膝

(七) 弓箭步走

运动环节：

(1) 站立位,双脚分开与肩同宽。

(2) 右腿向前迈出一大步成弓步,脚尖指向正前方,双手放在前脚大腿上。

(3) 右膝慢慢弯曲,保持右膝位于右脚正上方。

(4) 微屈左膝,躯干保持垂直重心向下压,左脚腿尖指向前方。

(5) 伸展右髋右膝用力蹬地,左脚向前恢复直立。

(6) 交替腿重复上述动作(图 8-26)。

运动小贴士：

(1) 躯干保持正直,挺胸抬头。

(2) 两脚脚尖保持指向正前方。

(3) 前腿膝盖位于脚的正上方。

(4) 均匀呼吸。

图 8-26　弓箭步走

(八) 伟大拉伸

运动环节:

动作的详细描述见前文第四章第二节"一、一次健身方案的实施(一)准备阶段 4. 热身练习动作(3)专项基础动作模式练习 5)伟大拉伸"部分内容。

运动小贴士:

(1) 后腿膝关节保持伸直。

(2) 均匀呼吸。

三、PNF 拉伸方法

(一) 腘绳肌 PNF 拉伸

运动环节:

(1) 仰卧位,练习者屈髋抬右腿,左腿贴合于地面或垫子。

(2) 同伴跪姿,限制练习者左腿的移动,左手扶于练习者右腿脚踝,右手置于其右腿膝盖。

(3) 首先做被动预屈髋,到达一个轻度不适点保持 10 秒。

(4) 同伴施加屈髋力,练习者与其对抗撑住,维持 6 秒。

(5) 练习者放松且被动屈髋增加关节活动度。

(6) 重复上述动作(图 8-27)。

运动小贴士:

(1) 拉伸前充分热身。

(2) 同伴需要对 PNF 拉伸较为熟悉。

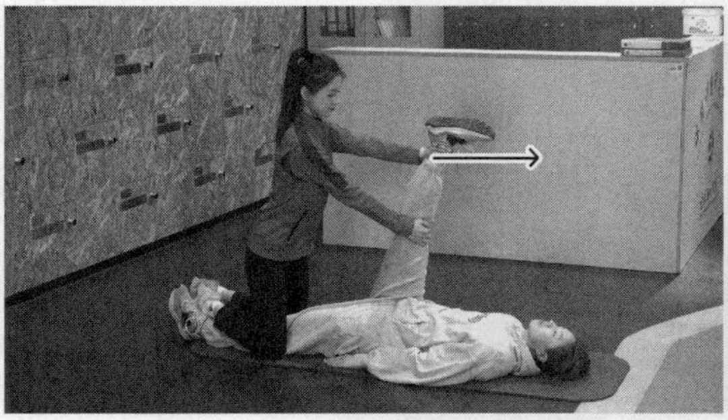

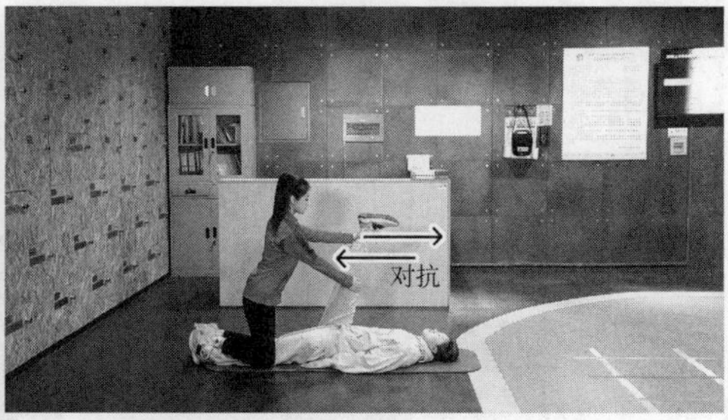

图 8-27 腘绳肌 PNF 拉伸

(二) 小腿与踝关节 PNF 拉伸

运动环节:

(1) 坐姿,练习者双腿伸直贴合于地面或垫子。

(2) 同伴跪姿,双手置于练习者足尖。

(3) 首先做被动预足背屈,到达一个轻度不适点保持 10 秒。

(4) 同伴施加足背屈力,练习者与其对抗撑住,维持 6 秒。

(5) 练习者放松且被动足背屈增加关节活动度。

(6) 重复上述动作动作(图 8-28)。

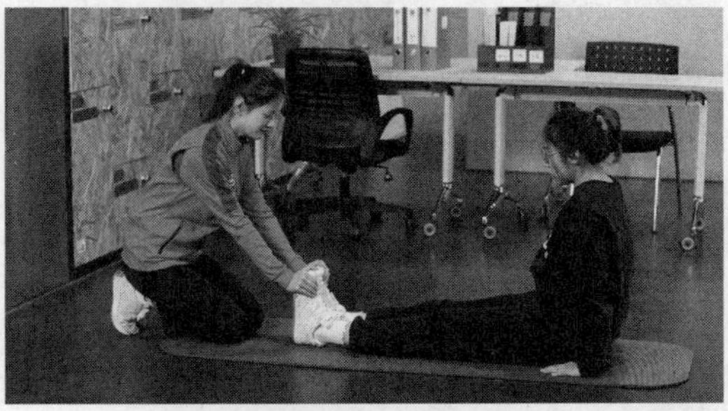

图 8-28 小腿与踝关节 PNF 拉伸

运动小贴士:

(1) 拉伸前充分热身。

(2) 同伴需要对 PNF 拉伸较为熟悉。

(三) 腹股沟 PNF 拉伸

运动环节:

(1) 坐姿,练习者双腿屈膝屈髋,脚底相对,双手握住脚尖。

(2) 同伴跪姿位于练习者身后,双手置于练习者两腿膝关节侧方。

(3) 首先做被动预伸展,同伴双手缓慢垂直向下用力,练习者到达一个轻度不适点保持 10 秒。

(4) 同伴施加向下的力,练习者与其对抗撑住,维持 6 秒。

(5) 练习者放松,同伴缓慢施加向下的力增加活动度。

(6) 重复上述动作动作(图 8-29)。

运动小贴士:

(1) 拉伸前充分热身。

(2) 同伴需要对 PNF 拉伸较为熟悉。

图 8-29　腹股沟 PNF 拉伸

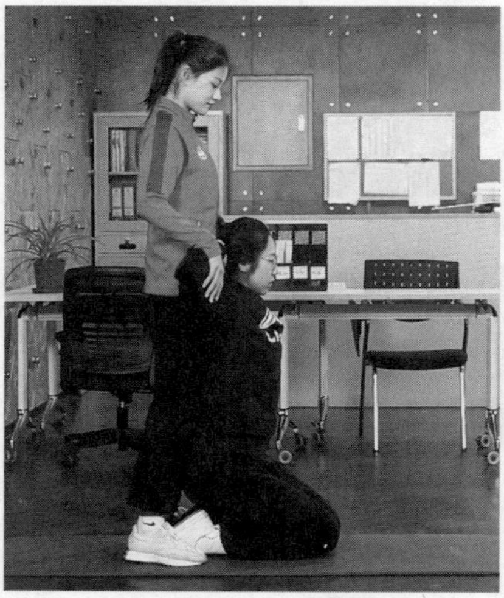

图 8-30　胸部 PNF 拉伸

(四) 胸部 PNF 拉伸

运动环节：

(1) 跪姿，练习者两手屈肘肩外展，掌心向前并置于脑后。

(2) 同伴站姿位于练习者身后，用身体抵住练习者躯干，双手置于两手肘关节侧方。

(3) 首先做被动预伸展，同伴双手缓慢向后用力，练习者到达一个轻度不适点保持 10 秒。

(4) 同伴施加向后的力，练习者与其对抗撑住，维持 6 秒。

(5) 练习者放松，同伴缓慢施加向后的力增加活动度。

(6) 重复上述动作(图 8-30)。

运动小贴士：

(1) 拉伸前充分热身。

(2) 同伴需要对 PNF 拉伸较为熟悉。

四、泡沫轴放松方法

(一) 背阔肌泡沫轴放松

运动环节：

(1) 侧卧位，贴近地面的腿自然伸直或略弯曲，另一腿自然弯曲，将泡沫轴放置于背阔肌处，双手抱头。

(2) 双脚用力移动身体，使滚动泡沫轴在背阔肌范围内来回滚动，然后换另一侧重复上述动作(图 8-31)。

运动小贴士：均匀放松呼吸。

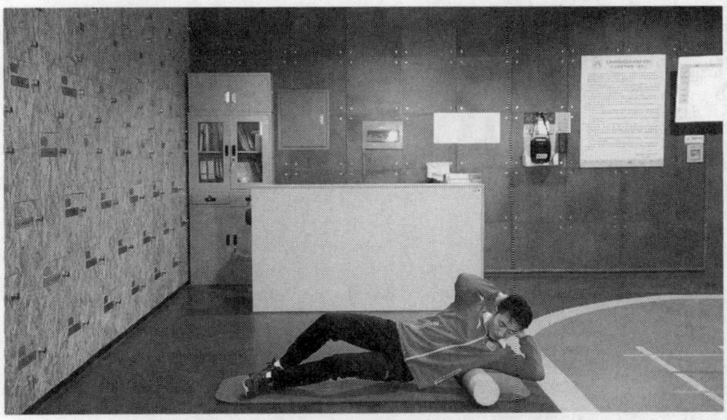

图 8-31　背阔肌泡沫轴放松

（二）上背部泡沫轴放松

运动环节：

（1）双腿屈膝，将泡沫轴置于背部，双手抱头，核心收紧。

（2）用双脚作为支撑点，来回滚动泡沫轴，使泡沫轴在上背部和肩关节范围来回滚动（图 8-32）。

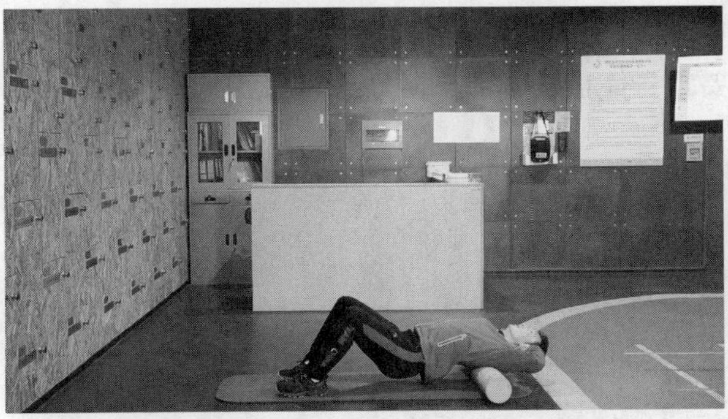

图 8-32　上背部泡沫轴放松

运动小贴士：

（1）颈部放松。

（2）均匀放松呼吸。

（3）泡沫轴不要滚至下背部。

（三）腹外斜肌泡沫轴放松

运动环节：

（1）侧卧位，将泡沫轴放置髋关节以上腹外斜肌处。

（2）双脚用力移动身体，使泡沫轴在腰部范围来回滚动，然后换另一侧重复上述动作（图 8-33）。

运动小贴士：均匀放松呼吸。

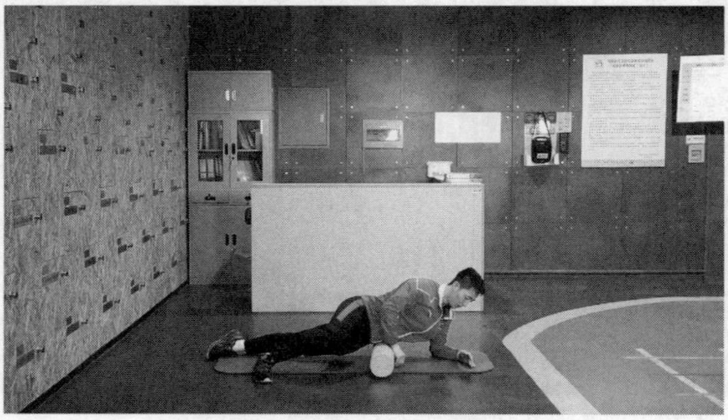

图 8-33 腹外斜肌泡沫轴放松

(四) 臀大肌泡沫轴放松

运动环节：

(1) 单手撑地，一条腿放在另一条腿上，臀部坐在泡沫轴上，核心收紧。

(2) 支撑腿与支撑手带动身体移动，使泡沫轴在臀部范围来回滚动，然后换另一侧重复上述动作(图 8-34)。

运动小贴士：不要把身体重量全部放在臀部，避免造成局部压力过大。

图 8-34 臀大肌泡沫轴放松

(五) 股四头肌泡沫轴放松

运动环节：

(1) 手肘撑地，核心收紧，将泡沫轴放置于大腿前侧。

(2) 肩关节用力带动身体移动，使泡沫轴在膝关节和髋关节之间来回滚动(图 8-35)。

运动小贴士：

(1) 核心收紧。

(2) 均匀呼吸。

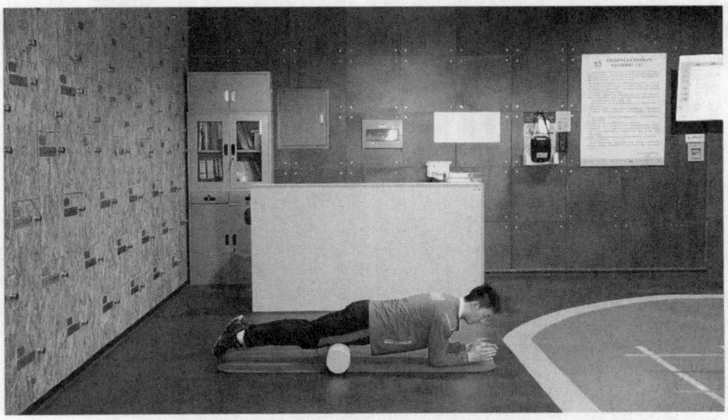

图 8-35　股四头肌泡沫轴放松

（六）大腿外侧泡沫轴放松

运动环节：

（1）单手或肘关节支撑地面，侧卧位，一条腿放在按压腿前面，将泡沫轴放置在大腿外侧下方。

（2）支撑侧手臂及对侧腿带动身体移动，使泡沫轴在大腿外侧范围内来回滚动，然后换另一侧重复上述动作（图 8-36）。

运动小贴士：均匀放松呼吸。

图 8-36　大腿外侧泡沫轴放松

（七）大腿内侧泡沫轴放松

运动环节：

（1）肘关节支撑，单腿外展俯卧，将泡沫轴置于大腿内侧下方。

（2）对侧腿用力带动身体移动，使泡沫轴在大腿内侧来回滚动，然后换另一侧重复上述动作（图 8-37）。

运动小贴士：均匀放松呼吸。

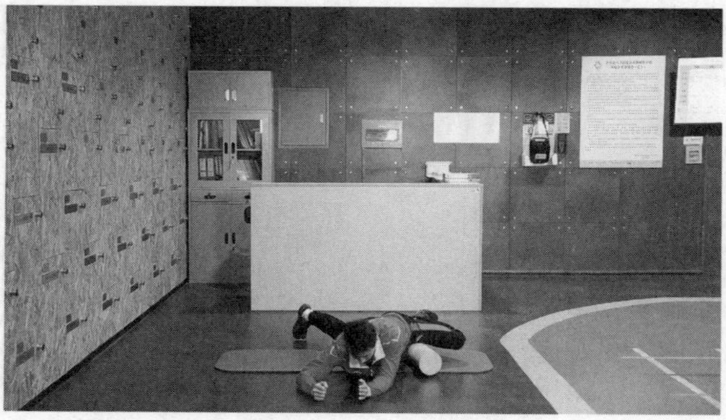

图 8-37　大腿内侧泡沫轴放松

(八) 腘绳肌泡沫轴放松

运动环节：

(1) 仰卧位，双手支撑地面，双腿伸直，将泡沫轴放置于大腿下方，核心收紧。

(2) 双手用力带动身体移动，使泡沫轴在膝关节至臀部来回滚动(图 8-38)。

运动小贴士：均匀放松呼吸。

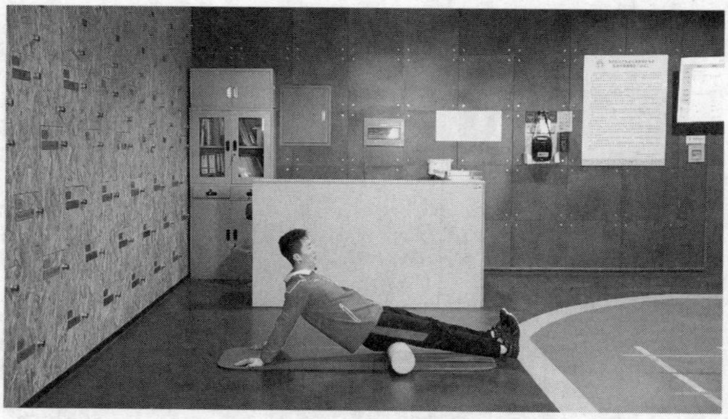

图 8-38　腘绳肌泡沫轴放松

(九) 小腿外侧肌群泡沫轴放松

运动环节：

(1) 单手或肘关节撑地，双腿伸直，将泡沫轴放置于小腿外侧，核心收紧。

(2) 支撑侧肘关节用力带动身体移动，使泡沫轴在小腿外侧来回滚动，然后换另一侧重复上述动作(图 8-39)。

运动小贴士：均匀放松呼吸。

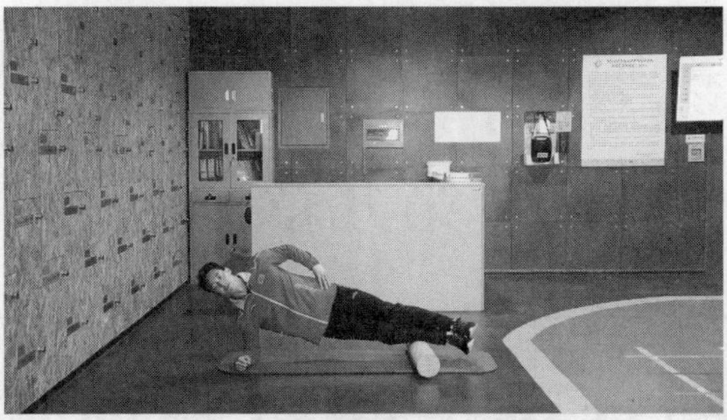

图 8-39　小腿外侧肌群泡沫轴放松

(十) 小腿后侧肌群泡沫轴放松

运动环节：

(1) 双手撑地，坐姿双腿或单腿伸直，将泡沫轴置于小腿后侧，核心收紧。

(2) 双手用力带动身体移动，使泡沫轴在膝关节和脚踝之间来回滚动(图 8-40)。

运动小贴士：均匀放松呼吸。

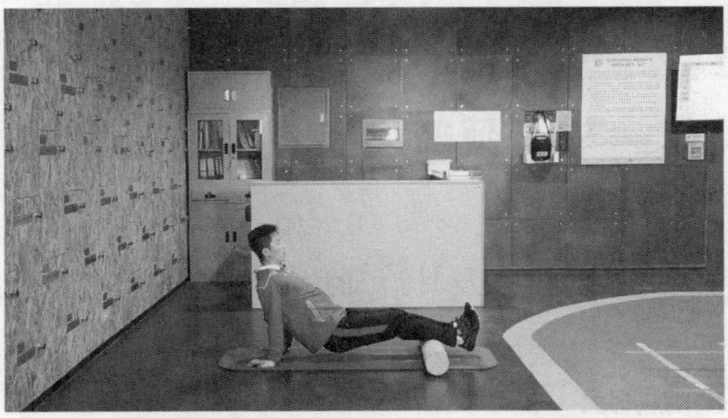

图 8-40　小腿后侧肌群泡沫轴放松

(十一) 小腿前侧肌群泡沫轴放松

运动环节：

(1) 双手撑地，跪姿，将泡沫轴放置在小腿前侧，核心收紧。

(2) 双手用力带动身体移动，使泡沫轴在小腿前侧来回滚动(图 8-41)。

运动小贴士：均匀放松呼吸。

图 8-41　小腿前侧肌群泡沫轴放松

第九章

办公室环境下常见的肌肉骨骼系统疾病及其防治方法

有研究指出，办公室人群在65%的工作时间内都处于静坐状态，并且在工作中坐得越久的人，通常下班后与周末静坐的时间也越长。办公室人群的疼痛问题常见于颈部、肩部、腰部、腕部等。其中最为常见的两种疼痛问题是颈痛和腰痛。

第一节　颈部疾病及其防治方法

以非特异性颈痛为例对颈部疾病及其运动疗法策略进行简要介绍。

一、非特异性颈痛概述

颈痛是现代社会中常见的疾病，其中大部分颈痛患者没有特异性病理变化（如创伤、肿瘤、感染或炎症病变、先天性疾病），疼痛在颈部前屈时尤为明显，但不伴有上肢疼痛，这一类疼痛称为非特异性颈痛。疼痛期超过 12 周即为慢性，慢性非特异性颈痛严重影响了办公室人群的工作效率与生活质量。

引起非特异性颈痛的原因有很多，主要包括颈背部肌肉的劳损、肌筋膜炎、脊椎小关节紊乱等，常在较长时间固定姿势（如低头、伏案）、受凉、异常活动或异常受力后发生。办公室人群产生非特异性颈痛的常见原因即为长时间低头工作，疼痛具体表现为颈、背局部酸、胀、钝痛或刺痛，无力或发沉；如未得到及时合适的治疗或反复发作，可能会导致疼痛慢性化，伴发头痛、上肢牵涉痛及颈背功能障碍。

二、非特异性颈痛运动疗法策略

（一）颈部拉伸

1. 颈部左右侧屈

（1）动作的详细描述见前文第八章第二节“一、静态拉伸方法（一）颈部 3. 颈部左右侧屈”部分内容。

(2) 建议每次在到达自身最大努力位置后保持 20～30 秒,每天在工作间歇时左右方向各进行 3～5 次。

2. 颈部斜向拉伸(以右下方为例)

(1) 左肩下沉,右手部置于头部左后方缓慢轻微用力,使其向对侧斜下方伸展至自身最大努力位置,其间均匀缓慢地进行呼吸配合。

(2) 建议每次在到达自身最大努力位置后保持 20～30 秒,每天在工作间歇时左右方向各进行 3～5 次(图 9-1)。

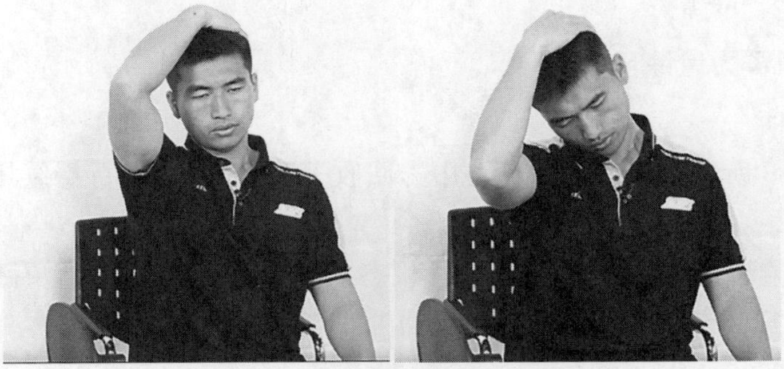

图 9-1 颈部斜向拉伸

3. 颈部屈伸

(1) 动作的详细描述见前文第八章第二节“一、静态拉伸方法 (一) 颈部 2. 颈部屈伸”部分内容。

(2) 建议在到达自身最大努力位置后保持 20～30 秒,每天在工作间歇时左右方向各进行 3～5 次。

(二) 恢复关节活动度

颈部关节活动度练习

(1) 可采用站姿或坐姿,将头部匀速缓慢向胸部屈曲至自身最大努力程度,保持 10 秒。

(2) 之后将头部匀速缓慢向背部伸展至自身最大努力程度,保持 10 秒。

(3) 将头部回归中立位,匀速缓慢向左后方转动至自身最大努力程度,保持 10 秒。

(4) 之后将头部匀速缓慢向右后方转动至自身最大努力程度,保持 10 秒。

(5) 期间均匀缓慢地进行呼吸配合,建议每次将 4 个方向轮流进行 3～5 个回合,每天进行 3～5 次(图 9-2)。

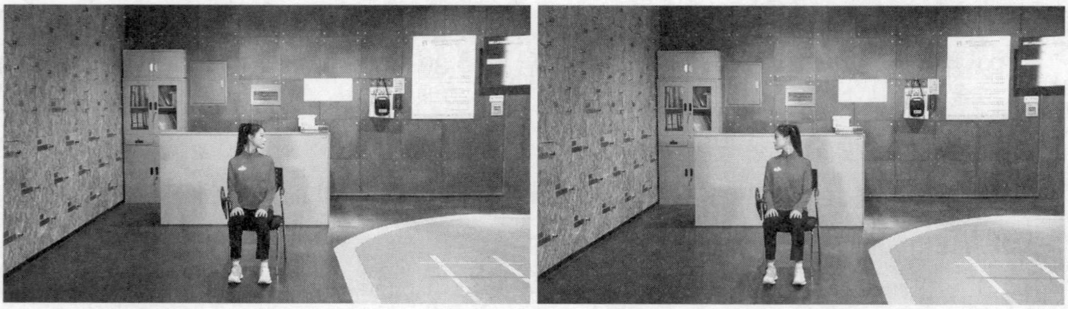

图 9-2　颈部关节活动度练习

(三) 颈部肌群力量练习

收下颚与颈部

(1) 如图 9-3 所示，将胸椎固定后，用力回收下颚与颈部，进行持续用力的等长收缩，保持 40～60 秒。

(2) 此练习能够加强长时间处于拉长状态的颈屈肌的肌肉力量，有助于改善头部前移。建议每天进行 3～5 次。

图 9-3　收下颚与颈部

第二节　肩部疾病及其防治方法

以肩周炎为例对肩部疾病及其运动疗法策略进行简要介绍。

一、肩周炎概述

肩周炎全称肩关节周围炎，俗称凝肩、五十肩。患者肩部逐渐产生疼痛，夜间为甚，以肩关节活动功能受限而且日益加重，达到某种程度后逐渐缓解，直至最后完全复原为主要表现的肩关节囊及其周围韧带、肌腱和滑囊的慢性特异性炎症。肩周炎是以肩关节疼痛和活动不便为主要症状的常见病症，常见于 50 岁左右，女性发病率略高于男性，多见于体力劳动者。但随着现代生活与工作方式的改变，肩周炎在长时间伏案工作的年轻的办公室人群中也时有发生，主要由肩部肌肉长期处于紧张状态与不良的工作姿势所致。患者肩关节可有广泛压痛，并向颈部及肘部放射，还可出现不同程度的三角肌的萎缩，如得不到有效的治疗，有可能严重影响肩关节的功能活动。

肩周炎患者可能出现的症状有以下几种。

1. 肩部疼痛

起初肩部呈阵发性疼痛，多数为慢性发作，以后疼痛逐渐加剧为钝痛或刀割样痛，且呈持续性，气候变化或劳累常使疼痛加重，疼痛可向颈项及上肢（特别是肘部）扩散，当肩部偶然受到碰撞或牵拉时，常可引起撕裂样剧痛，肩痛昼轻夜重为本病一大特点，若因受寒而致痛者，则对气候变化特别敏感。

2. 肩关节活动受限

肩关节向各方向活动均会受限，其中外展、上举、内旋与外旋更为明显，随着病情进展，长期废用将引起关节囊及肩周软组织的粘连，肌肉力量逐渐下降，加上喙肱韧带固定于缩短的内旋位等因素，肩关节各方向的主动和被动活动均将受限，特别是梳头、穿衣、洗脸、叉腰等动作均难以完成，严重时肘关节功能也可受影响，屈肘时手不能摸到同侧肩部，尤其在手臂后伸时不能完成屈肘动作。

3. 怕冷

患者肩怕冷，不少患者终年用棉垫包肩，即使在暑天，肩部也不敢吹风。

4. 压痛

多数患者在肩关节周围可触到明显的压痛点，压痛点多在肱二头肌长头肌腱沟、肩峰下滑囊、喙突、冈上肌附着点等处。

5. 肌肉痉挛与萎缩

三角肌、冈上肌等肩周围肌肉早期可出现痉挛，晚期可发生失用性肌萎缩，出现肩峰突起、上举不便、后伸不能等典型症状，此时疼痛症状反而减轻。

二、肩周炎运动疗法策略

肩周炎是一种自愈性疾病，大多数人在症状较轻时，通过日常的活动即可自愈。但这种自然恢复的时间不能预计，一般要经过数月至 2 年的时间才可痊愈。还有一小部分人，因为怕疼不进行锻炼，而造成局部粘连，使肩关节活动受限。

因此，患者可以采取自我按摩的方法，加上坚持不懈的自我功能锻炼，通过伸缩肌肉、活动关节，消除局部肌肉紧张和痉挛，促进血液循环，从而增强肩周围肌肉、韧带的弹性，防止粘连，达到止痛和保持肩关节功能的目的。肩周炎治疗的主要目的在于缩短病程，最大限度恢复肩关节功能，提高患者生活质量。患者的手臂能够正常向前抬起，是第一个得以改善的动作，训练从此动作开始。患者的手臂能够向后摸背，是最后一个改善的动作，如能做到说明基本恢复。

但如果每天严重疼痛时间长于 30 分钟，则不建议康复训练，应及时到医院就诊。

（一）急性期

处于急性期的患者主要以在不增加疼痛的前提下增加肩关节活动度为主，可进行以下几种练习。

1. 手臂钟摆练习

(1) 双腿前后站立,健侧手支撑在椅背上,身体前倾,患侧手臂下垂。

(2) 将患侧手臂分别向前后、左右进行正、逆时针的摆动,可随着病情的好转而增加摆动幅度。若患者因较为疼痛而不能主动运动,则可以用健侧手托住患侧肘进行摆动。

(3) 建议以每个方向重复20～30次为一组,每次完成3～5组(图9-4)。

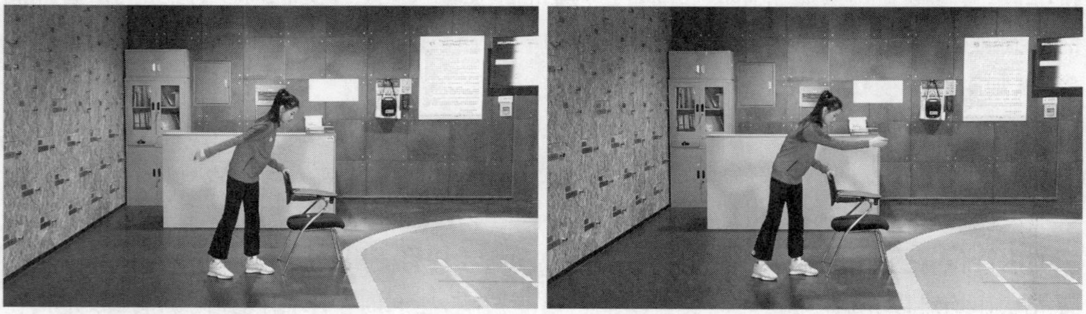

图9-4 手臂钟摆练习

2. 毛巾擦背练习

(1) 将毛巾放在身后,两只手在背侧抓住毛巾的两端。

(2) 缓慢进行上下拉动。

(3) 建议每组重复20～30次,每次完成3～5组,完成后上下手交换(图9-5)。

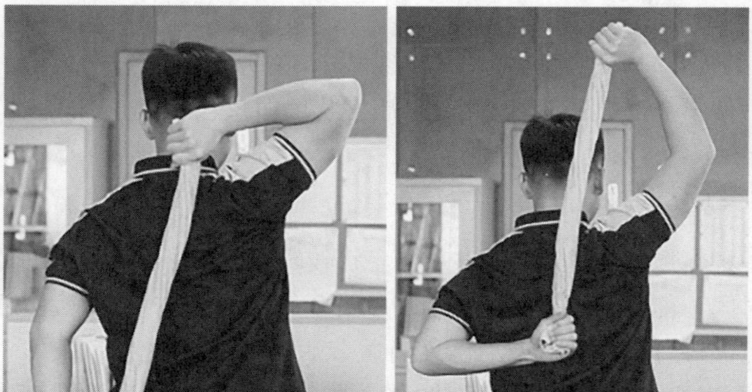

图9-5 毛巾擦背练习

(二) 粘连期

粘连期患者的疼痛通常是由关节运动障碍引起的,该阶段的治疗重点为继续恢复肩关节的关节活动度与功能,可以进行以下几种练习。

1. 轮滑运动

（1）可在家中找一个悬挂点自制一个简单的轮滑，参照图 9-6 中健身房的示例进行锻炼。

（2）双手分别握住轮滑的两个手柄，健侧手在上，患侧手在下。

（3）健侧手向下用力，使患侧手上举。

（4）建议每组重复 20～30 次，每次完成 3～5 组（图 9-6）。

图 9-6　轮滑运动

2. 爬墙运动

（1）患者面对墙壁站立，手臂伸直附于墙壁上，手掌由低向高逐渐沿着墙壁向上“爬行”至自己所能完成的最大幅度。

（2）建议每组重复 10 次，每次完成 3～5 组（图 9-7）。

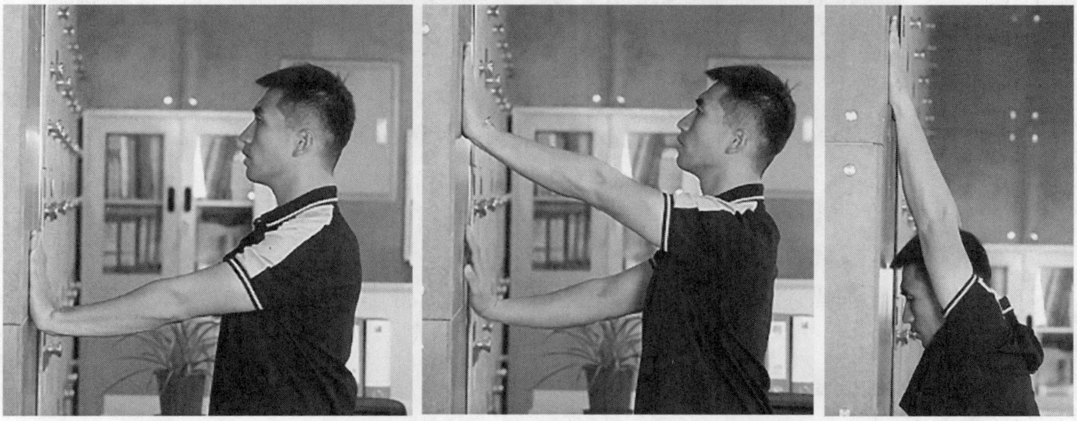

图 9-7　爬墙运动

（三）恢复期

处于恢复期的患者以轻度力量训练为主，恢复前期所萎缩的肩关节周围肌肉的工作能力，以求达到全面康复和预防复发的目的。

以下练习均使用弹力带或重量较轻的重物辅助进行。

1. 手臂前平举(弹力带)

(1) 动作的详细描述见前文第七章第二节“五、弹力带类 (五)弹力带站姿前平举”部分内容。

(2) 建议每组重复 12～15 次，每次完成 3～5 组。

2. 手臂后伸(弹力带)

(1) 将弹力带踩于脚下，患侧手握住弹力带，手臂伸直置于大腿侧方。

(2) 向后拉动弹力带至最大角度。

(3) 建议每组重复 12～15 次，每次进行 3～5 组(图 9-8)。

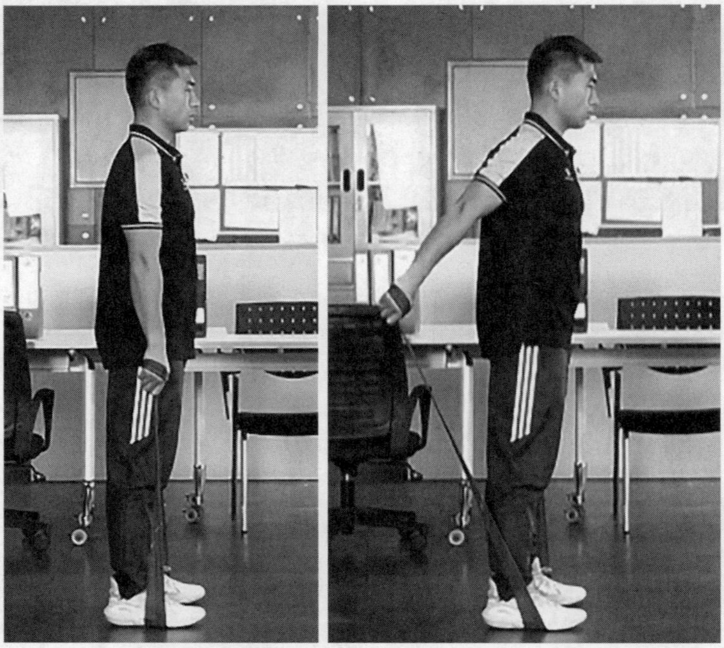

图 9-8　手臂后伸(弹力带)

3. 手臂侧平举(弹力带)

(1) 动作的详细描述见前文第七章第二节“五、弹力带类 (六)弹力带站姿侧平举”部分内容。

(2) 建议每组重复 12～15 次，每次进行 3～5 组。

4. 肩旋内

(1) 患者靠墙站立，患侧手握住弹力带屈肘 90°贴紧墙壁，并置于躯干侧方。

(2) 在大臂不离开墙面的前提下内旋，使前臂尽量贴近腹部。

(3) 建议每组重复 12～15 次，每次进行 3～5 组。

(4) 注意动作过程中保持身体稳定，上臂贴紧身体(图 9-9)。

图 9-9　肩旋内

5. 肩旋外

(1) 双脚分开站立，距离与肩同宽。双手握住弹力带两端，肘关节固定在身体两侧。两侧大臂紧贴躯干两侧，前臂置于身前且肘关节屈曲 90°，保持弹力带有一定的张力。

(2) 两侧大臂保持紧贴身体，小臂向外发力转动。恢复至初始位置。

(3) 建议每组重复 12～15 次，每次进行 3～5 组。

(4) 注意动作过程中保持身体稳定，上臂贴紧身体(图 9-10)。

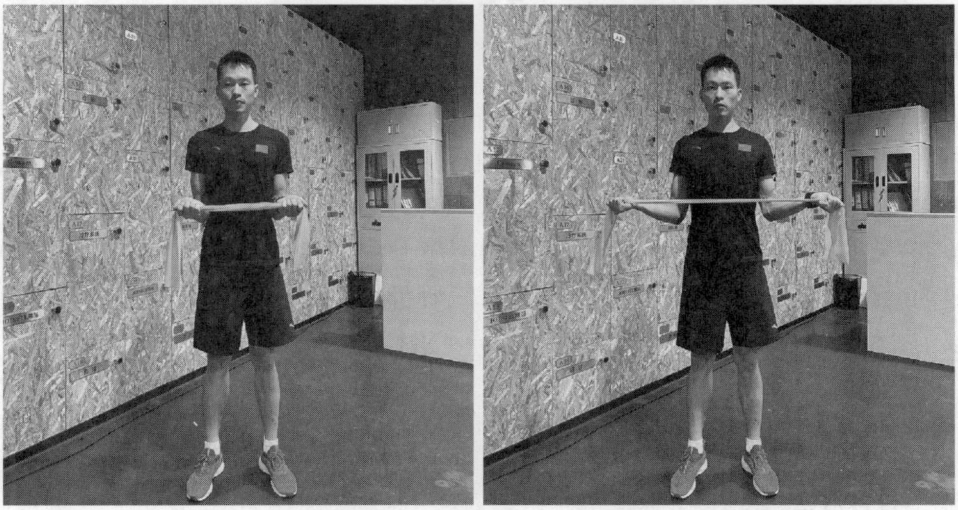

图 9-10　肩旋外

6. 手臂贴墙运动

(1) 患者靠墙站立，手臂伸直掌心朝前置于大腿侧方。

(2) 手臂贴紧墙面，保持手臂伸直向上移动至所能达到的最大幅度。

(3) 建议每组重复 12～15 次，每次进行 3～5 组(图 9-11)。

图 9-11　手臂贴墙运动

第三节　腰部疾病及其防治方法

以非特异性腰痛为例对腰部疾病及其运动疗法策略进行简要介绍。

一、非特异性腰痛概述

腰痛也称下背痛，是一种常见的肌肉骨骼系统疾病，常伴有腰背软组织或腰椎不适症状，在成年人中发病率高达 84%。办公室人群长期的不良坐姿易引发此类疼痛问题。腰痛按病因可分为非特异性腰痛与特异性腰痛。非特异性腰痛指找不到确切的组织病理学结构改变，又不能通过客观检查明确其病因的腰痛，约占腰痛的 85%。特异性腰痛则指某一特定的病因引起的腰痛，如椎间盘突出、感染、骨折、脊柱畸形和肿瘤等。特异性腰痛患者建议前往医院在医生或者物理治疗师的指导下进行治疗与康复。

二、非特异性腰痛运动疗法策略

(一) 拉伸放松

1. 泡沫轴腰背部放松

(1) 腰椎段：将泡沫轴置于地面与腰椎段之间，放松脊柱两侧肌肉，前后进行滚动，其间颈椎自然放松，均匀缓慢地进行，并配合呼吸。

(2) 胸椎段：将泡沫轴置于地面与胸椎段之间，双手抱头，前后进行滚动，其间颈椎自然放松，均匀缓慢地进行，并配合呼吸。

(3) 建议每组重复 30 秒，每次进行 3～5 组(图 9-12)。

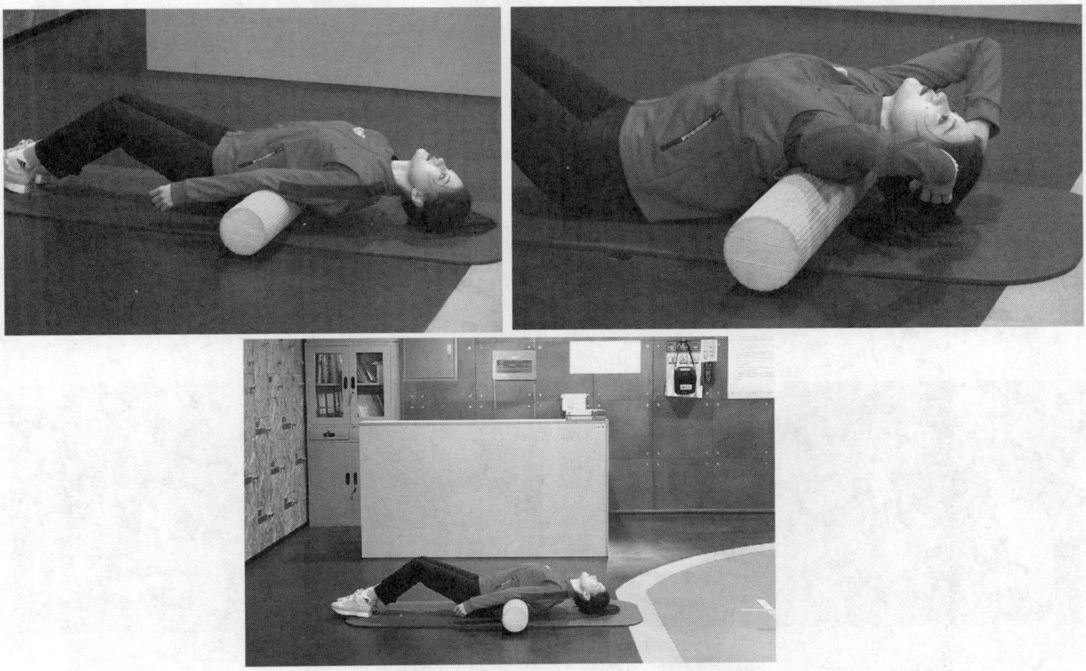

图 9-12　泡沫轴腰背部放松

2. 坐姿脊椎扭转(以向右扭转为例)

(1) 坐于椅子上,上半身接近垂直于地面,左膝搭在右膝上。

(2) 右手肘置于左膝左侧,双膝屈曲。

(3) 左手掌置于椅背上,用于保持平衡。

(4) 右手手肘用力朝右推左膝,肩部及头部向左转至最大角度,目视斜后方保持 5～10 秒,其间均匀缓慢地进行,并配合呼吸。

(5) 此练习可用于放松腰部肌肉,提高胸椎活动幅度。建议每组重复 5～10 次,每次进行 3～5 组(图 9-13)。

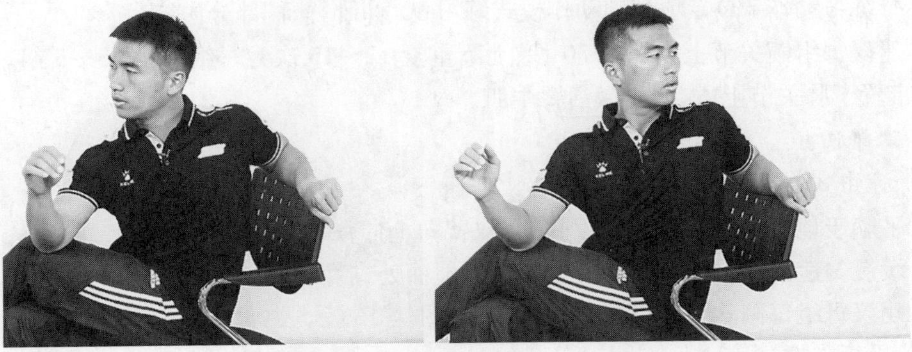

图 9-13　坐姿脊椎扭转(以向右扭转为例)

(二) 脊柱姿势控制

节段性猫、牛伸展——腰椎段

目的:通过掌握腰椎的运动,使办公人群能在静坐时控制自身腰椎使之处于中立位,保持良好的坐姿。

(1) 跪姿,脚尖着地。

(2) 配合呼吸,控制腰椎后凸到极致(猫式)后再将腰椎前凸到极致(牛式),颈椎可随之进行屈伸。猫式与牛式的中间位置即为坐姿状态下腰椎的良好位置。

(3) 做完猫式、牛式为一个,建议每组重复 10~12 个,每天进行 2~3 组(图 9-14)。

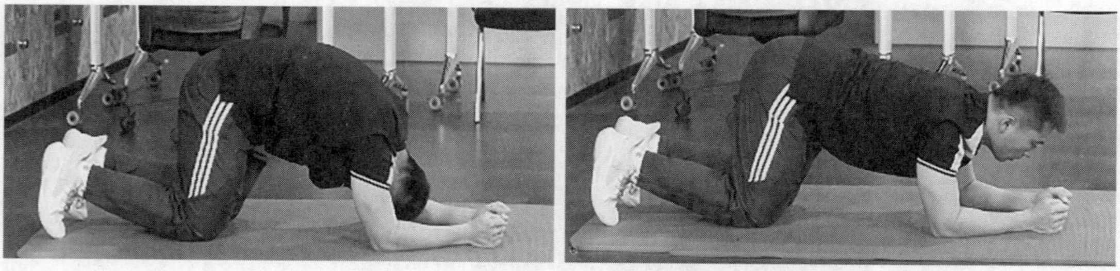

图 9-14　节段性猫、牛伸展——腰椎段

(三) 加强肌肉力量

1. 臀部肌肉

(1) 深蹲

1) 动作的详细描述见前文第七章第三节"一、自重类 (一) 自重深蹲"部分内容。

2) 建议每组 12~15 个,每次 3~5 组,在掌握正确技术与下肢发力正确后可于胸前持哑铃、壶铃或其他重物以增加训练强度[动作的详细描述见前文第七章第三节"三、哑铃类 (一) 哑铃深蹲"与"四、壶铃类 (一) 壶铃深蹲"等部分内容]。

(2) 臀桥

1) 动作的详细描述见前文第四章第二节"一、一次健身方案的结构 (一) 准备阶段 4. 热身练习动作 (3)专项基础动作模式练习 9) 仰卧臀桥"部分内容。

2) 建议每组髋关节上顶保持 30 秒、上下重复 12~15 次为一组,每次 3~5 组,可将迷你弹力带置于膝关节上方,用于激活臀中肌。

2. 腹部肌肉

(1) 死虫式

1) 平躺于地面上,屈髋屈膝屈踝 90°,双臂向上伸直,与地面垂直。

2) 缓慢匀速将对侧手脚同时伸直至贴近地面处,后回到起始位置。

3) 建议每组每侧 8~12 个,每次 3~5 组(图 9-15)。

(2) 平板支撑

1) 动作的详细描述见前文第七章第四节"一、自重类 (一) 平板支撑"部分内容。

2) 建议每组 30~60 秒,每次 3~4 组。

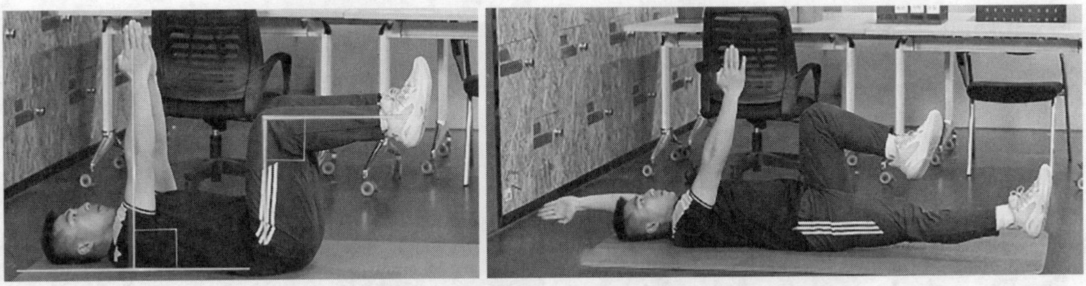

图 9-15　死虫式

第四节　腕部疾病及其防治方法

以腕管综合征和腕关节腱鞘炎为例，对腕部疾病及其运动疗法策略进行简要介绍。

一、腕管综合征

（一）腕管综合征概述

腕管综合征又名“鼠标手”，腕管是一个由腕骨和屈肌支持带组成的骨纤维管道，腕管内压力增高可导致正中神经受压，正中神经长期受压便产生腕管综合征。办公室人群在日常工作中会长时间用鼠标或长时间打字等，这种重复性的活动可造成腕管内压力增高，增加腕管综合征的患病风险。

腕管综合征的常见症状包括正中神经支配区（拇指、示指、中指和环指桡侧半）感觉异常和（或）麻木。夜间手指麻木常是腕管综合征的首发症状，许多患者均有夜间手指麻醒的经历。很多患者手指麻木的不适可通过改变上肢的姿势或甩手而得到一定程度的缓解。患者在白天从事某些活动也会引起手指麻木的加重，如做针线活、驾车、长时间手持电话或长时间手持书本阅读。部分患者早期只感到中指、示指或环指指尖麻木不适，而到后期拇指、示指、中指和环指桡侧才均出现麻木不适。某些患者也会有前臂甚至整个上肢麻木或感觉异常，甚至以这些症状为主要不适。随着病情加重，患者可出现明确的手指感觉减退或感觉丧失，拇短展肌和拇对掌肌萎缩或肌肉力量弱。患者可出现大鱼际肌肌萎缩，拇指不灵活，与其他手指对捏的力量下降甚至不能完成对捏动作。

（二）腕管综合征运动疗法策略

办公室人群在日常工作与生活中需要减少重复性的腕部动作，进行运动疗法的目的是提高手指与腕关节的灵活度与肌肉力量，以及松动正中神经。

1. 拉伸放松

（1）掌指屈伸

1）手掌伸直、侧立，腕关节向上弯曲至最大幅度保持 5 秒。随后向下弯曲至最大幅度保持 5 秒。

2）手掌放平，腕关节向上弯曲至最大幅度保持 5 秒。随后向下弯曲至最大幅度保持 5 秒。

3）建议每组重复 10～12 遍，每次进行 3～5 组（图 9-16）。

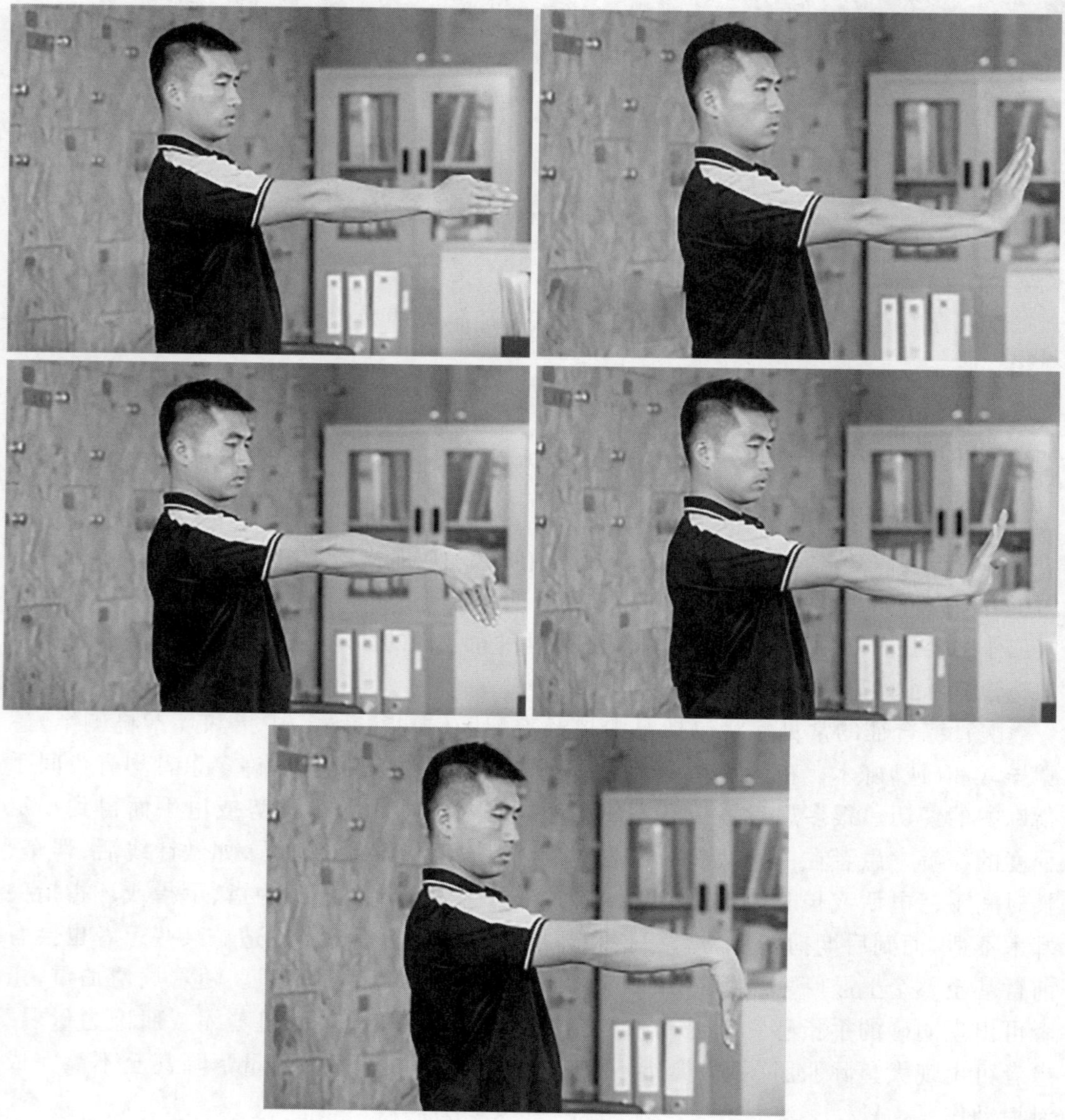

图 9-16　掌指屈伸

（2）手指与腕关节拉伸

1）手指和腕关节伸直，掌心朝下，健侧手抓住患侧手指的远端，向下方用力进行拉伸，腕关节与手指应有紧张感，持续 5 秒。

2）手指和腕关节伸直，掌心朝下，健侧手抓住患侧手指的远端，向后上方用力进行拉伸，腕关节与手指应有紧张感，持续 5 秒。

3）建议每次每个动作进行 10 次为一组，每天进行 4 组（图 9-17）。

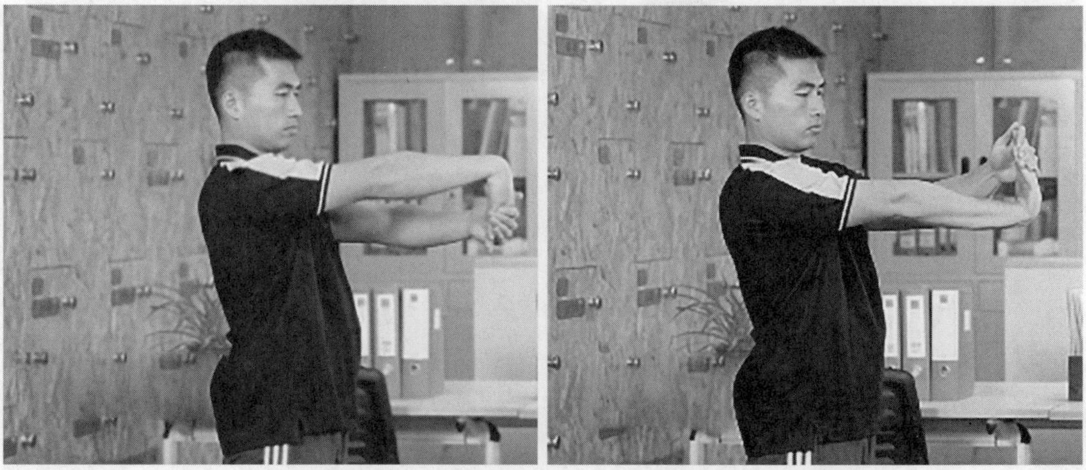

图 9-17　手指与腕关节拉伸

（3）松动正中神经

1）手臂伸直，掌心朝上向侧上方抬起，与躯干大约呈 110°。

2）手掌向下活动至最大幅度，保持 10 秒。

3）建议重复 4～5 次，若感觉较弱，可通过颈部向对侧弯曲来加强手腕处的效果（图 9-18）。

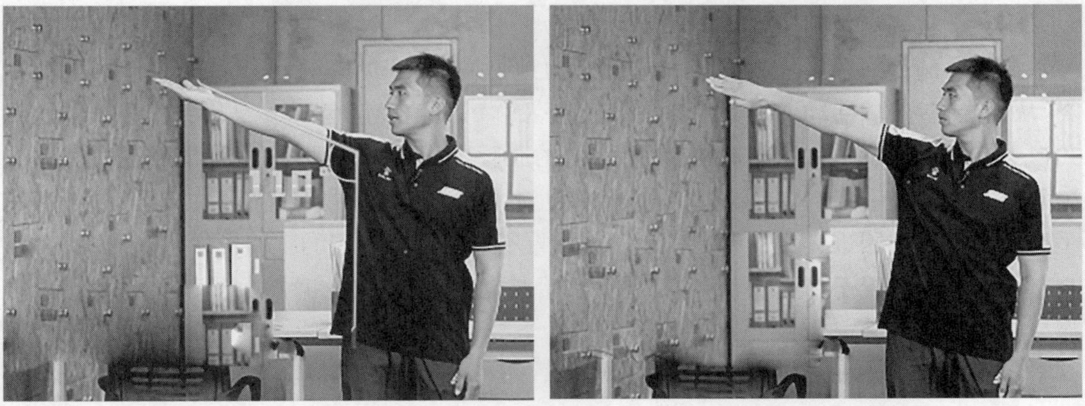

图 9-18　松动正中神经

2. 加强肌肉力量

大鱼际肌与掌内肌肌肉力量练习：

（1）将连接重物的弹力带置于手掌，掌心朝上，手腕发力屈腕（图 9-19A、图 9-19B），随后回到原位为一次，建议每组完成 10～12 次，每天进行 3 组。

（2）将连接重物的弹力带置于手掌，掌心朝下，手腕发力伸腕（图 9-19C、图 9-19D），随后回到原位为一次，建议每组完成 10～12 次，每天进行 3 组。

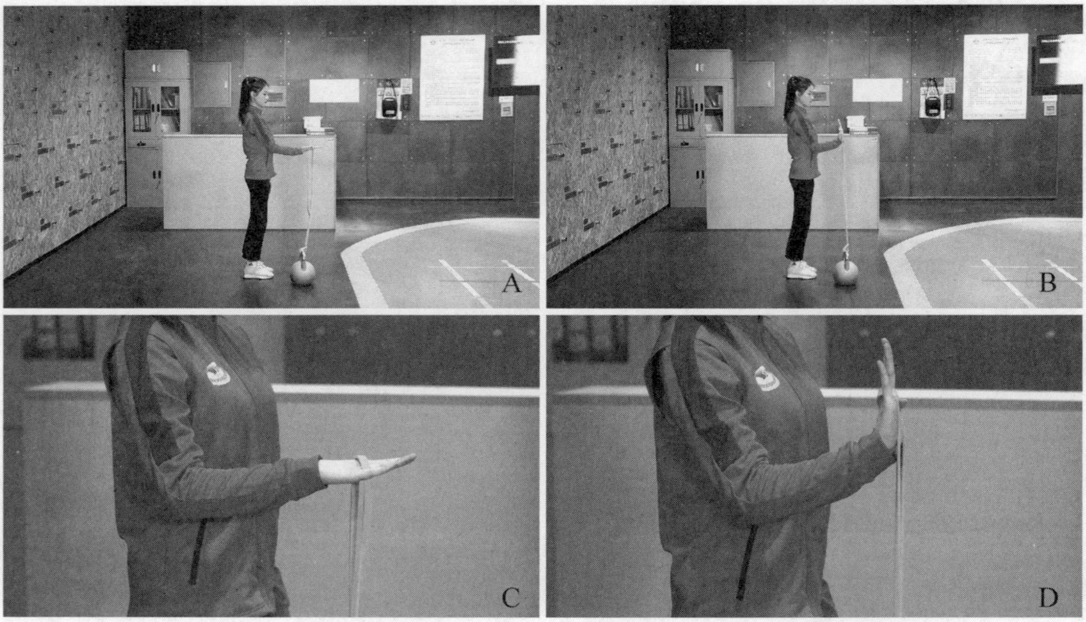

图 9-19　大鱼际肌与掌内肌肌肉力量练习

二、腕关节腱鞘炎

（一）腕关节腱鞘炎概述

腕关节腱鞘炎又称桡骨茎突狭窄性腱鞘炎或“键盘手”，指长期使用键盘、鼠标造成部分手指关节的劳损和炎症。长期、快速、用力地做同一个动作，就可能会使关节形成腱鞘炎，从而出现疼痛、活动受阻等症状。办公室人群每天使用键盘、鼠标与手机，会让特定的几根手指长时间、重复、用力地屈伸，使手部的肌腱出现过度摩擦，这也是形成腱鞘炎的先决条件。腕部或手指麻木、水肿、刺痛、敏感性下降，或者按上去有痛感，关节不活络，弯曲手指握东西感到困难、无力，手指一活动就加重不适感等是典型的腱鞘炎症状。

可将大拇指置于掌心，随后四指握住后手腕向下侧屈，若此时腕关节的大拇指侧出现疼痛则基本可以确定为腕关节腱鞘炎。

（二）腕关节腱鞘炎运动疗法策略

对于办公室人群而言，应采用正确的工作姿势，尽量让双手平衡，手腕避免悬空。急性期以休息、缓解疼痛为主要目的，急性期过后则以加强手腕周围肌肉力量与活动度为主要目的。

1. 拉伸

牵拉手腕手指：

（1）前臂向前伸直，患侧手腕向下弯曲，健侧手抓住手部远端，通过按压手指与手腕来上下拉伸手臂肌肉，建议每次 15 秒，每组 10 次，每天 3 组。

（2）牵拉拇短伸肌和拇长展肌，拇指弯曲，四指握拳包住大拇指，肘伸直，手腕向小拇指侧倾斜进行牵拉(图 9-20),建议每次 15 秒,每组 3 次,每天 3 组。

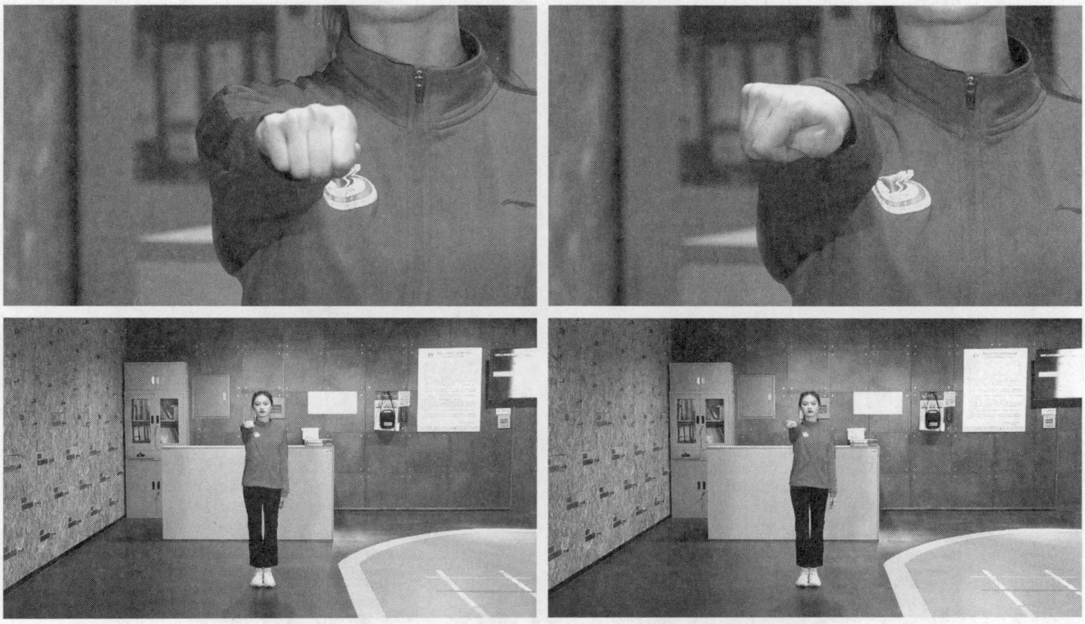

图 9-20　牵拉手腕手指

2. 灵活性

(1) 屈伸腕＋握拳

1) 向身体前方伸直手臂,屈腕与握拳同时进行至最大幅度后缓慢向外张开五指与伸腕。

2) 建议每次重复 5 次,每天进行 3～5 次(图 9-21)。

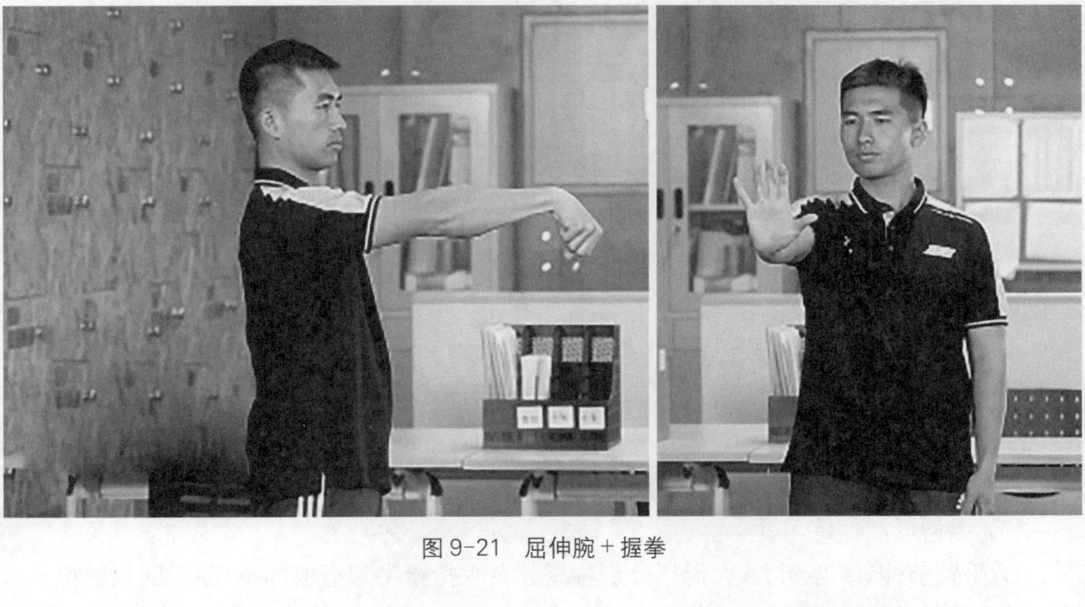

图 9-21　屈伸腕＋握拳

(2) 转腕

1) 五指张开，掌心朝上，握拳后向内旋转至手背朝上。

2) 随后保持手背朝上，五指张开。

3) 再度握拳后，转回手心朝上的姿势。

4) 五指张开开始下一次重复。

5) 建议每次进行 10 个来回，每天进行 3～5 次(图 9-22)。

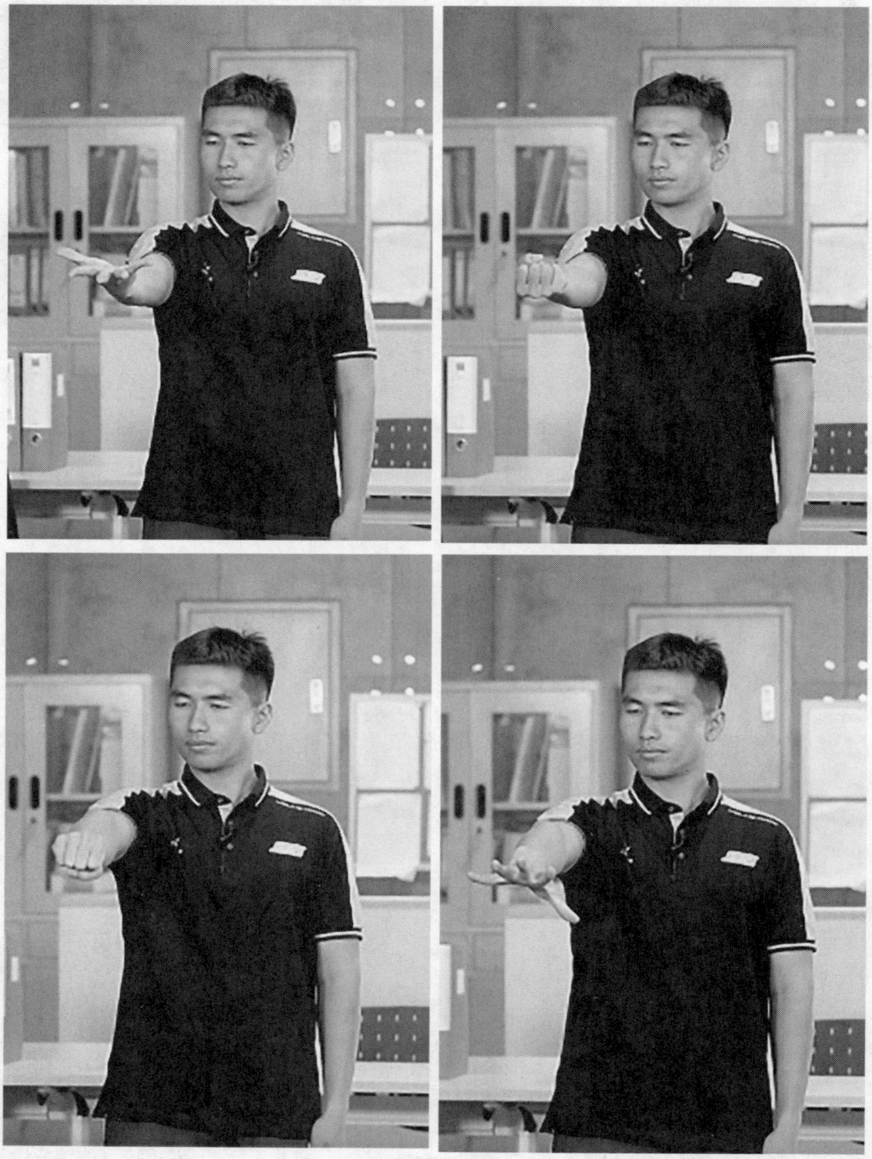

图 9-22　转腕

(3) 手指灵活性练习

1) 手臂前伸，掌心朝上，大拇指分别触碰其余手指指尖和指根部位，随后回到原位。

2) 建议每组 10 次，每天进行 3 组(图 9-23)。

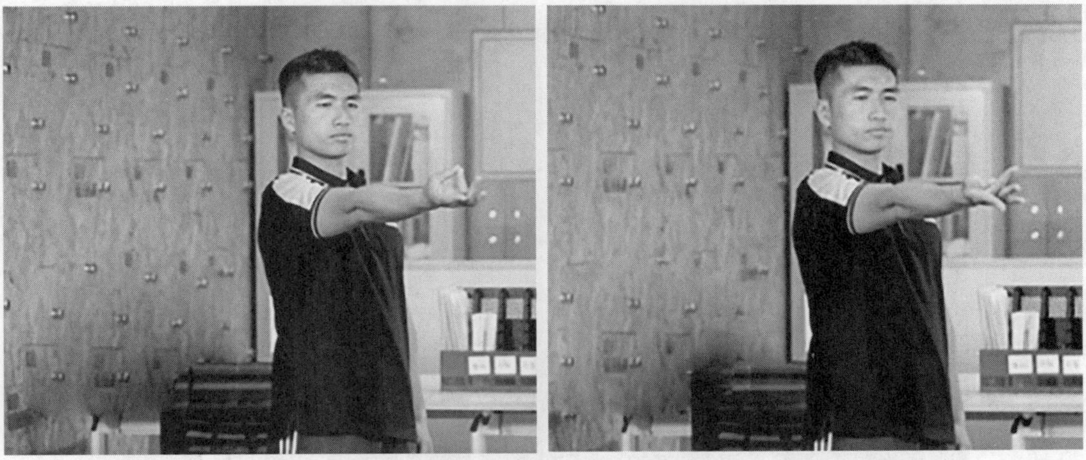

图 9-23　手指灵活性练习

3. 加强肌肉力量

(1) 腕关节力量练习(弹力带)

1) 手臂前伸,掌心朝上握住弹力带,向上屈腕至最大幅度后缓慢放下,建议每组 10～12 次,每天 3 组。

2) 手臂前伸,掌心朝下握住弹力带,向上伸腕至最大幅度后缓慢放下,建议每组 10～12 次,每天 3 组。

3) 手臂前伸,掌心朝侧握住弹力带,向下屈腕至最大幅度后缓慢放下,随后向上屈腕至最大幅度为一次,完成后开始下一次重复。建议每组 10～12 次,每天 3 组(图 9-24)。

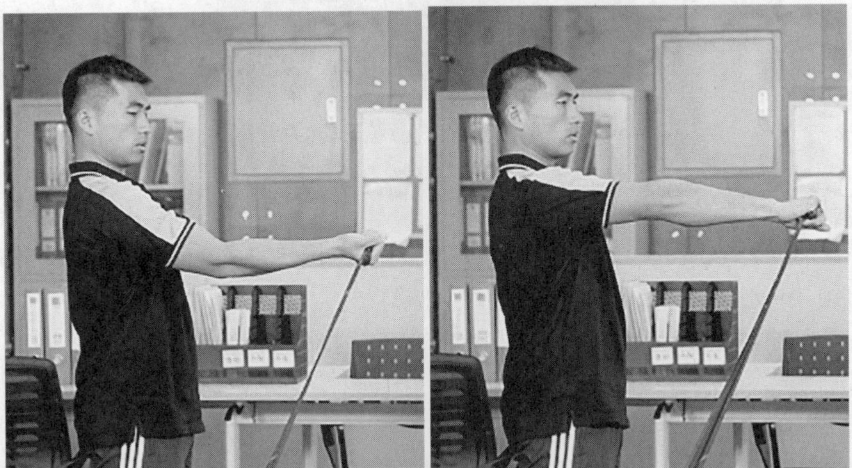

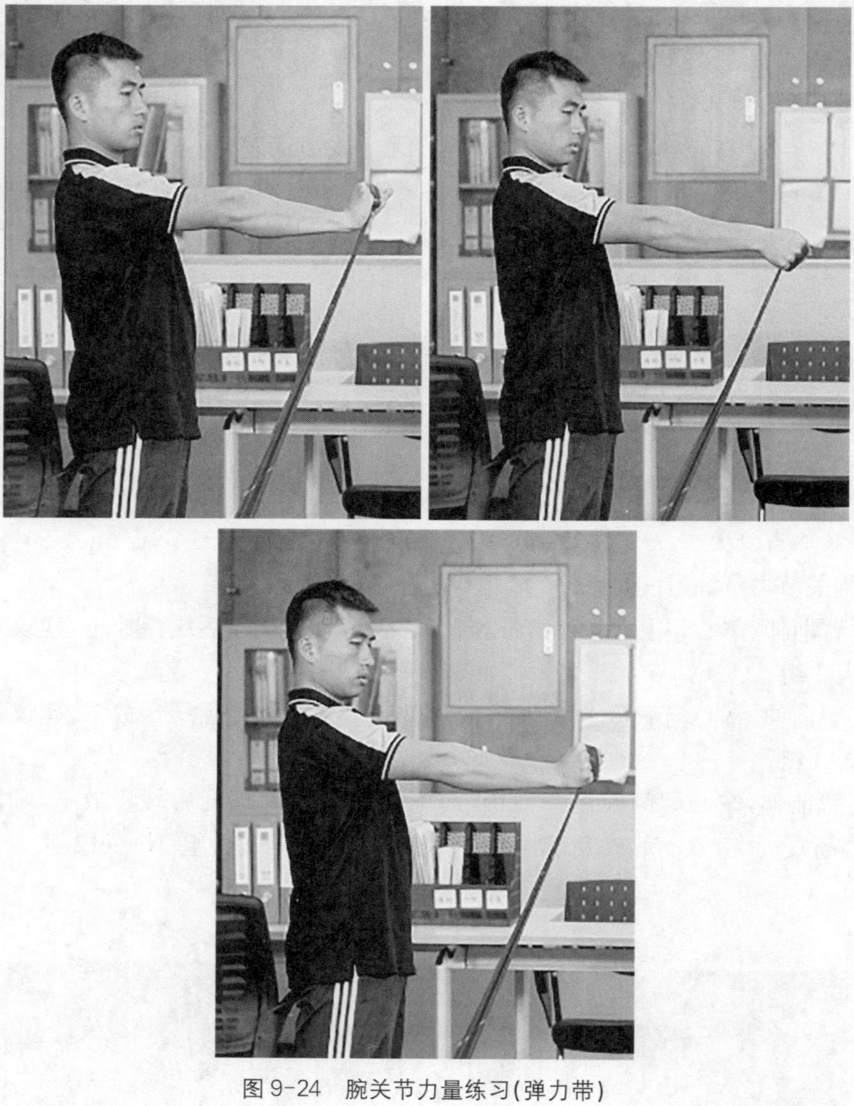

图 9-24　腕关节力量练习(弹力带)

(2) 手指力量练习

1) 手臂前伸,掌心朝下,抓住软球后向中间用力挤压,每次持续用力 10 秒后缓慢松开,建议每组 10 次,每天 3 组。

2) 手臂前伸,掌心朝上,将迷你带或皮筋套于手指外侧,五指用力向外张开,每次持续用力 10 秒后缓慢放松,建议每组 10 次,每天 3 组(图 9-25)。

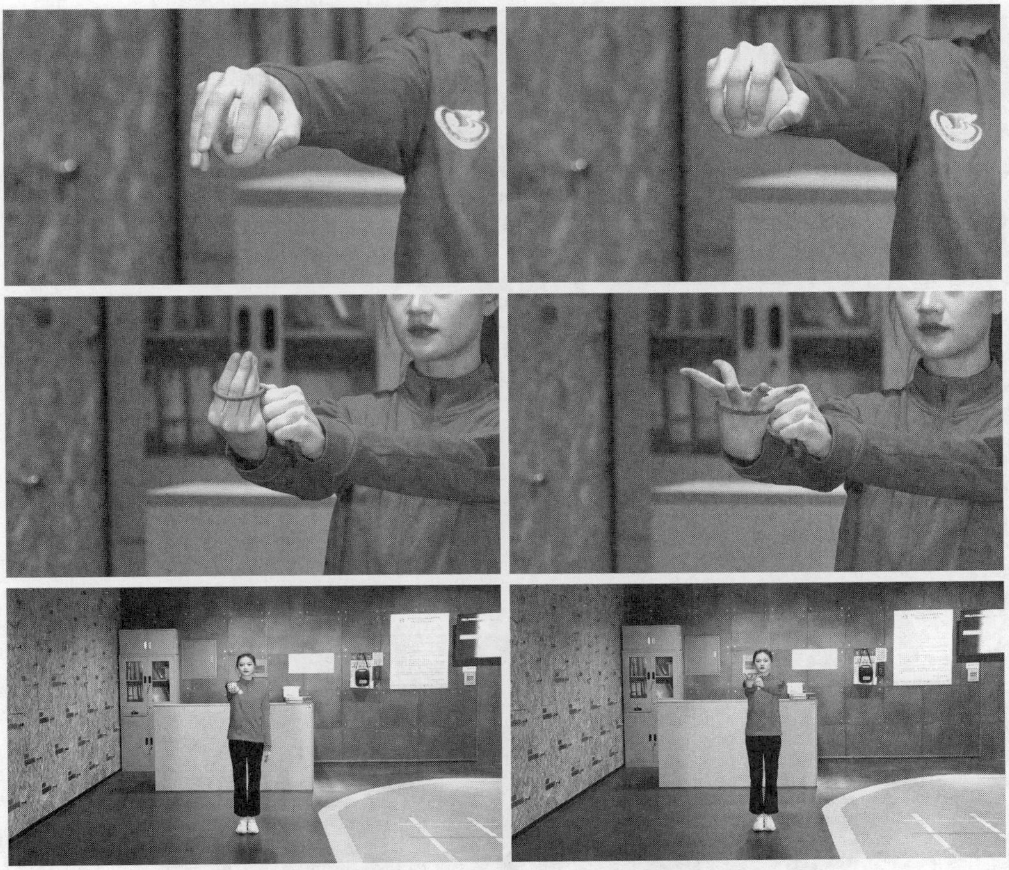

图 9-25　手指力量练习

第五节　上、下交叉综合征及其防治方法

1979 年，捷克神经学家、物理治疗师弗拉迪米尔·扬达（Vladimir Janda）博士基于其临床观察与研究确定，肌肉失衡可导致交叉综合征，建立了肌肉不平衡是可预测的，且此种不平衡会涉及整个运动系统的理论。他提出了 3 种慢性疼痛交叉综合征的分类模式：上交叉综合征、下交叉综合征、分层综合征（图 9-26，图 9-27）。分层综合征特指同时具有上、下交叉综合征。Janda 将“肌肉失衡”定义为易于紧张或短缩的肌群与易于受到抑制的肌群之间的一种受损、不平衡的关系。上交叉综合征的特征为斜方肌上束、肩胛提肌、胸锁乳突肌和胸肌过度紧张，同时颈深屈肌、斜方肌下束和前锯肌虚弱无力。下交叉综合征的特征为胸-腰椎伸肌、股直肌、髂腰肌过度紧张，同时腹肌（尤其是腹横肌）与臀部肌群虚弱无力。

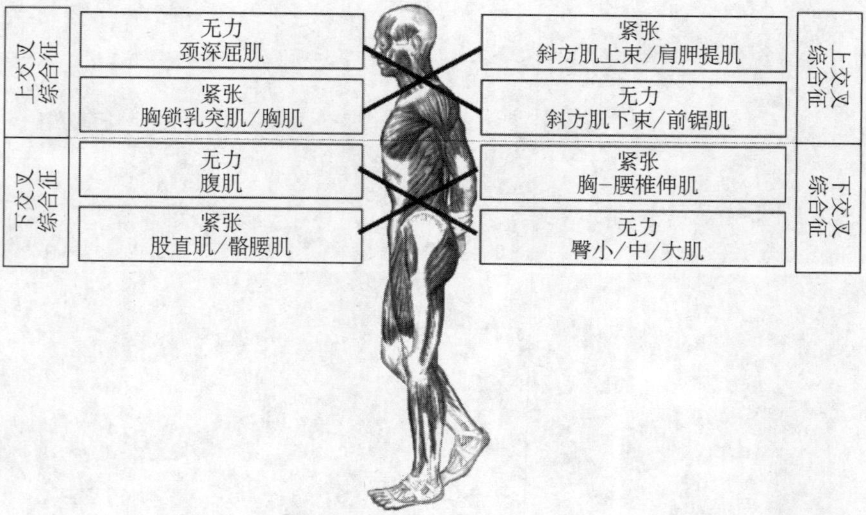

图 9-26　交叉综合征图示(PHILLIP P et al., 2007)

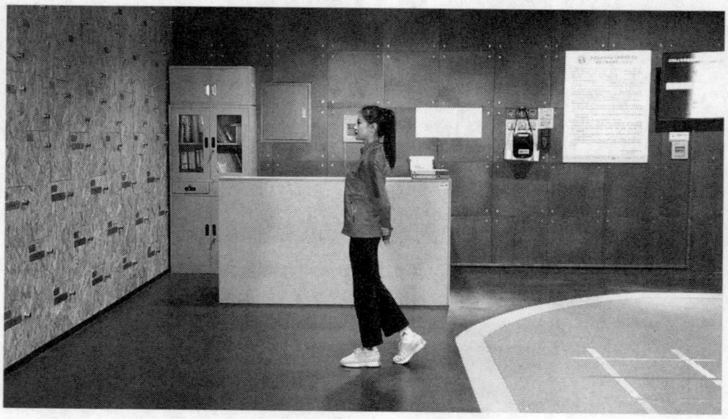

图 9-27　分层综合征

一、上交叉综合征

(一) 上交叉综合征概述

上交叉综合征在体态上将表现为头前伸(可能导致颈椎生理曲度减小或变直)、圆肩、含胸、驼背的不良姿势(图 9-28)。上交叉综合征易在以下 4 个人群中出现:①眼睛近视未佩戴眼镜或矫正视力不足者,通常会通过头前移弥补视力的不足;②缺乏运动者和久坐工作者,长期缺乏锻炼,肌肉变得僵硬或无力;③过度健身者,身体前侧肌肉(胸部肌群等)锻炼得相对发达,身体后侧肌肉(背部肌群等)欠发达,造成肌肉力量不平衡;④自信心不足而导致的低头驼背者。长期不良的姿势将造成颈肩背部的疼痛、颈源性头痛、头晕、手臂麻木、呼吸功能减弱等问题。

图 9-28　上交叉综合征体态

易紧张的肌肉的兴奋阈值通常更低，且任何动作都容易激活该类肌肉，从而易产生不正常的动作模式。这些不平衡与运动障碍或直接对关节面产生影响，可能会导致关节退行性病变。在某些情况下，关节退行性病变可能是疼痛的一个直接来源，但疼痛的真正原因通常是由肌肉不平衡引起的。因此，对由肌肉不平衡引起的疼痛与交叉综合征，应先降低肌张力，使紧张的肌肉回到初长度（可使用交互抑制），再加强拮抗肌肌肉力量。大家在经历了长时间的伏案工作后，可先放松相应的处于紧张状态下的肌肉，再加强因长期处于被拉长状态而虚弱无力的肌肉。

（二）上交叉综合征运动疗法策略

1. 放松

（1）颈部左右侧屈（以右侧屈为例）

1）动作的详细描述见前文第八章第二节“一、静态拉伸方法（一）颈部 3. 颈部左右侧屈”部分内容。

2）建议每次到达自身最大努力位置后保持 20～30 秒，每天在工作间歇时左右方向各进行 3～5 次。

（2）颈部斜向拉伸（以右下方为例）

目的：放松斜方肌上束。

1）动作的详细描述见前文第九章第一节“二、非特异性颈痛运动疗法策略（一）颈部拉伸 2. 颈部斜向拉伸（以右下方为例）”部分内容。

2）建议每次到达自身最大努力位置后保持 20～30 秒，每天在工作间歇时左右方向各进行 3～5 次。

（3）颈部屈伸

1）动作的详细描述见前文第八章第二节“一、静态拉伸方法（一）颈部 2. 颈部屈伸”部分内容。

2）建议每次到达自身最大努力位置后保持 20～30 秒，每天在工作间歇时左右方向各进行 3～5 次。

（4）肘部抵墙拉伸

1）动作的详细描述见前文第八章第二节“一、静态拉伸方法（二）肩和胸部 4. 肘部抵墙拉伸”部分内容。

2）建议每次每侧 20～30 秒，每天 1～2 次。

（5）筋膜球放松

1）俯卧于垫子上，将筋膜球/网球置于胸部肌肉（可调整不同位置）与地面之间。

2）通过呼吸动作，放松肌肉。

3）此练习有助于放松胸部肌肉筋膜，缓解肌张力。建议每次 20～30 秒，每天 1～2 次（图 9-29）。

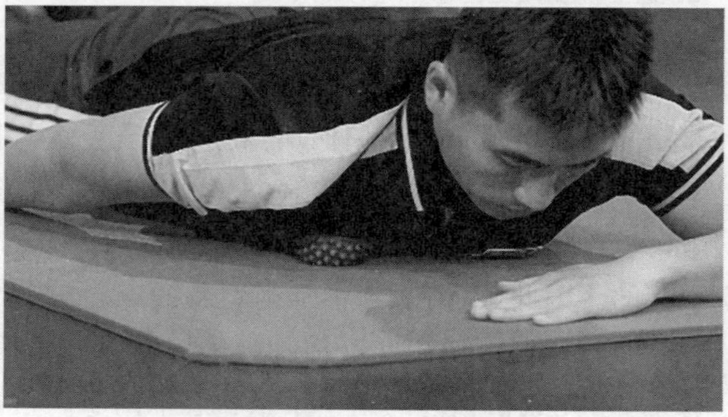

图 9-29　筋膜球放松

（6）节段性猫、牛伸展——胸椎段：可以通过掌握胸椎的运动，使办公人群能在静坐时控制自身胸椎处于中立位，保持良好的坐姿。

1）跪于地面上，双手伸直置于前方。

2）控制胸椎后凸到极致（猫式）后再将胸椎前凸到极致（牛式），颈椎可随之进行屈伸。猫式与牛式的中间位置即为坐姿状态下胸椎的良好位置。

3）前后一个来回算一个，建议每次重复 10 个，每天进行 2～3 次（图 9-30）。

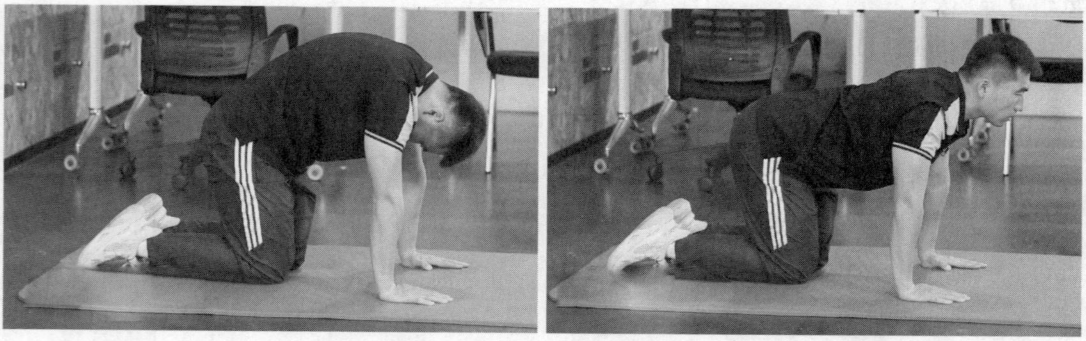

图 9-30　节段性猫、牛伸展——胸椎段

（7）跪姿开胸

1）找到一个墙面夹角，跪于地面上，肘与肩同高，屈肘 90°，髋部与腹部呈 180°。重心前移进行拉伸，均匀缓慢地进行呼吸配合。

2）建议每次 20～30 秒，每天在工作间歇时进行 2～3 次（图 9-31）。

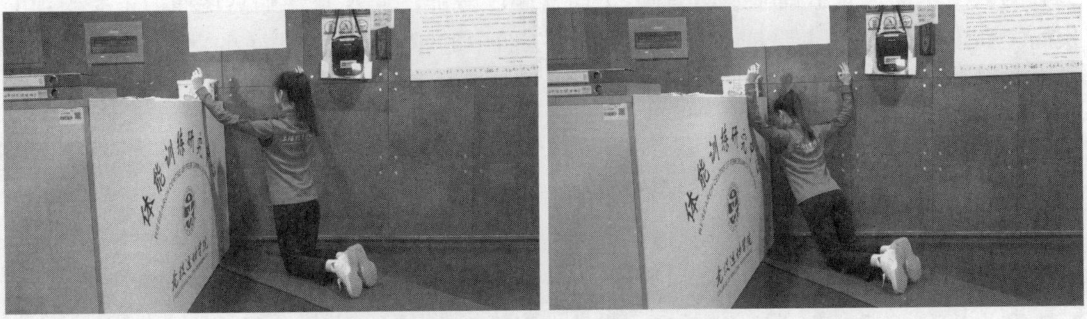

图 9-31　跪姿开胸

2. 加强

(1) 收下颚与颈部：动作的详细描述见前文第九章第一节“二、非特异性颈痛运动疗法策略（三）颈部肌群力量练习收下颚与颈部”部分内容。

(2) 肩胛“Y”形、“T”形、“W”形、“L”形姿势练习

1) 动作的详细描述见前文第七章第二节“一、自重类（五）肩部“Y”形、“T”形、“W”形、“L”形姿势练习”部分内容。

2) 建议每个字母到达顶点时保持 5 秒，每组重复 10～15 个，每次进行 3～5 组。

(3) 肩胛俯卧撑

1) 准备姿势与自重俯卧撑[动作的详细描述见前文第七章第二节“一、自重类（一）自重俯卧撑”部分内容]相同。

2) 但在下降阶段中，手臂依然保持伸直，肩胛骨内收使躯干微微下降。

3) 到达最低点后，手臂依然保持伸直，肩胛骨外旋发力使躯干回到准备姿势(图 9-32)。

4) 该练习能够提升肩胛稳定性，锻炼前锯肌。建议每组 15 次重复，每次 3～5 组。

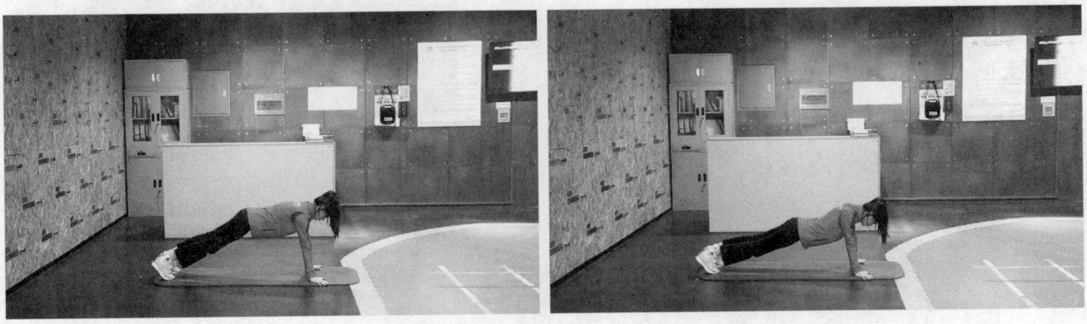

图 9-32　肩胛俯卧撑

二、下交叉综合征

(一) 下交叉综合征概述

下交叉综合征包括骨盆前倾及骨盆后倾(图 9-33)，其主要是久坐或久站等导致身体

重心的改变从而使骨盆前倾及向后倾，进而引起以腰部疼痛及膝盖腘窝疼痛为主要表现的疾病。其中，骨盆前倾主要是由髂腰肌及股四头肌中的股直肌缩短导致的，而骨盆后倾主要是由于臀大肌、腘绳肌及腹直肌等过于紧张短缩，把骨盆向前上方拉从而导致骨盆的后倾。

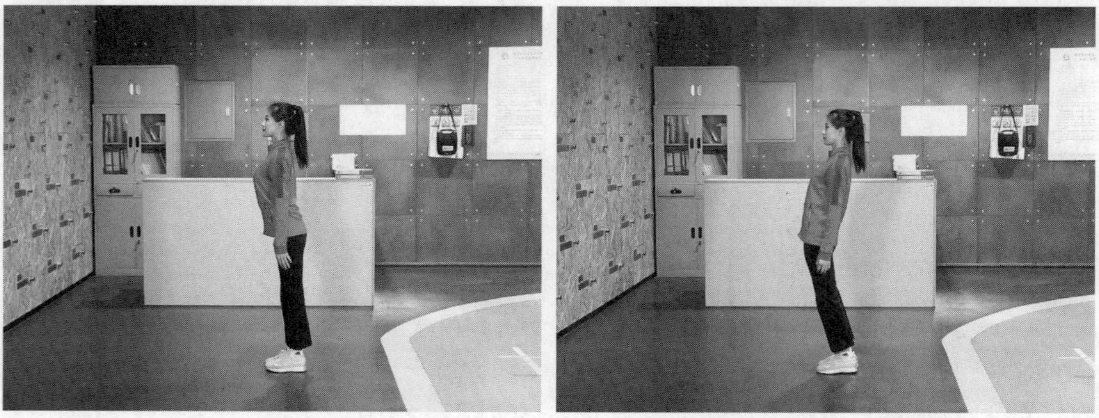

图 9-33　下交叉综合征——骨盆前倾及骨盆后倾

(二) 下交叉综合征运动疗法策略

1. 放松

(1) 髂腰肌拉伸

1) 呈弓箭步姿势，后腿膝盖贴于瑜伽垫或地面。

2) 重心前移，充分感受髋前部肌肉髂腰肌受到牵拉。

3) 建议每侧每次保持 15～30 秒，每侧拉伸 2～3 次(图 9-34)。

图 9-34　髂腰肌拉伸

(2) 节段性猫、牛伸展——腰椎段：动作的详细描述见前文第九章第三节“二、非特异性腰痛运动疗法策略（二）脊柱姿势控制‘节段性猫、牛伸展——腰椎段’”部分内容。

2. 加强

· 臀部

(1) 深蹲

1) 动作的详细描述见前文第七章第三节“一、自重类（一）自重深蹲”部分内容。

2) 建议每组 12～15 个，每次 3～5 组，在掌握正确技术与下肢发力正确后可于胸前持哑铃、壶铃、其他重物用于增加训练强度[动作的详细描述见前文第七章第三节“三、哑铃类（一）哑铃深蹲”与“四、壶铃类（一）壶铃深蹲”等部分内容]。

(2) 臀桥

1) 动作的详细描述见前文第四章第二节“一、一次健身方案的实施（一）准备阶段

4.热身练习动作（3)专项基础动作模式练习 9）仰卧臀桥”部分内容。

2）建议每组髋关节上顶保持 30 秒、上下重复 12～15 次为一组，每次 3～5 组，可将迷你弹力带置于膝关节上方，用于激活臀中肌。

(3）多方向高弓步单腿站立三方向触碰（左脚在前为例)

1）双脚与肩同宽站立，双手合十置于胸前，目视前方。

2）右脚向后撤一小步，脚尖着地，重心置于左腿上方，左腿髋、膝、踝关节需要保持在一个垂直面内。左臀发力，回到起始姿势(注意：膝盖尽量不要超过脚尖)。

3）右脚向右伸出，全脚掌着地，重心置于左腿上方，左腿髋、膝、踝关节需要保持在一个垂直面内。左臀发力，回到起始姿势(注意：膝盖尽量不要超过脚尖)。

4）右脚向左后方伸出，重心置于左腿上方，左腿髋、膝、踝关节需要保持在一个垂直面内。左臀发力，回到起始姿势(注意：膝盖尽量不要超过脚尖)。

5）可将迷你弹力带置于膝关节上方，用于增加难度。建议每组每边 8～10 个，每次 3～5 组(图 9-35)。

图 9-35　多方向高弓步单腿站立三方向触碰(左脚在前为例)

· 腹背

(1) 超人

1) 俯卧于地面，双腿伸直，肘与肩平，肘部呈 90°。

2) 双侧肩胛骨内收，臀部与股后肌群同时发力，使双手与双脚同时离地，在最高点保持 5 秒。

3) 该练习能够很好地训练后侧链肌肉(肩胛肌群、竖脊肌、股后肌群等)。建议每组 10～12 个，每次 3～5 组(图 9-36)。

图 9-36　超人

(2) 死虫：动作的详细描述及建议见前文第九章第三节"二、非特异性腰痛运动疗法策略(三) 加强肌力 2. 腹部肌肉(1) 死虫"部分内容。

· 核心稳定/核心控制训练

(1) 瑞士球平板

1) 将手向肩部下方伸直，撑于瑞士球上，呈平板姿势保持。

2) 可通过抬起一侧脚的方式增加难度。建议每组 30～60 秒，每次 3～5 组(图 9-37)。

图 9-37　瑞士球平板

(2) 瑞士球推出

1) 上身直立跪于地面，双臂伸直置于球上，屈膝屈踝(背屈)90°，在整个过程中，髋、膝、踝关节需要保持在同一垂直面内。

2) 缓慢将球向前推出，手肘完全伸直，双臂平行，球将从手掌处移动至十分贴近面部。

3）以等长收缩的方式撑住躯干，注意髋关节需要与躯干保持180°。

4）建议每组12次，每次练习进行3～5组（图9-38）。

图9-38　瑞士球推出

（3）平板支撑

1）动作的详细描述见前文第七章第四节“一、自重类（一）平板支撑”部分内容。

2）建议每组30～60秒，每次3～4组。

主要参考文献

[1] 曹蓓娟.办公室运动指南[M].北京:科学出版社,2017.

[2] 苌飞霸,张和华,尹军.生物电阻抗测量技术研究与应用[J].中国医学物理学杂志,2015,32(2):234-238.

[3] 董玉整.亚健康及其产生的三个主要原因[J].中华流行病学杂志,2003,24(9):9-10.

[4] 何际洲,高博闻,程辰,等.脂肪组织的分类及研究进展[J].组织工程与重建外科杂志,2017,13(4):224-227.

[5] 何燕,赵龙超,刘丹萍,等. SF-36 和 SF-12 在人群生命质量调查中的性能比较研究[J].现代预防医学,2017,44(5):852-862.

[6] 王琳,王雪强.白领常见病运动康复指南[M].北京:科学出版社,2019.

[7] 杨光燃,袁申元,傅汉菁,等.颈围、腰围、腰臀比对 2 型糖尿病患者超重、肥胖及代谢综合征评价作用的比较研究[J].中国全科医学,2016,19(7):781-785.

[8] 杨文英,陈晓平,杨兆军,等.不同 BMI 水平对血糖、血脂及血压的影响[J].中国糖尿病杂志,2001,9(5):20-23.

[9] 张璐,杨跃进,温瑞,等.超重、肥胖和腹型肥胖与心血管代谢性疾病的关联研究[J].现代预防医学,2016,43(21):3887-3891.

[10] 中国肥胖问题工作组数据汇总分析协作组.我国成人体重指数和腰围对相关疾病危险因素异常的预测价值:适宜体重指数和腰围切点的研究[J].中华流行病学杂志,2002,23(1):10-15.

[11] 仲跻园,万沁.体检人群腰臀比与高血糖、高血脂、高尿酸的相关性研究[J].检验医学与临床,2018,15(19):2848-2851.

[12] 周卫海,徐晓阳.成年人身体素质随 BMI 变化的特征[J].体育学刊,2011,18(3):132-135.

[13] JANDA V. Janda Compendium[M]. Minneapolis: Orthopedic Physical Therapy Products, 1997.

[14] LIU P, MA F, LOU H, et al. The utility of fat mass index vs. body mass index and percentage of body fat in the screening of metabolic syndrome[J]. BMC Public Health, 2013, 13: 629.

[15] NARICI M V, MAFFULLI N. Sarcopenia: characteristics, mechanisms and functional significance[J]. Br Med Bull, 2010, 95(1): 139-159.

[16] PHILLIP P, FRANK C C, LARDNER R. Assessment and treatment of muscle

imbalance—the Janda approach[M]. Champaign (IL): Human Kinetics, 2009.
[17] VONDRACEK S F, LINNEBUR S A. Diagnosis and management of osteoporosis in the older senior[J]. Clin Interv Aging, 2009, 4(1): 121-136.